Vallabh Patel

Du hast nur ein Leben für das Glück

Der beweisbare Sinn unseres Daseins

D1665190

Angelika Lenz Verlag

www.lenz-verlag.de

Originalausgabe
© 2016 by Angelika Lenz Verlag
Ortrun E. Lenz M.A.
Beethovenstraße 96   63263 Neu-Isenburg
Covergestaltung: buero-maiwald.de
Coverfoto (Vallabh Patel) von Fridoon Yousofi
Druckerei Siefert GmbH, Frankfurt/Main
Printed in Germany
ISBN 978-3-943624-09-0

Widmung

Dieses Buch ist zwei Frauen gewidmet, die einen wesentlichen Beitrag zu seinem Zustandekommen geleistet haben. Zunächst meiner Mutter, *Ba*, die mit unendlicher Mühe mein Studium ermöglichte und vor allem meine kritische Betrachtungsweise der gesellschaftlichen Verhältnisse formte. Dann *Ute*, meiner Frau. Ohne ihre energische Bemühung und Ausdauer wäre meine Vortragsreihe nie in Buchform erschienen.

Inhaltsverzeichnis

Anstelle eines Vorwortes

Sind persönliches Streben nach *Glück* und die Wahrnehmung der Interessen der Gesellschaft, also Handeln für das Gemeinwohl, Gegensätze?

Man kann sich des Eindrucks nicht erwehren, dass das Wort *Glück* im deutschsprachigen Raum verpönt ist. Dies sieht im angelsächsischen Raum anders aus. In der Verfassung der USA wird *Pursuit of happiness* sogar in seiner Bedeutung herausgestellt.

Persönliches Glücksstreben ist sicher nicht zu verneinen, solange man niemandem schadet oder wehtut und dabei sein Gesamtglück vermehrt. Gesellschaftspolitisch gesehen würde es in der utilitaristischen Übersetzung so heißen:

Das Ziel der Gesellschaftspolitik sollte sein, das maximal mögliche *Glück* für eine maximal mögliche Zahl der Individuen anzustreben.

Die Philosophen haben sich auch in der Vergangenheit darüber Gedanken gemacht.

Während Epikur sich für Streben nach persönlichem Glück (Befriedigung der Lust), stark machte, stellte Kant die Pflichterfüllung in den Vordergrund.

Ich versuche mit diesem Buch aufzuzeigen, dass diese beiden Denkrichtungen keine Gegensätze sind. Ganz im Gegenteil; sie ergänzen sich und helfen uns dabei, eine rationale Ethik für die Welt zu entwickeln, die also überall gültig ist, wie eine wissenschaftliche Erkenntnis, unabhängig davon, in welchen Kulturkreis man hineingeboren ist. Muss man aber nicht, wenn man eine richtige Antwort erhalten will, eine richtige Frage stellen?

Wir könnten auf Fragen, die sich die Neandertaler, aber auch unsere Vorfahren in ferner Vergangenheit gestellt haben, nur mitleidig herunterschauen.

Sie stellten sich beispielsweise Fragen wie: *Wo verbringt die Sonne die Nacht, wenn sie hinter dem Horizont verschwindet?* Oder: *Wo aber bleibt der Wind, wenn er nicht weht?*

Sie rätselten über den zornigen Geist des Donners und über den weinenden Geist des Regens. Und sie sprachen über die Geister der Verstorbenen, die ihnen selbst gutgesinnt waren, aber auch über die Geister der verfeindeten Stämme, die ihnen Übles wollten.

Haben unsere unmittelbaren Vorfahren daraus etwas gelernt? Noch im Mittelalter glaubten Menschen, dass die Erde eine Scheibe sei. Gott habe Sonne, Mond und die Sterne als Lichtquellen an das Firmament gesetzt. Scholastiker des Mittelalters diskutierten Fragen wie: *Was hatte der Engel Gabriel für Federn an den Flügeln?* Oder: *War der Rock, um den die Soldaten das Los warfen, das einzige Kleidungsstück, das Jesus trug?*

Noch vor 150 Jahren diskutierten die Bischöfe in Salzburg, ob die Frau ein Mensch sei, wo doch in der Bibel stehe, *Gott der Herr schuf Adam nach seinem Ebenbild und nannte ihn Mensch.* Letzteres steht bei Erschaffung der Eva nicht.

So haben viele Religionen ihre Mythen. Die angeblichen Gelehrten diskutierten Tage und Nächte lang über solche Themen.

Hindu-Gelehrte haben darüber nachgedacht, welche Bedeutung die Symbole in den vier Armen der Göttin Kali haben.

Die Philosophen stellten und stellen heute noch Fragen wie: *Wo kommt der Mensch her? Wozu ist er da? Wo geht er hin? Welcher übernatürliche Zweck steckt dahinter?*

Diese Philosophen ziehen die Erkenntnis der Evolutionslehre, dass der Mensch nur das vorläufige Endprodukt der Evolution ist und die Evolution gar nicht abgeschlossen ist, gar nicht in Betracht.

Der zukünftige *Homo superior* wird wahrscheinlich über den *Homo sapiens*, der nur fünf Prozent seines Gehirnpotenzials in Anspruch nimmt, verständnis- und mitleidsvoll sein Urteil fällen.

Der Anthropologe in ferner Zukunft wird sich über die ethisch-moralischen Richtlinien der heutigen Menschen Gedanken machen. Er wird sicherlich mit Erstaunen feststellen, dass sich in unserem Zeitalter sehr unterschiedliche, oft sich absolut widersprechende Verhaltensnormen, bedingt durch unterschiedliche Kulturkreise und Religionen, ergaben.

Es ist eine irrige Auffassung, wenn Menschen behaupten, alle Religionen meinen im Grunde dasselbe.

Oder ist etwa *Auge um Auge, Zahn um Zahn* aus der Thora kein Gegensatz zu *Liebe deinen Feind* aus dem Neuen Testament? In der Bibel steht: *Du sollst nicht töten.* Damit sind allerdings nur Menschen als nicht zu tötende Wesen gemeint.

Buddhismus und Jainismus predigen hingegen, das Töten von Tieren sei auch Sünde.

Auch in der Sexualmoral der verschiedenen Religionen gibt es unterschiedliche Ansichten, z. B. wenn es um Geschlechtsverkehr vor der Ehe, um Homosexualität, Scheidung, Monogamie oder Polygamie geht.

Und alle erheben Anspruch auf Wahrheit bis in alle Ewigkeit, da diese von einer höheren, allmächtigen Autorität, die in vielen Religionen *Gott* heißt, stamme.

Kann es dann verwunderlich sein, wenn der zukünftige *Homo superior* über uns, die Neandertaler der Zukunft, lächelt? Er könnte meinen, seine Vorfahren stellten dumme Fragen.

Aber sie konnten nicht anders. Ihr Wissensstand war niedrig, und die Gesellschaft in vielen Gruppen, eben bedingt durch unterschiedliche religiöse und kulturelle Überzeugungen, gespalten.

Das mag so sein. Aber die Anzeichen deuten darauf hin, dass die Welt immer kleiner wird. Im Rahmen der zunehmenden Globalisierung rücken die Angehörigen verschiedener Kultur-Kreise näher zusammen.

Fernreisen, leichtere Transportmöglichkeiten, die Medien einschließlich des Internets, leisten dabei einen erheblichen Vorschub.

Es ist vorbei mit der lapidaren Aussage, jeder solle nach seiner Fasson selig werden.

Damit wären die Konflikte zwischen unterschiedlich denkenden und glaubenden Menschen vorprogrammiert, besonders da, wo Menschen eng zusammenleben und jeder Einzelne seine Auffassung für richtig hält, ohne die Bereitschaft, diese eventuell zu revidieren.

In einer sich stetig verkleinernden (*zusammenrückenden*) Welt brauchen wir eine gemeinsame, universelle Ethik, gültig und nachvollziehbar für alle. Diese muss in Berlin, Bangkok, Beirut und in Bombay genauso gültig sein wie in New York, Peking und Saudi-Arabien.

Diese kann nur wissenschaftlich (rational) sein. Nur eine wissenschaftliche Erkenntnis kann auf der ganzen Erde Gültigkeit beanspruchen, im Gegensatz zu Ethik und zu Moralvorstellungen, die in Religionen sehr unterschiedlich, teils gegensätzlich sind.

Ich habe diesbezüglich einen Versuch unternommen, und ich gehe deshalb zunächst auf die Notwendigkeit einer neuen Ethik ein.

I. Eine neue, wissenschaftliche Ethik

1.   Die Notwendigkeit einer neuen Ethik

Ist eine neue Ethik und eine darauf gegründete neue Morallehre überhaupt notwendig? Besteht ein Bedarf nach dieser?

Zur Beantwortung dieser Frage braucht man sich nur die herrschenden gesellschaftlichen Missstände anzuschauen.

- Werden die Gesellschaft und deren Mitglieder – das Individuum – mit sich selbst und den existierenden Problemen fertig?
- Erfüllen die moralischen Gesetze, die das Verhalten des Individuums und im weiteren Sinne auch das Verhalten einer kleineren Gruppe innerhalb einer größeren Gruppe regeln, ihre Aufgabe?

Ein großer Teil der Menschheit lebt in unvorstellbarer Armut und in unvorstellbarem Elend. Der andere Teil, der materielle Existenzängste überwunden hat, wird von Ängsten anderer Art geplagt, von Gefühlen der Unsicherheit, bedingt durch ständig zunehmende Vereinsamung des Einzelnen in einer Gesellschaft, die einem schnellen Strukturwandel unterworfen ist.

Diese Gesellschaft unterliegt einer so raschen Veränderung, dass die menschliche Psyche – durch Erziehung und Moral des vergangenen Jahrtausends geprägt – nicht mithält.

Ständig drohende Kriegsgefahr, berufliche Belastungen einer Leistungsgesellschaft. die Spannungen in der Familie und in ihrer Umgebung treiben den sogenannten modernen Menschen an den Rand der Neurose. In der scheinbar am höchsten entwickelten Industrienation, den USA, blüht das Geschäft der Psychiater und der Psychoanalytiker.

Anzeichen deuten darauf hin, dass Deutschland nicht mehr weit von diesem Zustand entfernt ist. Auf dem Wege der Befreiung aus materiell-existenziellen Nöten ist die Menschheit in einen geistig-seelischen Notstand geraten.

Und was ist aus der trostspendenden Religion geworden, die außerdem noch das Monopol auf die Moral für sich in Anspruch nimmt? Wo ist der Glaube geblieben?

Bei den meisten Menschen ist nur noch das Lippenbekenntnis vorhanden. Wer folgt in dieser Gesellschaft, in der derjenige, der die meisten Profite macht, das größte Ansehen genießt, in der die Bischöfe Kriegsgeräte segnen und in der der Papst Aktien in Las Vegas besitzt, noch der biblischen Moral?

Es ist höchstens eine Art Sicherheitsglaube geblieben. Man glaubt an Gott, weil es ihn vielleicht doch gibt, und da ist es nun einmal sicherer, an ihn zu glauben. Außerdem will man in dieser unsicheren Gesellschaft nicht auch noch diesen einzigen kleinen Halt verlieren. Eine Alternative dazu gibt es entweder nicht oder sie wird nicht gesehen. Man glaubt nur oberflächlich, und wenn man mit der Frage nach seinem Glauben konfrontiert wird, gibt man dies nicht zu. Niemand will dann konsequent weiterdenken, sonst könnte man ja den Glauben ganz verlieren.

Dennoch beschäftigt sich das Unterbewusstsein weiter mit der Frage. Dieses zwiespältige Verhalten stürzt den Menschen in Schizophrenie, in Ambivalenzen und Gespaltensein.

Während ältere Leute mit diesem Phänomen einigermaßen fertig werden, gelingt dies der Jugend und der Masse der denkenden, intellektuellen Menschen kaum.

In der reißenden Strömung klammern sie sich nicht an den Strohhalm Glauben. Sie suchen neue Wege – oder sie resignieren. Das findet seinen Ausdruck in Studentenrevolten und anderen Jugendbewegungen, oder auch im zunehmenden Alkohol- und Drogenkonsum.

Die Anzeichen dafür, dass sich ein immer größeres allgemeines Unbehagen ausbreitet, sind unübersehbar. Ebenso deutlich gibt es Zeichen, die darauf hinweisen, dass man auf der Suche nach neuen Wegen ist.

Vor einigen Jahren schrieb der Soziologe Helmut Schelsky, dass es eine *Neue Religiosität* gebe. Sie bestünde aber keineswegs in einer Erneuerung traditioneller Glaubensvorstellungen, wie etwa der des Christentums.

Schelskys Religiositätsthese, als soziologischer Befund schon seit 1975 längst nicht mehr neu oder gar sensationell, hat inzwischen große Zustimmung erfahren, neuerdings auch in den USA.

Der Psychoanalytiker Erich Fromm und der Soziologe Daniel Bell haben in ihren Büchern dazu Stellung genommen. Beide sind in diesen der Meinung, dass es ohne eine neue Religiosität für die Menschheit *kein Glück* geben werde.

Es breite sich derzeit eine *Genieße-den-Tag-Stimmung* aus, ohne jedoch die Menschen glücklicher und die Gesellschaft sicherer oder beständiger zu machen. Obwohl heute mindestens für die Hälfte der Menschen in den Industrieländern die Befriedigung ihrer Lebenslust real möglich sei, würden sie eine Gesellschaft notorisch unglücklicher Menschen bilden, *einsam, abhängig, von unzähligen Ängsten (Nöten) gequält, deprimiert, destruktiv.*

Fromm schreibt am Ende seines Buches: *Unsere einzige Hoffnung ist die energiespendende Kraft, die von einer neuen Vision ausgeht. Es soll dahingestellt sein, ob die Rettung aus der Misere unbedingt in einer neuen Religiosität zu finden ist.*

Geisteswissenschaftler wie Ernst Topitsch und Friedrich Heer, die Soziologen Erwin Scheuch, Raymond Aron und die Reporter Kai Hermann und Klaus Mehnert, bringen auf ihre Art das allgemeine Unbehagen und die Suche nach neuen Wegen zum Ausdruck.

Wie kommt es, dass die moralischen Gesetze, die das gesellschaftliche Leben praktisch jahrhundertelang relativ erfolgreich geregelt haben, jetzt versagen?

Seit ihrer Entstehung unterliegt die menschliche Gemeinschaft strukturellen Veränderungen.

Sie benötigt also ständig neue Gesetze für das Zusammenleben (Verhaltensregeln, Morallehren), die zwangsläufig der Struktur der Gesellschaft angepasst sein müssen.

Die Morallehren sehen notwendigerweise in verschiedenen Gesellschaftsformen unterschiedlich aus. So können nicht alle Verhaltenslehren der Steinzeitgesellschaft ihre Gültigkeit in der Eisenzeit und noch weniger 3000 Jahre später in einer Gesellschaft der Neuzeit behalten und umgekehrt. Sie müssen sich der sich ständig verändernden Gesellschaft anpassen, wenn sie weiterhin Gültigkeit haben sollen.

Seit der *Morgenröte der Menschheit* hat sich die Gesellschaft ständig verändert. Es bestand immer ein Bedarf nach neuen Morallehren. So entstanden fortlaufend neue Religionen, die sich mit ihrer Moral Jahrtausende lang behaupten konnten und sehr viel dazu beitrugen, die Stabilität der Gesellschaft zu bewahren. Letztendlich jedoch machten sie dann wieder neuen Religionen Platz.

In der Entwicklung der Menschheit ist in den letzten Jahrzehnten ein wesentlicher Faktor neu hinzugekommen, das Tempo der wissenschaftlichen Neuentdeckungen sowie das damit verbundene Tempo des materiellen Fortschritts, welches seinerseits mit zunehmender Geschwindigkeit strukturelle Veränderungen in der Gesellschaft nach sich zieht.

In der vorindustriellen Gesellschaft änderten sich die Produktionsverhältnisse und die dementsprechenden Lebensumstände kaum. Der Sohn des Schusters wurde Schuster, der eines Bauern wurde Bauer. Die Generationen blieben in einer Ortschaft, wo der Enkel nahezu unter den gleichen Bedingungen lebte wie der Großvater. Heute ist dies anders. Der Sohn eines Bauern wird nicht unbedingt Bauer, und der Enkel hat nicht die gleichen Lebensbedingungen wie der Großvater. Sogar ein und derselbe Mensch lebt nach 20 Jahren nicht mehr unter den gleichen Bedingungen. So kommt es vor, dass der Junge, der noch an den Mann im Mond glaubte, sich seine Illusionen durch die Landung der Menschen auf dem eiskalten, verwüsteten Erdtrabanten zerstören lassen muss.

Die Gesetze des Zusammenlebens – die Morallehren – die bisher durch religiöse Institutionen verbreitet und aufrechterhalten wurden, waren auf eine Gesellschaftsform gemünzt, die sich über Jahrtausende hinweg fast nicht änderte. Für eine im Grunde statische Gesellschaft sind weniger elastische Moralgesetze sicherlich geeigneter. So konnten sich starre Dogmen verschiedener Religionen bisher gut behaupten. Aber die heutige Gesellschaft ist nicht dieselbe wie die vor 1900 Jahren. Sie hat sich wesentlich geändert. Und so bröckeln manche dogmatischen Moralgebäude der Religionen jetzt ab. In einer neuen Gesellschaft braucht man eine neue Ethik!

Zum Faktum der sich verändernden Gesellschaft sind zwei weitere Faktoren hinzugetreten, die bei der Suche nach einer neuen Ethik wichtig sind, wenn diese von länger anhaltendem Wert sein soll.

Nicht nur die Gesellschaft hat sich inzwischen wesentlich gewandelt, sondern auch das Tempo der Veränderungen hat sich stetig beschleunigt und wird sich in Zukunft noch vervielfachen. Dementsprechend darf die jetzt zu postulierende Morallehre nicht mehr dogmatisch festgelegt sein; sie kann nicht länger Anspruch auf Gültigkeit in alle Ewigkeit erheben.

Ein weiterer Faktor ist die Erkenntnis, dass *der Mensch heute*, bedingt durch seine Erziehung in einer liberal-demokratischen Gesellschaft und durch seine ökonomische Unabhängigkeit von der älteren Generation, viel häufiger nach dem *Wieso* und *Weshalb* fragt als der Mensch vor ein paar tausend Jahren.

Der Mensch von damals nahm die Antworten und Verordnungen der Autoritäten wie Vater, König und Bischof, hin und akzeptierte sie ohne viele Fragen.

Wenn man dem heutigen Menschen eine Morallehre vermitteln will, wird die Zuhilfenahme einer Autorität wie beispielsweise Gott nicht mehr ausreichen. Insbesondere deshalb, weil es heutzutage nicht ganz so leicht ist wie in früheren Zeiten, durch *Wundertaten* zu beeindrucken.

2. Die Notwendigkeit einer autonomen, nicht heteronomen Ethik

Wie aus dem Gesagten hervorgeht, verlangt die sich im Kern verändernde und sich mit zunehmendem Tempo wandelnde Gesellschaft nach neuen Gesetzen.

Diese können nur auf einer erklärbaren – einer wissenschaftlichen – Ethik beruhen, nicht auf einer, die ihre Legitimation aus der Berufung auf eine höchste Autorität bezieht. Notwendig ist also eine *autonome* und nicht eine *heteronome*, aus göttlichem Gesetz, entwickelte Ethik.

Dafür ist die Anwendung wissenschaftlicher Methodik in der Ethik notwendig. Es gibt dazu viele Definitionen der wissenschaftlichen Methodik.

Anstatt großangelegte Diskussionen über dieses Thema zu führen, möchte ich Bertrand Russell zitieren:

Sie (die wissenschaftliche Methode) *besteht darin, solche Tatsachen zu beobachten, die es dem Beobachter ermöglichen, allgemeine Gesetze zu entdecken, denen die fraglichen Tatsachen gehorchen. Beide Stadien, zuerst das der Beobachtung und hierauf das des Ableitens eines Gesetzes, sind wesentlich, und jedes von ihnen einer nahezu unbegrenzten Verfeinerung fähig. (...) eine unwissenschaftliche Ansicht ist eine, die aus anderen Gründen als dem, dass sie wahrscheinlich wahr ist, vertreten wird.* (Bertrand Russell: Das naturwissenschaftliche Zeitalter).

Ich habe einen Versuch in diese Richtung unternommen und glaube, Antworten auf viele Fragen gefunden zu haben, die in unserem täglichen Leben zwangsläufig entstehen. Vielleicht wäre es in diesem Zusammenhang angebracht, wenn ich kurz erzähle, wie ich zur Entwicklung meiner These gekommen bin, um dem Thema eine gewisse persönliche Aktualität zu verleihen.

Wie andere Fragende stellte auch ich mir die Frage, was der Sinn des Lebens sei, ohne jedoch eine Antwort darauf zu erhalten. Erst später kam ich auf die Idee, dass man eine richtige Frage stellen müsse, wenn man eine richtige Antwort erhalten wolle. Erst durch die Antwort auf andere Fragen zeigte sich, dass die Frage nach dem Sinn des Lebens, wie ich sie mir stellte, keine richtig gestellte Frage war.

Das mag zum jetzigen Zeitpunkt paradox klingen, aber erst durch diese anderen Antworten bekam ich die Antwort auf die Frage nach dem Sinn des Lebens. Allerdings musste ich vorher den Ursprung der Frage nach dem Sinn des Lebens analysieren und erfassen. Diesen Punkt werde ich aber zweckmäßigerweise am Ende des Buches behandeln.

Bevor ich Ihnen meine These vorstelle, möchte ich zwei Aspekte nicht unerwähnt lassen.

Ich werde sicherlich diejenigen Leser enttäuschen, die – da ich aus Indien stamme – von mir erwarten, in diesem Buch etwas über indische Mystik und indische Philosophie zu lesen.

Ich habe diesbezüglich meine Ausführungen in einer sehr einfachen und nicht akademischen Sprache gehalten, da ich der Meinung bin, dass der Wert einer Mitteilung darin besteht, dass sie verstanden wird, und nicht darin, dass sie bei den Zuhörern wegen der geschwollenen und unverständlichen Ausdrucksweise Respekt gegenüber dem Vortragenden erzeugt.

Lassen Sie mich bitte in diesem Zusammenhang ein Beispiel geben. In für meine These relevanten Passagen bei Kant stieß ich unter anderem auf folgenden Satz (Lesen Sie ihn bitte aufmerksam und fragen Sie sich anschließend, ob Sie ihn verstehen): *Der Glückseligkeit bedürftig, ihrer auch würdig, dennoch aber derselben nicht teilhaftig zu sein, kann mit dem vollkommenen Wollen eines vernünftigen Wesens, welches zugleich alle Gewalt hätte, wenn wir uns auch ein solches zum Versuche denken, gar nicht bestehen.* (Immanuel Kant: Kritik der praktischen Vernunft).

Damit meint er eigentlich: Gott belohnt irgendwann einmal einen Pflichtgetreuen, indem er ihn obendrein glücklich macht. Man versteht nur schwer, was er sagen will, beeindruckt durch den komplizierten Satz, denkt man jedoch: *Hm, der hat etwas Schlaues gesagt.*

Man denkt sich vielleicht: *Ich bin wahrscheinlich nicht wissend und gelehrt genug, um das zu verstehen.*

Oft verbergen sich hinter scheinbar gelehrten oder geschwollenen Ausdrucksweisen Ungereimtheiten im Denken des Betreffenden. Im genannten Beispiel könnte unklares Denken eine Rolle gespielt haben. Denn Kant war bekannt für seine frostige Haltung zum Individuum und zu dessen *Glück*. Nach der Darlegung seines kategorischen Imperativs, der ja die Pflicht eines Menschen gegenüber der Gesellschaft betrifft, konnte er das Streben des Individuums nach *Glück* nicht völlig ignorieren. Er musste irgendwie Stellung dazu beziehen, auch dann, wenn es ihm nicht passte. Deshalb versteckte er seine Stellungnahme, die ja in diesem Fall nicht klar und eindeutig sein kann, in schwer verständliche Sätze. Diese Art der Ausdrucksweise werden sie in meiner These vermissen. Ich bin mir darüber im Klaren, dass durch Fehlen komplizierter Sätze die These sehr einfach erscheint.

Sind aber die Wahrheiten nicht oft sehr einfach? Wird es nicht auch wieder Zeit, dass die Philosophie bzw. die Ethik (in diesem Fall) vom hohen Ross der Unverständlichkeit bzw. angeblicher Verständlichkeit bei wenigen Auserwählten herabsteigt und zum Wohle der Menschheit ein Allgemeingut wird? Meiner persönlichen Ansicht nach beinhaltet die hier vorgestellte These, wenn sie auch sprachlich einfach erscheint, für denjenigen, der geneigt ist, sich ernsthaft mit ihr zu beschäftigen, weitreichende praktische Konsequenzen.

3. Ausgangspunkt einer wissenschaftlichen Ethik

Der Ausgangspunkt für die von mir ausgearbeitete wissenschaftliche Ethik sind folgende Fragen:

- Was ist das Leitmotiv allen menschlichen Tuns?
- Was ist der ethische Imperativ, die Aufforderungsform, das Gebot oder das Prinzip?
- Anders ausgedrückt, warum sollte man sich ethisch einwandfrei verhalten?
- Noch einfacher gesagt: Warum muss man *gut* sein?

Die Antwort auf die erste Frage liefert den Grundstein meiner empirischen Erkenntnis, auf der ein neues ethisches Gebäude – unter Zuhilfenahme der Antwort auf die zweite Frage – aufgebaut wird. Die Antworten auf die eben aufgeworfenen Fragen lauten:

- Das Leitmotiv allen menschlichen Tuns ist der Wunsch, *glücklich* zu sein.
- Um *glücklich* sein zu können, muss man *gut* sein.
- *Glücklichsein* ist nur in einer gut funktionierenden Gesellschaft möglich.
- Man muss *gut* sein, damit die Gesellschaft funktioniert, erhalten bleibt und gedeiht.

Alle Taten, die der Erhaltung bzw. dem Gedeihen der Gesellschaft dienen, werden als *gut* bezeichnet. Alle Taten, die sich negativ auf das Gedeihen und Funktionieren der Gesellschaft auswirken, werden als *schlecht* bezeichnet. Also muss man, um *glücklich* sein zu können, *gut* sein. Wir wollen jetzt die einzelnen Punkte ausführlich behandeln.

4. Das Leitmotiv allen menschlichen Tuns ist der Wunsch, glücklich zu sein

Niemand würde etwas tun wollen, was ihn selbst unglücklich macht. Genauer gesagt, niemand würde etwas tun, von dem er glaubt, dass es ihn unglücklich machen könnte. Man kann genauso gut sagen, man tut das, was einen nach eigener Ansicht *glücklich* macht.

Es kann sein, dass die Erwartung dann nicht erfüllt wird, und dass man durch eine bestimmte Handlung anstatt *glücklich* zu sein, gerade Unglück heraufbeschwört. Das ändert nichts an der Tatsache, dass der Mensch zu dem Zeitpunkt, da er sich entschloss, eine Handlung durchzuführen, glaubte, dass diese ihm zu mehr *Glück* verhelfen würde.

Es besteht keine absolute Grenze zwischen *Glücklichsein* und *Unglücklichsein*, vielmehr verhält es sich so, wie nachfolgend skizziert:

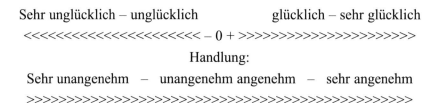

Sehr unglücklich – unglücklich   glücklich – sehr glücklich
<<<<<<<<<<<<<<<<<<<<<<<< – 0 + >>>>>>>>>>>>>>>>>>>>>>>>
Handlung:
Sehr unangenehm   –   unangenehm angenehm   –   sehr angenehm
>>>

Die Handlung eines Menschen wird von dem Wunsch geleitet, sich von links nach rechts zu bewegen. Also wird er, wenn er sehr unglücklich ist, wünschen, weniger unglücklich zu sein. Es besteht demnach der Wunsch, glücklicher zu werden.

Man kann diese These auch treffender ausdrücken: Das Leitmotiv allen menschlichen Tuns ist der Wunsch, glücklicher zu sein. Dabei sind Begriffe wie *glücklich sein*, *Wohlbefinden* und *angenehmer Zustand* auf einer Ebene zu sehen.

Diese Erkenntnis kann man auch mit jeder beliebigen Handlung eines Menschen belegen:

- Warum geht ein Mann/eine Frau ins Kino? Er/sie hofft, dadurch Glücksgefühle zu vermehren.
- Warum nimmt ein Jugendlicher/eine Jugendliche Marihuana? Weil er/sie sich damit für eine gewisse Zeitspanne Glück erhofft.
- Warum geht ein streng Gläubiger/eine streng Gläubige in die Kirche? Weil er/sie durch Erziehung und durch Mentalität so geformt ist, dass er/sie sich, wenn er/sie dies nicht tun würde, unglücklich fühlte (Oder aber weil er/sie sich freut, dass durch Kirchenbesuche und Gebete die Chancen auf ein glückliches Leben nach dem Tode steigen).

Es gibt auch paradoxe Beispiele: Ein Mensch spart Geld, um ein Auto kaufen zu können. Also muss er sich finanziell einschränken. Das macht ihn zwar weniger glücklich. Aber er hofft, dass er glücklicher sein werde, wenn er ein Auto besitzt. Daher glaubt er, dass es sich lohne, seine Ausgaben für eine überschaubare Zeitspanne zu reduzieren. Er glaubt, summa summarum springe aus der ganzen Geschichte für ihn eine dauerhaft angenehmere Situation heraus.

Immer wieder wird mir von Gesprächspartnern die Frage gestellt: *Ist das Leitmotiv allen menschlichen Tuns wirklich der Wunsch, glücklich zu sein?* Man tut zum Beispiel etwas, weil man es für richtig hält. Oberflächlich gesehen kann zunächst der Eindruck entstehen, dass diese Motivation tatsächlich im Widerspruch zu dem ersten Punkt meiner These steht.

Im Rahmen der sozialen Integration wird dem Individuum von Kindheit an ein moralischer Verhaltenskodex eingepaukt, welche Verhaltensweisen richtig sind und welche nicht.

Sie stehen jetzt vor einer Situation und tun nicht, was Sie für richtig halten. Wie fühlen Sie sich dann? Es ist doch ein unangenehmer Zustand. Und wie fühlen Sie sich, wenn Sie in einer solchen Situation das tun, was Sie für richtig halten? Das ist doch sicherlich angenehmer. Dies genau ist es, was der erste Punkt der These besagt.

Hier ist ein anderes Beispiel, das zunächst ziemlich widersprüchlich erscheint. Weshalb fügt sich ein Masochist selbst Schmerzen zu? Weil er seine Freude daran hat? Die meisten von uns werden diesen Zustand als nicht normal bezeichnen. Aber auch in diesem abnormalen Zustand bleibt die erwähnte Motivation bestehen. Es gibt wehleidige Menschen, die sich nur wohlfühlen, wenn sie sich nicht wohlfühlen. Und wenn sie sich einmal wohlfühlen, dann fragen sie sich: *Nanu, was ist mit mir los? Irgendetwas stimmt mit mir wohl nicht!*

Sie reden sich so lange zu, sie seien krank, bis sie sich wirklich krank fühlen. Erst dann sind sie mit sich zufrieden.

Nehmen wir ein in der Philosophie oft erwähntes Motiv. Bertrand Russell, den ich für den größten Philosophen unseres Jahrhunderts halte, und der mich sehr beeinflusst hat, meint, dass das *Streben nach Macht* das Leitmotiv des menschlichen Tuns sei. Andere Faktoren ordnet er dem Machtstreben unter. So meint er, dass man Macht durch politische oder wirtschaftliche Herrschaft, aber auch durch Liebe erreichen kann.

Letzten Endes sei aber das Streben nach Macht das entscheidende Motiv menschlichen Handelns. Nun frage ich aber weiter: Warum strebt der Mensch Macht an? Ich antworte: Weil er glaubt, durch das Erreichen von Macht glücklicher zu werden.

Das waren Beispiele für bewusstes Handeln. Ich glaube, dass auch das unbewusste Handeln auf Punkt 1 meiner These zurückzuführen ist.

Es könnte zum Beispiel eingewandt werden: Wenn ich mit der Hand irgendwo anstoße, ziehe ich sie automatisch zurück. Das ist eine durch einen bedingten Reflex hervorgerufene Reaktion. Wie passt dazu die Erklärung, diese Aktion sei bedingt durch den Wunsch, glücklicher zu sein? Die Reflexhandlung des Zurückziehens der Hand bewahrt den Betreffenden vor Schmerz – oder sie hätte ihn davor bewahren sollen.

Die These, das Leitmotiv jeglichen Handelns sei das Streben nach Glück, findet nicht nur beim Homo sapiens ihren Niederschlag, sondern auch bei anderen Lebewesen. Damit komme ich zu einem weiteren Punkt, der neuen These zur Evolution.

Denken wir anhand einiger Beispiele aus der Tier- und Pflanzenwelt über den ersten Punkt meiner Hauptthese nach: Aus dem Biologie-Unterricht ist uns bekannt, wie sich die Amöbe (ein Einzeller), unter verschiedenen Lebensbedingungen verhält.

Die Amöbe hat die Eigenschaft, sich mithilfe der Proturbationen aus dem Endoplasma in die eine oder andere Richtung fortzubewegen.

Betrachtet man einen Tropfen Wasser, in dem sich Amöben befinden, unter dem Mikroskop, so kann man Folgendes feststellen: Erhitzt man den Objektträger an einem Ende langsam, bewegt sich die Amöbe von diesem Ende fort. Gäbe man scharfe Chemikalien an einem Punkt ins Wasser, würde die Amöbe sich auch von diesem Punkt entfernen. Würde man hingegen an einer Stelle Nährstoffe zusetzen, die der Amöbe zuträglich sind, würde sich das Tierchen in diese Richtung bewegen. Es reagiert so, dass es von einer unangenehmen Situation, wie Hitze und Chemikalien, wegkommt, aber auch so, dass es in Richtung angenehmer Zustände wandert. Was würde nun passieren, wenn eine Amöbe durch eine Mutation in ihrem Kern-Material nicht länger vor der unangenehmen Situation flüchtet, sondern sie direkt sucht? Dann würden diese Tierchen aussterben und wären damit für die Evolution uninteressant. Solche Experimente und Beobachtungen lassen sich bei verschiedenen Tieren durchführen.

Nehmen wir ein anderes Beispiel, eine Tierfamilie, die in freier Wildbahn lebt. Diese Tiere sind zufrieden und glücklich, wenn sie ausreichend zu fressen, eine Wasserquelle als Tränke haben, sowie Schutz vor Kälte und Nässe. Sie sind zufrieden, wenn sie vor Raubtieren und Jägern sicher sind und sich fortpflanzen können. Sie werden deshalb, wenn ihr Weidegrund abgefressen ist, zu einer anderen saftigen Wiese weiterziehen. Sie hüten sich vor Raubtieren und Jägern. Auch sie laufen also, genau wie die Amöbe, vor unangenehmen Situationen weg.

Diejenigen Lebewesen, die nicht vor unangenehmen Situationen flohen und nicht angenehme Situationen anstrebten, starben zwangsläufig aus und waren folglich für die Evolution nicht mehr relevant. Mit anderen Worten: In der langen Geschichte der Evolution waren diejenigen Arten erfolgreich, die eine angenehme Situation vorzogen und deshalb überlebten. Es ist also eher ein Kampf um ein angenehmeres Leben als ein Kampf um reines Überleben. Das Überleben ist nur das Ergebnis. Dies sei als kleine Korrektur der Evolutionstheorie vermerkt.

Ähnliches gilt auch für das Pflanzenreich. Dabei sollte man nicht aus den Augen verlieren, dass die Unterscheidung zwischen Pflanzen und Tieren keine echte Trennung ist, sondern eine Kategorisierung, die den Menschen hilft, gedanklich einigermaßen Ordnung in die Vielfalt der Lebewesen auf dieser Erde zu bringen. Die Eigenschaften der Beweglichkeit und der Synthese von Nährstoffen mit der Hilfe von Chlorophyll sind beispielsweise in beiden Bereichen vorhanden.

Biologisch gesehen gibt es also keine scharfe Trennung zwischen Pflanzen und Tieren. Auch die Pflanzen ziehen, genauso wie die Tiere, angenehme Situationen vor.

Obwohl wir nicht objektiv feststellen können, ob die Pflanzen sich in angenehmeren Situationen glücklich fühlen, wie es vielleicht bei manchen Tieren der Fall ist, weil uns dazu die Antenne fehlt, deutet doch manches darauf hin, dass Pflanzen angenehme Situationen bevorzugen. So strecken sich die Baumkronen in die Richtung, die den für Bäume so wichtigen Sonnenschein bringt. Desgleichen wachsen die Wurzeln der Bäume stärker in die Richtung von Wasser-Quellen.

Die Gattungen, denen in der über Millionen Jahre dauernden Evolutionsgeschichte diese Eigenschaften verloren gingen, mussten zwangsläufig, wie auch etliche Tierarten, aussterben. Die Evolution ist also auch bei den Pflanzen eher das Streben nach einem angenehmeren Leben als ein nur Kampf um das Überleben.

Man könnte die Evolutionstheorie vom Standpunkt der These aus natürlich noch weiter ausbauen. Diese Betrachtung der Evolution hat auch praktische Bedeutung für andere Fragen. Zum Beispiel: Warum opfert eine Mutter so viel eigenen Komfort, nur um ihre Kinder großzuziehen? Täte sie es nicht, fühlte sie sich sicherlich unglücklich. Ob dieses Handeln durch Erziehung oder Hormone bedingt ist, sei hier nicht hinterfragt. Komplementär zu diesen beiden Faktoren spielt auch die Evolution eine Rolle. Nehmen wir wieder die Wildtierfamilie als Beispiel. Es ist bekannt, wie rührend die Mutterliebe der Tiere ist. Desgleichen die bei den Menschen. Jetzt nehmen wir einmal an, dass aufgrund einer Mutation irgendeiner Art das Muttertier ihr Junges ablehnt. Dann wird die Wahrscheinlichkeit, dass dieses Jungtier überlebt, ausgesprochen gering. Infolgedessen wird diese Art, die genetisch mutiert ist, zwangsläufig aussterben. Es kann nur die Art überleben, die für ihre Jungtiere sorgt.

Man braucht nur die Begriffe Jungtier und Muttertier durch Kind und Eltern zu ersetzen, um diese Verhältnisse auf die Menschheit zu übertragen, und man erhält die gleiche Situation. Dann ist in diesem Zusammenhang die Frage nicht mehr: Weshalb sorgen Eltern für ihre Kinder? Die Frage ist dann: Wie kommt es dazu, dass Eltern es tun. Diese Frage ist wertneutral und lässt sich auf der Basis der Evolutionstheorie damit beantworten, dass die Arten, die nicht für ihre Nachkommenschaft sorgten, nicht überleben konnten, und wir als die Art

Mensch nur überlebten, weil wir unter anderem auch für unsere Kinder sorgten.

Damit haben wir einen Bereich angeschnitten, der zwar nicht direkt mit dem Thema zu tun hat, aber meines Erachtens trotzdem sehr wichtig ist, wenn wir die These vom Streben nach Glück mit Klarheit diskutieren wollen. Und zwar die richtige Fragestellung. Um die richtige Antwort zu bekommen, muss man die richtige Frage stellen.

In vielen Fällen sollten wir fragen: *Wie kommt es?* Stattdessen fragen wir: *Warum?* Auf der Suche nach einer Antwort werden wir dadurch auf eine falsche Fährte gebracht.

Hier einige Beispiele:

- Warum haben Blumen so wunderschöne Farben?
- Warum hat der Mensch einen Blinddarm?
- Warum hat ein menschlicher Embryo im Alter von zwei Monaten einen Schwanz?
- Warum sieht ein menschlicher Embryo mit vier Wochen fast genauso aus wie ein Salamander-Embryo?
- Warum hat der Mensch Achselbehaarung?
- In fünf Kilometer Meerestiefe, dort, wo überhaupt kein Licht vorhanden ist, sind jetzt Lebewesen gefunden worden, die schillernde Farben aufweisen. Warum zeigen sie diese Farben?

Wenn man bei allen diesen Fragen statt dem *Warum?* die Frage *Wie kommt es?* einsetzen würde, bekämen die Fragen einen anderen Sinn. Warum hat der Mensch einen Blinddarm? Wollte man dieser Frage nachgehen, würde man sich wahrscheinlich in den wildesten Spekulationen verlieren. Wenn Sie aber fragen: Wie kommt es, dass der Mensch einen Blinddarm hat? Dann werden Sie feststellen (einige Kenntnisse in Biologie und Evolutionslehre vorausgesetzt), dass die Frage längst beantwortet ist. Bei einigen frühen Säugetieren war der

Blinddarm ein wichtiges Organ, das eine Verdauungsfunktion zu erfüllen hatte. Beim Menschen ist er nach dem Wegfall dieser Funktion verkümmert. Die Extrapolation aus dieser Entwicklung lässt uns annehmen, dass er noch weiter verkümmern wird.

In ähnlicher Weise lassen sich die anderen Fragen (hinsichtlich der Farben der Tiefseetierchen oder der Blumen und der menschlichen Achselbehaarung) behandeln.

Wie kommt es? als wertneutrale Frage veranlasst uns, eine Antwort auf wissenschaftlicher Basis zu suchen, während das *Warum?* in den erwähnten Fragen lediglich zu Spekulationen und zu metaphysischer Klugschwätzerei führt.

Nun zurück zu unserem eigentlichen Thema: Die Menschen haben unterschiedliche Begriffe vom Glück. Wie jedoch vereinbart sich das mit dem ersten Punkt meiner These, dass das Leitmotiv allen menschlichen Tuns der Wunsch ist, glücklich zu sein. Ich sehe hierin keinen Widerspruch; im Gegenteil, diese Feststellung kann wesentlich zur Erläuterung dieses Punktes beitragen. Ebenso wie ein Bergsteiger sein Glück findet, wenn er den höchsten Gipfel bezwingt, so ist es für einen Samariter ein angenehmes Gefühl, wenn er einem Armen hilft.

Sicher freut sich ein Chefkoch, wenn seinen Gästen die Gänseleberpastete schmeckt, und sicher waren die Flüchtlinge aus der DDR glücklich, als sie mit ihrem Ballon in der BRD landeten. In all diesen Fällen haben die Menschen ganz unterschiedliche Begriffe von Glück, aber die Motivation für die Handlung war immer die gleiche, nämlich der Wunsch, glücklicher zu werden.

Obwohl diese Erklärung klar und einfach erscheint, sind manche großen Denker am Unvermögen, diese Unterscheidung zu treffen, gescheitert. Kant, den ich als einen gewaltigen Denker respektiere, machte just diesen Fehler. Wenn man bedenkt, welchen Einfluss sein Gedankengut auf die Menschheit hatte und immer noch hat, dann ist die Feststellung dieses Fehlers meiner Ansicht nach sehr wichtig; insbesonre, da eine seiner wichtigsten Theorien diesen Irrtum mit einschließt. Er sagt nämlich das Folgende: *Wir sollen im Leben nicht dem Glück nachjagen, sondern unsere Pflicht tun.* Doch wie können wir zuverlässig wissen, was unsere Pflicht ist? Wie sollen die Prinzipien beschaffen sein, die das rechte, pflichtgemäße Handeln vorschreiben?

Darauf gibt Kant folgende Antwort: *Das Prinzip der Glückseligkeit kann zwar Maximen, aber niemals solche abgeben, die zu Gesetzen des Willens tauglich wären, selbst wenn man sich die allgemeine Glückseligkeit zum Objekte machte. Denn, weil dieser ihre Erkenntnis auf lauter Erfahrungs-Daten beruht, weil jedes Urteil darüber gar sehr von jeder seiner Meinung, die noch dazu selbst sehr veränderlich ist, abhängt, so kann es wohl generelle, aber niemals universelle Regeln, d.i. solche, die im Durchschnitte am öftesten zutreffen, nicht aber solche, die jederzeit und notwendig gültig sein müssen, geben, mithin können keine praktischen Gesetze darauf gegründet werden.* (Immanuel Kant: Kritik der praktischen Vernunft).

Hierin sind mehrere Ansatzpunkte und logische Kurzschlüsse enthalten, die wir jedoch an dieser Stelle nicht ausführlich diskutieren wollen. Sonst würden wir uns im Detail verlieren. Ich will hier nur aufzeigen, dass Kant, indem er feststellte, dass die Menschen verschiedene Quellen für ihr Glück (die Erfahrungen) haben, Glück nicht als Basis einer ethischen Lehre akzeptierte. Er sah anscheinend nicht, dass eine Vielzahl von Glücksquellen kein Widerspruch zu dem ist, was ich Glücksstreben als Leitmotiv des menschlichen Handelns nenne, und worauf ich meine ethische These aufbaue.

Nun zurück zu Punkt 1: Ich glaube, welches Beispiel man auch nehmen würde, man wird immer zu der Schlussfolgerung kommen, dass das Leitmotiv jeder Handlung der Wunsch ist, glücklicher zu sein. Dabei möchte ich noch einmal herausheben, dass Begriffe wie das *Glücklichsein* und das *Sich-wohlfühlen* und angenehmer Zustand als Synonyme betrachtet werden können.

Ich gebe gerne zu – wenn man die Sache rein vom methodischen Standpunkt aus betrachtet –, dass der Übergang von der empirischen Feststellung, der Mensch möchte glücklich sein, zum normativen Prinzip, der Mensch sollte glücklich sein, Schwachpunkte aufweist. Es gibt jedoch keinen Grund, anzunehmen, dass es unvernünftig oder unlogisch ist, diesen Übergang zu vollziehen. Solange ein Mensch – während er versucht, glücklich zu werden – keinem anderen schadet, gibt es keinen Grund, warum er sich nicht so verhalten sollte. Anders ausgedrückt: Solange ich niemandem schade oder wehtue und dabei mein Gesamtglück vermehre, kann ich tun und lassen, was ich will.

Es könnte jetzt der Eindruck entstehen, dass, wenn diese These stimmt und alle Menschen so egoistisch sind, dass sie im Grunde genommen nur für das eigene Glück arbeiten, die Welt zusammenbrechen müsste. Dass dies nicht so ist, sondern gerade das Gegenteil zutrifft, dass gerade durch diese Erkenntnis manche Schwierigkeiten in der Welt beseitigt werden können, hoffe ich mit dem zweiten Punkt, den ich im Folgenden ausführlich behandeln werde, zu beweisen.

5. Der ethische Imperativ, die Aufforderungsform und das Gebot

Um glücklich zu sein, muss man *gut* sein. Alle Taten, die der Erhaltung bzw. dem Gedeihen der Gesellschaft dienen, werden als *gut* bezeichnet. Alle Taten, die sich negativ auf das Gedeihen, das Funktionieren und die Erhaltung der Gesellschaft auswirken, werden als *schlecht* bezeichnet.

Werfen wir dazu zunächst einen Blick zurück auf die Geschichte der Menschheit.

Die Grundregeln des Verhaltens eines Individuums innerhalb einer Gemeinschaft und deren Deutungen lassen sich in einer primitiven

Gemeinschaft (primitiv im anthropologischen Sinn gemeint) am leichtesten analysieren. Wie war das Leben des Urmenschen in der Zeit der Morgenröte der Menschheit?

Das Leben sah alles andere als rosig aus. Es war ein ständiger Kampf um das Dasein. Für den Urmenschen war die Beschaffung von Nahrung und der Schutz vor Witterungseinflüssen und feindlichen Wesen – waren es Raubtiere oder Artgenossen von einem feindlich gesinnten Nachbarstamm – die Hauptbeschäftigung. Welche Vor- und Nachteile brachte ihm das Leben in einer Gemeinschaft? Es brachte zunächst eine Arbeitsteilung für die Mitglieder. Die kräftigen und gesunden Männer gingen auf die Jagd, die Frauen arbeiteten zu Hause, sammelten Früchte und Wurzeln und die weisen Alten kümmerten sich um das Funktionieren der Gemeinschaft. Aber das Leben in der Gemeinschaft brachte auch eine Einschränkung der individuellen Freiheit mit sich. Dieser Nachteil war jedoch so gering, verglichen mit den Vorteilen des gemeinschaftlichen Lebens, dass der primitive Mensch es vorzog, in der Gesellschaft zu leben, die ihm Unterstützung bot. Ansonsten wäre die Gemeinschaft zusammengebrochen. Die Einschränkungen der individuellen Freiheit waren solcher Art, dass der Gesellschaft kein Schaden zugefügt wurde, damit sie erhalten bleiben, funktionieren und sich weiterentwickeln konnte. Diejenigen Handlungen, die dem Erhalt und dem Gedeihen dieser Gemeinschaft dienten, wurden demnach als gut bezeichnet.

Je komplizierter die Gesellschaft wurde, umso mehr erweiterte man die Liste der guten Taten. Beispiele dafür sind: Opfer an den Regengott, tägliche Gebete in der Kirche und vieles mehr. Aber immer steckte der Glaube dahinter, wenn auch oft zu Unrecht, dass diese guten Taten für den Menschen und die Gesellschaft im Ganzen nützlich seien.

Wie weitläufig und unsinnig manchmal der Begriff gut in einigen Gesellschaftsformen auch geworden sein mag, so steht dies doch in keinem Widerspruch zu der These, dass alle Taten, die der Erhaltung der Gesellschaft dienten und dienen, als gut bezeichnet werden. Das heißt, man muss gut sein, damit die Gesellschaft funktioniert. Glücklich sein ist nur in einer gut funktionierenden Gesellschaft möglich.

Der primitive Mensch zog das Leben in einer Gruppe vor, um glücklicher zu sein. Das erreichte er auch. Eine Gesellschaftsform, die nicht *gut* funktionierte, in der zum Beispiel Mord und Diebstahl an der Tagesordnung waren, in der Menschen sich also nicht *gut* benahmen, konnte ihren Mitgliedern kein Glück bescheren. Nur in einer Gesellschaft, in der die Leute auch *gut* waren, in der jeder die Nachbarskinder mitversorgte und sie nicht etwa misshandelte oder gar verspeiste, war ein glückliches Leben möglich. Man musste also moralisch *gut* sein, um glücklich sein zu können.

Diese These hat in jeder Art von Gesellschaft ihre Gültigkeit, sei es nun in einer einfachen oder komplizierten Form der Gemeinschaft.

Wir haben bisher das Folgende festgestellt: Man soll im Interesse der Gemeinschaft handeln! Eine interessante Nebenfrage ist hier, welche Gemeinschaft ist eigentlich gemeint. Was für eine in sich geschlossene Gemeinschaft *gut* ist, muss für eine andere nicht gleichermaßen gelten. Wonach muss sich eine Handlung dann richten, wenn die Interessen zweier gegensätzlicher Gemeinschaften betroffen sind?

Um diese Frage beantworten zu können, muss man die Angelegenheit differenzierter betrachten. Zuerst müssen wir feststellen, dass ein Individuum gleichzeitig mehreren Gemeinschaften angehört.

Die Anzahl und Art der Gemeinschaften, die für eine Handlung von Belang sind, sind von der spezifischen Fragestellung abhängig. Wird zum Beispiel innerhalb einer Familie diskutiert, um wieviel Uhr man zu Abend essen sollte, ist hier die Familiengemeinschaft relevant. Wenn es darum geht, ob in einer Stadt Jugendzentren gebaut werden sollen, ist in erster Linie die Stadtgemeinschaft betroffen. Wenn es um Krieg und Frieden oder einen Boykott der Olympischen Spiele und deren Folgen geht, dann ist die globale Gemeinschaft angesprochen.

Zur weiteren Differenzierung müssen wir festhalten, dass bei einer zur Debatte stehenden Frage gleichzeitig mehrere Gemeinschaften betroffen sein können. So sind zum Beispiel, wenn es um Steuerfragen geht, Gemeinschaften von Stadt, Land und Bund relevant.

Es können zwar bei einer Frage mehrere Gemeinschaften betroffen sein, aber in sehr unterschiedlichem Maß. Wenn zur Debatte steht, ob Industrieabwässer mittels einer Pipeline in die Nordsee bei Dorum abgeleitet werden sollen, so ist die Dorfgemeinschaft von Dorum stärker davon betroffen als der Landkreis Wesermünde. Die gleiche Betrachtungsweise kann man auch auf die Debatte um den Bau des Rhein-Main-Donau-Kanals anwenden.

Solange die Interessen mehrerer Gemeinschaften in die gleiche Richtung gehen, ist die Verhaltensweise eines Individuums leichter festzulegen.

Probleme entstehen aber dann, wenn die Interessen zweier Gemeinschaften im Widerspruch zueinander stehen. Nehmen wir als Beispiel eine reiche Familiengesellschaft, die mehrere Fabriken besitzt. Die Fabriken geben tonnenweise Kadmium und Blei in Form von Abgasen und Abwasser ab. Die dabei entstehende Umweltverschmutzung ist für die Gemeinschaft, die der Familie übergeordnet ist, also für die Gemeinschaft, in der die kleinere Familiengemeinschaft schließlich lebt, schädlich. Die Familiengemeinschaft möchte aus finanziellen Gründen die für sie unproduktiven Investitionen zur Verminderung des Schadstoffausstoßes keinesfalls durchführen.

Die Gemeinschaft der Anlieger und des Umlandes hingegen hat berechtigte Sorgen um ihre Gesundheit, weshalb sie alles daransetzen wird, die Schadstoff-Emissionen zu stoppen. Daraus lässt sich folgendes Prinzip ableiten:

Wenn die einander zuwiderlaufenden Interessen zweier Gemeinschaften betroffen sind, sollten die Interessen der übergeordneten Gemeinschaft Vorrang haben.

Aus dieser Sicht hat Nationalismus einen positiven Wert, wenn er dem Provinzialismus gegenübergestellt ist, aber einen negativen, wenn man ihn zu den internationalen Interessen bzw. der globalen Gemeinschaft in Beziehung setzt.

Das Verhältnis einer kleineren Gemeinschaft zur übergeordneten ist im Prinzip nicht anders als das Verhältnis des Individuums zur Gemeinschaft überhaupt. Deswegen kommen hier die gleichen Prinzipien zur Anwendung, die auch die Beziehung zwischen dem Individuum und der Gesellschaft regeln.

6. Für ein glückliches Leben ist eine gut funktionierende Gesellschaft die Voraussetzung

Wenn eine Gesellschaft gut funktioniert, heißt das noch lange nicht, dass der Mensch glücklich sein muss. Aber für glückliches Leben ist eine gut funktionierende Gesellschaft die Voraussetzung. Um dies näher zu erörtern, müssen wir auf die Ursachen des Glücks und Unglücks eingehen.

Beschäftigen wir uns zunächst einmal mit den Ursachen des Unglücks, denn sie sind leichter zu erfassen. Die Ursachen des Unglücks lassen sich in zwei Kategorien unterteilen:

- die abwendbaren Ursachen
- die unabwendbaren Ursachen

Welche Ursachen gelten nun als abwendbar? Beispiele dafür sind Hunger, Durst, manche Krankheiten, Krieg, Mord, Armut – um nur einige zu nennen. Wenden wir uns diesen Ursachen also zuerst zu. Die Welt ist im technologischen Zeitalter immer kleiner geworden und diese Entwicklung wird sich noch weiter fortsetzen.

Solange die verschiedenen Gesellschaften voneinander getrennt und isoliert waren, bedeutete eine Katastrophe, die einer Gesellschaft widerfuhr, für eine andere, die ja womöglich von der Existenz der ersten nichts wusste, überhaupt nichts.

So konnte es zum Beispiel in vergangener Zeit durchaus vorkommen, dass unter einem Teil der Bevölkerung die Schwindsucht wütete, während ein anderer Teil, der vielleicht 100 oder 200 km entfernt lebte, von dieser Krankheit nichts merkte.

Die Integration verschiedener Gesellschaften schritt jedoch fort, und heute ist selbst etwas, das in weiter Ferne geschieht, immer auch von Bedeutung für andere, wo immer diese sich auch befinden mögen.

Nehmen wir ein Beispiel: Plötzlich bricht in einem Entwicklungsland eine Seuche wie die Cholera oder der Ebola-Virus aus. Durch die besseren Verkehrsanbindungen und kürzeren Reisezeiten kann diese Seuche, falls sie nicht schnell genug eingedämmt wird, zu einer globalen Gefahr werden. Oder nehmen wir den Vietnamkrieg. Nicht nur Amerika war und ist von diesem in Mitleidenschaft gezogen worden, sondern auch der Rest der Welt. Das gleiche gilt für die kriegerischen Auseinandersetzungen u.a. in Afghanistan, dem mittleren Osten und einigen afrikanischen Ländern.

Armut und das Unwissen in der Welt verursachen politische Unruhen in den entsprechenden Gebieten. Andere Nationen mischen sich ein. In Folge führen Spannungen zwischen den Weltmächten zu enormen Ausgaben für Wettrüsten. Ca. 70 % des Staatshaushaltes der USA werden dazu verwendet, Lasten aus vergangenen, jetzigen und künftigen Kriegen zu tragen.

Die Spannungen verhindern außerdem einen Austausch von Waren, kulturellen und geistigen Gütern zwischen den feindlichen Lagern sowie die gemeinsame Forschung. Könnte man die Spannungen verringern, wäre die Gefahr eines weiteren Weltkrieges gebannt, und das wäre auch für den Einzelnen von Vorteil. Mit diesen Beispielen sollte kurz demonstriert werden, wie sich Störungen in einzelnen Gesellschaften negativ auf die globale Gemeinschaft auswirken können.

In dem betroffenen Teil der Sozialgemeinschaften sind die Chancen auf ein glückliches Leben noch geringer. Kurz gesagt: Wenn die Gesellschaft auch nur in Teilen mit Missständen belastet ist, wie zum Beispiel mit Seuchen, Armut oder Unwissenheit, hat dies negative Auswirkungen auf das *Glücklichsein* der restlichen Mitglieder.

Es gibt aber auch noch andere unabwendbare Unglücksursachen: Da ist zum Beispiel der Tod eines Freundes, der nahende eigene Tod, ein unverschuldeter Unfall oder ein Brand durch Blitzschlag. Solche Unglücksursachen kommen auch in einer gut funktionierenden Gesellschaft vor und sind nur zu bekämpfen, indem das betreffende Individuum eine entsprechende Einstellung zu solchen Schicksalsschlägen entwickelt.

Dies ist aber ein gänzlich anderes Thema, und es würde zu weit führen, an dieser Stelle ausführlich darauf einzugehen. Uns geht es hier nur darum, die abwendbaren Unglücksursachen als Fehlfunktion der Gesellschaft zu deuten. Es geht um deren Behebung oder Verhinderung, und darum, den Menschen von den betreffenden Unglücksursachen zu befreien und somit zu seinem Glück beizutragen.

7.   Eine soziologisch begründete Morallehre

Einige Diskussionspunkte: Die These, die ich hier vorstelle, ist eine soziologisch begründete Morallehre, die das Glück nicht erst nach dem Tode verspricht. Ein „Leben nach dem Tode", in welcher Form auch immer, beruht auf unbewiesenen und unbeweisbaren Hypothesen. Fakt ist, man hat nur ein Leben für das Glück. Sie gibt auch keine dogmatische Sittenlehre vor, sondern liefert den Maßstab für eine Morallehre, die für eine zeitlich oder geographisch getrennte, relativ in sich geschlossene Gemeinschaft konzipiert ist. Nun brauche ich mich also nur zu fragen, ob das, was ich vorhabe, von Nutzen für die Gesellschaft, in der ich lebe, ist?

Damit ist es leider nicht getan. Die Gesellschaft ist viel zu kompliziert, als dass der Mensch in die Lage versetzt sein könnte, sämtliche Folgen seiner Handlung zu überblicken. Vielmehr wird die Gesellschaft selbst für ihre Angehörigen einen Moralkodex ausarbeiten müssen, nicht mit dem Anspruch auf absolute Richtigkeit für die Ewigkeit, sondern darauf ausgerichtet, ihn entsprechend der gewandelten Gesellschaftsverhältnisse und der neuen Erkenntnisse zu ändern. Hier liegt eine große Aufgabe für die Sozialwissenschaftler. Diese Wissenschaft ist bisher sehr vernachlässigt worden. Sie steckt noch in den Kinderschuhen. Aber sicherlich gehört ihr die Zukunft. Sie wird gesellschaftliche Entwicklungen am besten voraussehen können, und sie wird Anregungen für entsprechende Verhaltensregeln geben können, die dann eine Diskussionsgrundlage für die jeweilige Gesellschaft und ihre Morallehren bilden werden.

Auch in der heutigen Gesellschaft bedürfen viele Inhalte der geltenden Morallehre der Überprüfung im Lichte der neuen These. Solche Diskussionen würden teilweise auch dazu dienen, die Anfänge einer neuen Morallehre in Gang zu setzen.

Mord und Diebstahl werden in allen Religionen als unmoralisch gebrandmarkt, auch in den atheistischen Weltanschauungen, wie z.B. dem Marxismus-Leninismus. Dies ist auch verständlich. In einer Gemeinschaft, in der Mord und Diebstahl nicht verdammt werden, würde Unglück herrschen und die Gesellschaft würde bald zerfallen.

Aber wie steht es mit Themen wie Nächstenliebe, Nationalismus, Verhaltensregeln hinsichtlich des Sexuallebens und vielem mehr? Nehmen wir zuerst das besonders vom Christentum propagierte Thema der Nächstenliebe. Zunächst ist es ein Irrtum, zu glauben, dass Nächstenliebe eine Erfindung des Christentums ist. Sie wird von fast jeder Religion gelehrt, obwohl dies in verschiedenen Verkleidungen geschieht. Lange bevor Jesus geboren war, fragte jemand Konfuzius, ob man mit einem Wort alle menschlichen Pflichten beschreiben könne. Konfuzius sagte, Nächstenliebe sei vielleicht das Wort.

Tue dem anderen nicht an, was du nicht willst, dass es dir angetan wird. Die Nächstenliebe im Buddhismus ist noch umfassender und schließt nicht nur die Menschen, sondern auch die Tiere mit ein. Aber warum sollte man Nächstenliebe ausüben? Die möglichen Antworten darauf wären:

- Weil Gott (oder sein Prophet) es gesagt hat, oder weil es in der Bibel steht.
- Weil es richtig ist (Doch was ist richtig?).
- Weil es im Interesse der Gemeinschaft, also letzten Endes im eigenen Interesse ist.

Der ersten Antwort kann ein Atheist natürlich nicht zustimmen, aber sie steht auch nicht unbedingt im Widerspruch zur dritten Antwort. Aber eine Antwort, die nicht begründet werden kann, außer durch die Berufung auf eine allmächtige, nicht nachweisbare Autorität, läuft Gefahr, irgendwann von jedem so ausgelegt zu werden, wie es ihm passt. Und das ist mit dem Gebot der Nächstenliebe so passiert.

Wer ist der Nächste? Ist der Nächste nur der, der zehn Meter entfernt von einem wohnt, oder ist es derjenige, der hundert Meter, tausend Meter oder gar Tausende Kilometer von einem entfernt wohnt, auch der Nächste? Sollen diese von uns genauso Liebe beanspruchen dürfen wie das direkte Gegenüber? Oder sollte die Nächstenliebe quantitativ abnehmen, signifikant zur geographischen Entfernung? (Sollte man jemanden, der zehn Meter entfernt ist, zehnmal mehr lieben als den, der hundert Meter entfernt wohnt?)

Wie absurd es auch klingen mag, wir tun doch genau das! Ein Kindesmord in der Nachbarschaft regt uns mehr auf als tausend Kindesmorde, damals in Vietnam geschehen. Ebenso besteht mehr Interesse daran, das Elend in der eigenen Gemeinschaft zu beseitigen als in der direkt übergeordneten.

Die Landesgemeinschaft ist hier beispielsweise einer Dorfgemeinschaft übergeordnet. Woher kommt das? Die Antwort liegt klar auf der Hand. Man denkt, wenn sich in der Nachbarschaft so ein Wesen herumtreibt, das ein Kind umgebracht hat, könnte es auch ein anderes Kind umbringen. Es könnte ihm auch das eigene Kind oder das eines Freundes oder eines Verwandten zum Opfer fallen. Es kann auch andere Untaten begehen, die unglücklich machen. Die Empörung ist nicht primär darauf zurückzuführen, dass ein Kind getötet worden ist – denn dann müsste man über jeden Kindesmord im mittleren Osten genauso empört sein – sondern auf eine mögliche Einbeziehung der eigenen Person in einen solchen Unglücksfall.

Man überlegt natürlich nicht in einzelnen logischen Stufen, wie es hier dargestellt ist, aber eine ähnliche Analyse erfolgt dennoch im Unterbewusstsein.

Wie steht es nun mit der Elternliebe? Was die Eltern für ihr Kind tun, tun sie deshalb, weil sie, wenn sie es nicht täten, unglücklich wären. Eltern müssen sehr viele Einschränkungen z. B. der eigenen Bequemlichkeit hinnehmen, wenn sie für ein Kind sorgen. Wenn sie nicht das tun, von dem sie glauben, dass man es für sein Kind tun sollte, werden sie unglücklich. Also sollten sich Eltern nicht vormachen, dass sie für ihre Kinder so viele Opfer bringen; sie können gar nicht anders.

Ähnliches gilt auch für viele andere Formen zwischenmenschlicher Beziehungen. Erzwungene Nächstenliebe und in Folge zu viele Opfer für andere Menschen zu bringen, ist nicht nur falsch, sondern bringt auch einem selbst und der Umwelt Unglück. Indem man glaubt, dass man für andere so viel geopfert hat, erwartet man automatisch eine Gegenleistung. Man ist dann sehr unglücklich, wenn diese ausbleibt oder nicht den Erwartungen entspricht. Diese Art der Nächstenliebe ist von fast allen Religionen und den traditionellen Moralisten gelehrt worden, ohne die Erkenntnis, dass die Taten der Nächstenliebe eigentlich nur dem Wunsch entspringen, selbst glücklich zu sein. Nächstenliebe ist nur dann selbstverständlich, wenn man *Gutes* für andere tut, ohne das Bewusstsein, dass man sich für sie geopfert hat. Wie viele Eltern wären heute glücklicher, wenn sie sich nicht dauernd einreden würden, sie hätten sich für die Kinder aufgeopfert, und diese seien nun undankbar.

Wie sieht es mit dem Sexualverhalten aus? Die meisten Religionen und deren Moralisten – nachdem sie auf anderen, wichtigeren Gebieten versagt haben – verlegen ihre Haupttätigkeit auf diesen Bereich!

Wenn man sagt, Herr X oder Herr Y ist ein moralisch schlechter Mensch, dann denkt man in der Regel nicht, dass er ein Mörder ist oder dass er sich auf Kosten anderer bereichert hat – sei es direkt durch Diebstahl oder durch illegale Profite. Nein, man denkt in erster Linie an sein Sexualleben. Es ist ja so schwer und unbequem, über die größeren und wichtigeren Fragen, wie z.B. Krieg und Elend in der Welt, nachzudenken. Leichter und interessanter plaudert es sich über das 15-jährige Nachbarsmädchen, das in einer Woche mit vier Jungen geschlafen hat.

Dann bricht für die Nachbarn eine Welt zusammen, aber auf den Krieg im ehemaligen Jugoslawien oder in Ruanda, in dem täglich Hunderte unschuldiger Menschen grausam umgekommen sind, würden sie nur mit einem Achselzucken reagieren. Dabei sind die moralischen Ansichten über Mord und Diebstahl fast gleich geblieben, die moralischen Verhaltensmaßregeln für das Sexualleben jedoch im Laufe der Geschichte immer wieder grundlegend geändert worden.

Die Gesellschaftsstruktur hat sich fortwährend geändert und die sexuellen Verhaltensnormen mit ihr. Die größten Hindernisse für eine Neuanpassung von gesellschaftlichen Normen an veränderte Lebensbedingungen bildeten und bilden die Religionen. Es genügt, nur ein paar Beispiele aus der heutigen Gesellschaft zu nennen: Geschlechtsverkehr vor der Ehe, Homosexualität, Masturbation und die Einnahme der Pille werden von allen christlichen und islamischen Glaubensrichtungen verteufelt. Immerhin ist in den letzten Jahren auch hier eine gewisse Aufweichung der geltenden Normen zu spüren. Sex wurde als Schweinerei angesehen und die Lust als Sünde.

Nur langsam und zögernd fangen einige religiöse Führer an, sich der veränderten Welt anzupassen; nicht weil sie es wollen, sondern weil ihnen nichts anderes übrigbleibt, wenn die Religion als Institution überleben will.

Vereinzelt sprechen Theologen jetzt schon vom Sex als einer Gabe Gottes. Aber die Gesellschaft ändert sich so schnell, dass die veralteten Vorschriften der Religion nicht nur nicht mehr den Maßstab für das Sexualverhalten einer Gemeinschaft liefern können, sondern nicht einmal mehr auf wirksame Art und Weise angepasst und aktualisiert werden können.

Der einzige Orientierungsmaßstab sollte die Frage sein, ob gewisse sexuelle Verhaltensnormen für die jeweilige Gesellschaft schädlich sind oder nicht. Ein Einzelner kann jedoch von sich aus nicht oder nur schlecht beurteilen, ob sein Verhalten der Gemeinschaft schadet oder nicht. Solche Aussagen müssen auf den Forschungsergebnissen basieren, die uns die Institute für Sexualforschung liefern. In Deutschland gibt es von diesen nur wenige. Diese Institute haben aber unter anderem Ergebnisse erbracht, die manche Vorurteile hinweggefegt haben. Um nur ein Beispiel zu nennen: Die zunehmende Häufigkeit des Geschlechtsverkehrs bei Jugendlichen im Schulalter hat die traditionellen Moralisten, besonders die kirchlichen, aufgeschreckt. Manch einer sah schon den drohenden Verfall der Treue, der Familie und den Sittenverfall in der Gesellschaft. Das Hamburger Institut für Sexualforschung ermittelte aber, dass es für neun von zehn Mädchen kein Petting und keinen Koitus mit jemand anderem als ihrem festen Freund gibt. Man will also einen festen Partner, und die meisten wollen sogar heiraten und eine Familie gründen. Dabei ist es nicht einmal gesagt, dass für die zukünftige Gesellschaft die Gründung einer Familie in der derzeitigen Form unbedingt eine vorteilhafte Notwendigkeit ist.

Ganz gleich, welches Thema man anschneidet, egal ob Prostitution oder Entwicklungshilfe, wir werden immer – sowohl in kapitalistischen als auch in kommunistischen Gemeinschaften – zu der Schlussfolgerung gelangen, dass der moralische Wert einer Handlung nur daran gemessen werden kann, ob sie der Gesellschaft schadet oder nützt. Somit werden die Sozialwissenschaftler aufgrund ihrer umfangreichen Forschungsergebnisse die Änderung der Moralgesetze vorantreiben müssen.

Es wird keine dogmatischen Moralgesetze mehr geben können, sondern nur noch flexible, da sich die Gesellschaft ständig verändert. Es wird eine fortdauernde Diskussion in Gang gehalten werden müssen. Dabei werden die Erkenntnisse, dass das Leitmotiv allen menschlichen Tuns das Streben nach Glück ist, und dass man ethisch gut sein muss, um glücklich zu sein, den Weg weisen.

Da sich der erste Punkt meiner These mit der Motivation der Menschen befasst und auf dessen Wunsch basiert, glücklich zu sein, muss man sich zwangsläufig mit den Ursachen des *Glücklichseins* und des *Unglücklichseins* auseinandersetzen. Auch vom praktischen Standpunkt aus glaube ich, dass dieser Fragenkomplex für jeden Einzelnen von uns sehr wichtig ist. Den ethischen Teil meiner These, der als Hauptthema das Individuum und die Gesellschaft behandelt, werde ich im zweiten Teil des Buches besprechen.

II. Glücks- und Unglücksursachen

1.   Ursachen des Unglücks

Wenn man bei einem durchschnittlichen Individuum die Menge von Unglück, die ihm widerfährt, als 100 % bezeichnen würde, so glaube ich, dass er 90 % seines Unglücks selbst bekämpfen könnte.

Diese Ausführungen sind nicht für diejenigen bestimmt, die schon glücklich sind, obwohl ich das Gefühl habe, dass auch sie zur Vermehrung ihres Glücks etwas beitragen können. Leider ist die Zahl dieser Leute außerordentlich gering. Dass sich das Gefühl für *Unglücklichsein* unter der Allgemeinheit stark ausbreitet, ist an der Statistik über die zunehmende Selbstmordrate ablesbar.

Immer mehr Menschen suchen Trost im Alkohol und in anderen Drogen. Die Tatsache, dass der Mensch Trost sucht, ist ein Zeichen dafür, dass der Mensch unglücklich ist. Bei dieser Schlussfolgerung spielt es keine Rolle, worin man Trost sucht – im Alkohol, in der Marihuana-Zigarette, in der Kirche oder in der Arbeit.

Fragen Sie sich selbst. Sind Sie unglücklich? Falls Sie unglücklich sind, werden Sie wahrscheinlich bereit sein, zuzugeben, dass Sie keine Ausnahme sind. Falls Sie glücklich sind, fragen Sie sich bitte, wie viele Ihrer Freunde glücklich sind. Ziehen Sie nicht nur Ihren Freundeskreis, sondern auch Ihre ganze nähere Umgebung in Betracht.

Stellen Sie sich in der Hauptgeschäftszeit an eine Straßenecke und lesen Sie dort in den Gesichtern der vorbeigehenden Menschen. Lassen Sie sich von den Passanten ihre Geschichte erzählen. Was lesen Sie daraus? Jeder ist in seine Sorgen eingehüllt, kaum eine Lachfalte im Gesicht, nur nervöse Anspannung. Und wenn einer spontan laut und fröhlich lachen würde, oder wenn gar einige Erwachsene aus Freude auf dem Bürgersteig zwei Tanzschritte machen oder umherhüpfen würden – die meisten Menschen auf der Straße würden nur missbilligend hinschauen. Oder sehen Sie sich die Leute auf einer fröhlichen Party an. Alle haben sich entschlossen, krampfhaft dem schnellen Vergnügen nachzujagen. Ordentlich viel trinken und dann schmusen gilt als Devise. Die Funktion des Alkohols ist hier, den Menschen vom Schuldbewusstsein zu befreien, das vom Verstoß gegen eine Verhaltensnorm herrührt, dem Verstoß, den er im nüchternen Zustand nie begangen hätte. Ich bin kein Anti-Alkoholiker und genehmige mir schon mal etwas, aber ich persönlich genieße die Gesellschaft der Menschen bei vollem Bewusstsein viel mehr als unter exzessivem Alkoholgenuss.

Die Ursachen von *Unglücklichsein* sind verschiedener Art und unterschiedlicher Natur. Einige sind in der Gesellschaftsordnung zu suchen, während andere in der Psychologie des Einzelnen liegen. Das Individuum kann aber nicht so lange auf das *Glücklichsein* warten, bis die gesellschaftlichen Übel beseitigt worden sind.

Ich habe festgestellt, dass bei der Mehrzahl der Menschen das Interesse an der Problematik vom eigenen *Unglücklichsein* und *Glücklichsein* groß ist. Wie kann es auch anders sein, haben wir doch in Punkt 1 der These festgestellt, dass das Leitmotiv allen menschlichen Tuns der Wunsch ist, glücklicher zu sein.

Um was geht es also? Es geht darum, wie ein Mensch hier und heute in dieser real existierenden Gesellschaft durch Veränderungen im eigenen Verhalten glücklich bzw. noch glücklicher werden kann. Als Ausgangspunkt wollen wir den Durchschnittsmenschen in der Industriegesellschaft nehmen, der seine materiell-existenziellen Grundbedürfnisse befriedigt hat und ausreichend gesund ist.

Der Mensch mit ungewöhnlich großen Nöten, z.B. dem plötzlichen Verlust eines Kindes oder der mit großer öffentlich gewordener Schande, ist vorläufig nicht Gegenstand der Diskussion. Obwohl ich glaube, dass auch diese kleine Gruppe am Ende meiner Ausführungen einige positive Erkenntnisse gewinnen könnte. Vorläufig geht es aber in erster Linie darum, Lösungen für die gewöhnlichen und alltäglichen Formen von *Unglücklichsein* eines durchschnittlichen Menschen zu finden.

Das alltägliche Unglück, unter dem die meisten Menschen leiden, ist insofern unerträglich, da eine äußere Ursache nicht erkennbar ist. Man lebt in sogenannten geordneten Verhältnissen, es fehlt eigentlich an nichts. Geld, Gesundheit, sogar gutes Wetter sind vorhanden. Deshalb scheint man dem Unglück unentrinnbar ausgeliefert zu sein. Meiner Ansicht nach liegt die Hauptursache von *Unglücklichsein* in einer falschen Ethik und in bestimmten Lebensgewohnheiten, auf die ich noch eingehen werde. Diese haben zur Zerstörung der Lebensfreude geführt, auf der das innere Glück letzten Endes beruht. Und das sind gerade die Dinge, die in der Macht des Individuums liegen. Denn wenn das Individuum sich damit befasst und sie akzeptiert, kann ihm das zum Glück verhelfen.

2.   Der erste Schritt auf dem Weg zum Glück

Der erste Schritt auf dem Weg zum Glück ist der, das Individuum zu überzeugen, dass das Glück wünschens- und erstrebenswert ist. Wie oft muss man hören, wie Leute über ihr *Unglücklichsein* berichten. Ein gewisser Stolz ist dabei unüberhörbar, eine Art Stolz, der z.B. bei denjenigen zu hören ist, die berichten, dass sie nicht gut schlafen. In vielen Fällen ist der Stolz wahrscheinlich nur eine Maske. Oder sie vergleichen sich unbewusst mit den heiligen Asketen, die für einen guten – oder einen vermeintlich guten – Zweck gelitten haben, wie z.B. Simon auf der Säule. Bequem wird es da oben auf der Säule wohl nicht gewesen sein. Oder sie imitieren sogar unbewusst Christus, der am Kreuz unter Qualen starb. Diese Art unglücklicher Menschen mit bewusst oder unbewusst morbider Verehrung des Leidens müssen zunächst überzeugt werden, dass das *Glücklichsein* erstrebenswert ist.

Ein erster Schritt ist die Frage: *Was ist der Sinn des Leidens?* In vielen Religionen wird das Leiden verherrlicht. Es wird ein Sinn dahinter vermutet. Die Frage ist an sich falsch gestellt. Indem ich frage, was der Sinn des Leidens ist, unterstelle ich, dass generell irgendein Sinn oder Zweck dahinter steckt. Es gibt jedoch keinen Grund für eine solche Annahme. Im Gegenteil, ich glaube, die Frage ist nicht nur falsch gestellt, sondern auch schädlich. Diese Annahme leitet unser Denken in eine falsche Richtung und erschwert uns damit die Suche nach der richtigen Lösung. Ich will dies anhand einiger Beispiele demonstrieren.

Wenn ein Patient mit einer Kolik zu mir in Behandlung kommt, verschwende ich meine Zeit nicht damit, den Sinn seines Leidens zu ergründen, sondern ich suche die Ursache der Kolik. Handelt es sich um eine Kolik durch einen Harnleiterstein, gebe ich dem Patienten die entsprechenden Medikamente, damit die Kolik aufhört und der Stein abgeht. Wenn ein Krebskranker im Endstadium Schmerzen hat, frage ich bestimmt nicht, welcher kosmische, übernatürliche Zweck dahinter steckt. Ich frage nicht *Warum?* (im Sinne von: *Zu welchem übernatürlichen Zweck?*), sondern, *Wie kommt es dazu, dass der Patient Schmerzen hat?* Ich behandle ihn entsprechend. Braucht er psychologischen Halt, versuche ich, ihm diesen zu geben. Den Patienten darauf aufmerksam zu machen, dass alles seinen Sinn hat – also auch sein Leiden – ist nicht nur falsch, sondern auch grausam. Denn wenn alles seinen Sinn hätte, müsste das Leiden nicht bekämpft, sondern erduldet werden. Es würde den Patienten nur auf den Gedanken bringen, er habe in der Vergangenheit vielleicht irgendwelche Sünden begangen, und seine Krankheit sei nun die Strafe dafür. Solche Gedanken bringen uns in der Behandlung nicht weiter. Der Patient würde nur ständig nach dem Sinn des Leidens suchen, indem er sich fragt: Warum bin gerade ich so krank? Was habe ich verbrochen? Welche Sünde habe ich begangen?

Solche trüben Gedanken verschlimmern nur noch seinen Zustand für das *Unglücklichsein.*

Ist diese eine Person denn wirklich so wichtig – in diesem gigantischen Kosmos – dass irgendein überirdisches Wesen sie für diese sadistischen Quälereien ausgesucht hat? Dieser Kranke täte sich viel leichter, mit der Hilfe des Arztes eine realistische Haltung einzunehmen, wenn er sich klar macht: Pro Jahr bekommen so und soviel Prozent der Bevölkerung die gleiche Krankheit. Nun, da er einer der vielen Bürger ist, kann er laut Wahrscheinlichkeitsrechnung genauso davon befallen werden, wie jeder andere auch. Warum soll gerade er nicht daran erkranken? Er ist doch nur einer von vielen!

Danach wäre der nächste logische Schritt, sich klar zu machen, dass es unproduktiv ist, sich mit unabänderlichen Tatsachen zu befassen. Das bringt nichts. Die Situation ist nun einmal so. Daher muss der Patient zusehen, wie er damit fertig wird. Der Arzt kann ihm dabei helfen, ohne dass beide ihre Zeit und Energie damit verschwenden, sich großartige, aber unnütze Gedanken über den Sinn dieses Leidens zu machen.

Es ist nicht nur im Einzelfall schädlich, einen Sinn hinter dem Leiden zu sehen. Welchen Sinn haben denn die Folterungen auf der ganzen Welt und der Tod vieler Juden im Dritten Reich gehabt? Welchen Sinn haben Krieg, eine Seuche, Armut, Elend, Folterungen in der Türkei und die Bombe auf Hiroshima? Nein, da darf eine moralisch denkende, menschenfreundliche Person keinen Sinn sehen wollen. Eine Rechtfertigung des Leidens suchen, indem man einen Sinn und Zweck in diesem sieht, würde die Bekämpfung des Leidens erst gar nicht in Augenschein nehmen lassen oder zumindest erheblich erschweren.

Es besteht kein Grund zu der Annahme, dass hinter dem Leiden ein Sinn stecken soll oder muss. Wenn die Menschen aber einen Sinn sehen wollen, ist das psychologisch dadurch zu erklären, dass viele Religionen das Leiden verherrlicht haben.

Es werden sicherlich nicht viele sein, die unbedingt unglücklich sein wollen, wenn sie einen Weg zum Glück sehen. Was sind die Zwischenstufen auf diesem Weg? Vor die Therapie gehört die Diagnose. Um sich vom *Unglücklichsein* zu befreien, muss man zunächst die Ursache des jeweiligen Unglücks erkennen. Wenn wir diese erkannt haben, müssen wir sie bekämpfen. Das ist die Beseitigung eines negativen Zustandes – von *Unglücklichsein*. Zur Vermehrung des Glücksgefühls müssen wir uns dann mit positiven Aspekten befassen, und zwar in diesem Fall mit den Ursachen des Glücks. Und wenn wir diese erkannt haben, müssen wir sie konsequent in die eigene Lebensweise einbauen.

3.   Weitere Ursachen des Unglücks

Befassen wir uns zunächst also weiter mit den Ursachen des Unglücks. Ich habe einige zusammengestellt, erhebe für diese aber keinen Anspruch auf Vollständigkeit. Der Leser mag für sich die Liste ergänzen. Ich glaube jedoch, die wichtigsten Unglücksursachen erfasst zu haben. Ich möchte dabei noch erwähnen, dass ich mich in der Behandlung dieser Punkte stark an Bertrand Russell angelehnt habe.

Hier also eine kurze Liste von möglichen Unglücksursachen:

- Schuldbewusstsein und Gewissensbisse
- Neid und Eifersucht
- Gewisse Formen der Bescheidenheit
- Ermüdung und Erschöpfung
- Sorgen
- Angst (Angst vor dem Tod, Angst vor übler Nachrede, etc.)
- Verfolgungswahn

Ich habe mir vorgenommen, zunächst die Punkte *Schuldbewusstsein* und *Gewissensbisse* zu behandeln, da diese meiner Ansicht nach die wichtigsten psychologischen Ursachen von *Unglücklichsein* sind.

Gleichzeitig aber sind beide, *Schuldbewusstsein* und *Gewissensbisse* nach Einsicht gut zu bekämpfen.

3.1   Schuldbewusstsein und Gewissensbisse

Es gibt eine traditionelle Psychologie der Sünde, die von einem modernen Psychologen nicht akzeptiert werden kann. Besonders die Protestanten glauben, dass das Gewissen anzeigt, ob eine Tat, die zu tun jemand in Versuchung gerät, eine Sünde ist. Wenn man dann diese Tat begangen hat, empfindet man Gewissensbisse oder Reue. Die Reue würde zur Vergebung führen. Dieser Begriff des Gewissens, der etwas Mysteriöses an sich hat, wird als Stimme Gottes betrachtet. Aber wir wissen, dass das Gewissen in verschiedenen Gesellschaften in sehr unterschiedlichen Formen auftritt.

So empfindet der Kannibale keine Gewissensbisse, wenn er Menschenfleisch isst, während dies im europäischen Raum sicher größte Schuldkomplexe auslösen würde. Selbst das Verzehren von Leichenteilen zur Erhaltung des eigenen Lebens hat den überlebenden Passagieren einer in den Anden abgestürzten Verkehrsmaschine Gewissensbisse bereitet.

Aber auch zwischen den verschiedenen Stämmen der Kannibalen gibt es Unterschiede. Ich kann mir gut vorstellen, dass ein Kannibale, wenn er das Fleisch eines Mitgliedes des rivalisierenden Stammes verzehrt, keine Gewissensbisse hat, aber doch spätestens dann solche verspürt, wenn er verbotenerweise einmal Fleisch eines Stammesbruders isst.

Grob gesagt steht das Gewissen in Einklang mit den innerhalb einer

Gemeinschaft existierenden Sitten. Was aber passiert nun wirklich, wenn jemand Gewissensbisse verspürt?

Das Wort Gewissen beinhaltet eigentlich mehrere Empfindungen. Die einfachste Empfindung ist das Gefühl, eine Tat könne ans Tageslicht kommen und somit öffentlich werden. Sie, meine Leserinnen und Leser, führen wahrscheinlich ein ziemlich fleckenloses Leben. Aber fragen sie jemanden, der Gefahr läuft, bestraft zu werden, wenn seine Tat bekannt würde. Sie werden bemerken, dass er seine Tat meist erst dann bereut, wenn die Möglichkeit der Entdeckung bedrohlich nahe rückt. Es ist vielleicht anders bei einem Dieb, bei dem das *Entdecktwerden* zum Berufsrisiko gehört. Aber nehmen Sie beispielsweise einen Bankmanager, der in einer Notsituation Geld veruntreut hat, oder einen Pfarrer, der in einem schwachen Moment dem *Satan der sexuellen Verlockungen* nachgegeben hat. Solche Menschen vergessen ihr Verbrechen rasch, wenn sie glauben, dass die Wahrscheinlichkeit, enttarnt zu werden, gering ist. Nur wenn alles herausgekommen, oder die Gefahr einer Entdeckung sehr groß ist, wünschen sie sich, tugendhaft gewesen zu sein.

Verwandt mit dem Gefühl, ertappt zu werden, ist die Angst, ein Außenseiter – ein Aussätziger – innerhalb einer Gruppe zu werden. Das ist z.B. das Schicksal eines Skatspielers, der mogelt und erwischt wird, oder eines Menschen, der seine Schulden nicht bezahlt und einen Offenbarungseid leisten muss. Mogeln oder Schulden machen werden nur so lange als Kavaliersdelikt empfunden, solange sie demjenigen weiterhelfen und unentdeckt bleiben. Kehrt sich dies durch Aufdeckung aber ins Negative, so stellt sich gleichzeitig bei dem Betreffenden das Schuldgefühl ein!

Die wichtigste Gruppe der Unglücksursachen ist die, in der die Gewissensbisse ihren Ursprung im Unterbewusstsein haben. Diese Unglücksursachen sind unabhängig von Reaktionen anderer Personen zu sehen. In unserem Bewusstsein sind einige Verhaltensformen als Sünden registriert, ohne dass wir es erklären können. Wenn man eine solche begeht, spürt man ein Unwohlsein, ohne dass man weiß, weshalb.

Man wünscht sich, man wäre ein Mensch, der eine Tat, die als Sünde angesehen wird, nicht begehen müsste. Dieser Mensch bewundert die Menschen, die solche Untaten nicht begehen. Er erkennt gleichzeitig, dass es für ihn nicht möglich ist, dieses Leben eines Heiligen zu führen. Wahrscheinlich sieht seine Vorstellung von einem Heiligen so aus: Einem Heiligen sei es möglich, ein reines, schuldfreies Verhalten im alltäglichen Leben durchhalten zu können.

Infolgedessen geht dieser Mensch durch das Leben, begleitet von ständigen Gewissensbissen der einen oder anderen Art. Wo ist die Ursache dafür zu suchen? Sie liegt in unserer frühkindlichen Erziehung. Als wir noch wehrlose Kleinkinder waren, ist uns beigebracht worden, *man darf nicht lügen, man darf nicht fluchen, man darf nicht rülpsen*, und (vor allem) jedwedes Interesse an Sexualorganen ist abscheulich. Dies sind die Ansichten unserer Mütter und Väter gewesen. Wir glaubten, dass es objektive Ansichten seien, Ansichten unseres Schöpfers. Mütterliche Zuneigung, das größte Gut eines Kindes, blieb aus, wenn man sich nicht an diesen Moralkodex hielt. Sie war nur zu erhalten, wenn man nicht gegen etwas verstieß. Als man älter wurde, vergaß man, woher dieser Moralkodex stammt. Die Mutter war dann nicht mehr der Angelpunkt bei der Einhaltung oder Nichteinhaltung der Moral. Stattdessen blieb nur ein unbestimmtes Gefühl, dass irgendetwas Schreckliches passieren kann, wenn man gegen die Moral verstößt. Manch einer glaubt, dass er, wenn er erwachsen ist, in der Lage sei, die in der Kindheit anerzogenen Verhaltensnormen zu überwinden.

Aber die Macht der Vorurteile, die im Unterbewusstsein verankert wurden, ist so stark, dass es sogar dem schwerfällt, sie zu bekämpfen, der sie als Vorurteile entlarvt hat. Wie schwer muss es erst für diejenigen sein, die diese Verhaltensregeln nicht als Vorurteile erkannt haben!

Fragen Sie sich bitte selbst. Haben Sie Vorurteile? Ist Rülpsen schlecht? Wenn ja, warum? Darf man Fisch mit dem Messer essen? Bezeichnend ist es, wenn man einem Kind sagt: *Du sollst keine schlimmen oder schlechten Wörter benutzen!* Haben Sie sich gefragt, warum diese Wörter schlecht sind? Schlechte Wörter an sich gibt es überhaupt nicht! Im Bewusstsein des Kindes machen Sie das Wort schlecht, indem Sie es missbilligen. Für das Kind war es vielleicht vorher nur eine Klangzusammenstellung. Sie haben daraus einen Begriff gemacht – und zwar einen negativen. Ich gebe zu, dass ich die Wörter, die ich als Kind in Indien als schlechte Wörter wahrgenommen habe, immer noch nicht ohne Hemmung aussprechen kann. Aber ich werde ein Kind jetzt nicht deshalb schelten, weil es diese Wörter ausspricht.

Bezeichnend ist es, dass die Wörter, die manche Deutsche als schmutzig empfinden, mir in ihrer Klangfarbe völlig normal vorkommen, weil ich sie als Kind nicht als schlechte Wörter kennengelernt habe.

Wie ist es mit dem Schwören? Darf man nicht schwören? Warum nicht? Bei Gericht muss man es doch sogar! Etwas komplizierter wird es mit dem Lügen. Darf man nicht lügen? Als Kind und auch später ist uns kategorisch beigebracht worden, *Du darfst nicht lügen!* Darf man wirklich nicht lügen? Darf man überhaupt nie lügen?

Ein Beispiel: Die Soldaten eines afrikanischen Diktators sind hinter einer Gruppe unschuldiger Zivilisten her und wollen sie umbringen. Sie sind gerade auf einem Marsch im Dschungel. Sie wissen, wo sich die Flüchtenden versteckt halten. Die Soldaten treffen auf einen Unbeteiligten und fragen diesen, ob er nicht doch vielleicht wüsste, wo sich die gesuchten Menschen versteckt halten. Würde dieser die Wahrheit sagen? Zum Schutz der Verfolgten würde er es vielleicht nicht tun. Ist das eine Lüge?

Er hat gelogen. Hier war das Lügen aber angebracht. Er hat den Verfolgten evtl. das Leben gerettet. Es wäre doch verhängnisvoll, wenn man durch krampfhaftes *Nicht-Lügen-Wollen* anderen Menschen einen nicht wieder gut zu machenden Schaden zugefügt hätte.

Große innere Konflikte sind auch durch die infantile Erziehung im sexuellen Bereich entstanden. Zwar hat sich inzwischen einiges geändert, aber noch vor wenigen Jahrzehnten wurde Sex totgeschwiegen oder verteufelt. Zwischen Sex und Sünde wurden Verbindungen geknüpft, die heute dazu führen, dass viele Männer und Frauen in ihren sexuellen Beziehungen sehr verkrampft sind. Den Mädchen wurde beigebracht, sexuell rein in die Ehe zu gehen, sei eine Tugend. Die sexuelle Enthaltsamkeit vor der Ehe führte aber dazu, dass viele Frauen auch in der Ehe unfähig blieben, sich dem Sex mit Freude hinzugeben. Einerseits fanden sie Sex schön, andererseits hatten sie Gewissensbisse, etwas Unrechtes zu tun. Wie viele Ehepaare wären glücklicher, wenn sie diese verkrampfte Sexualerziehung nicht erfahren hätten! Das Beispiel eines gläubigen Ehepaares, das nach jedem Geschlechtsverkehr Gott wegen der begangenen Sünde um Verzeihung bat, ist bezeichnend dafür. Laut Bibel ist der Geschlechtsverkehr, der aus Vergnügen und nicht mit dem Wunsch, ein Kind zu zeugen, vollzogen wird, eine Sünde. In diesem Rahmen fällt auch das Verbot der Benutzung des Kondoms.

Der erste und wesentliche Schritt auf dem Weg zur Beseitigung der Gewissensbisse ist die Erkenntnis, dass in den meisten Fällen Gewissensbisse gar keine objektive Grundlage besitzen, sondern auf den in der Kindheit eingepflanzten Vorurteilen beruhen, die einer objektiven Analyse nicht standhalten können.

Wenn Sie das nächste Mal vor einer Situation stehen, in der Sie Gewissensbisse haben, fragen Sie Ihren Verstand, ob sie einen Grund dafür haben. Fragen Sie sich: *Habe ich jemandem durch mein Handeln Schaden zugefügt?*

Wenn nicht, dann überzeugen Sie sich von der Absurdität der Gewissensbisse ganz bewusst so lange, bis auch das Unterbewusstsein einen Eindruck davon bekommt.

Ich habe mit einigen Leuten diskutiert, die Gewissensbisse wegen egoistischen Verhaltens hatten. Wir stellten dann fest, dass Egoismus an sich noch nicht schlecht ist. Jedes Wesen handelt egoistisch, denn das ist nötig, um zu überleben, Egoismus ist somit eine Tatsache, kein Werturteil. Wenn man durch das ich-bezogene Handeln das eigene Glück vermehrt, ohne dabei jemandem zu schaden, dann ist das nur positiv zu beurteilen. Man kann hieraus den Grundsatz ableiten: Solange ich niemandem wehtue und niemandem schade, dabei jedoch mein Glück vermehre, kann ich tun und lassen, was ich will. Schon allein durch diese Erkenntnis kann man sich von unnötigen Gewissensbissen befreien, und man wird glücklicher.

3.2   Neid und Eifersucht

Neid ist, glaube ich, neben dem Schuldbewusstsein und den Sorgen eine der wichtigsten Ursachen des Unglücks. Er ist eine tiefsitzende menschliche Leidenschaft und Schwäche.

Ganz deutlich tritt Neid bei Kindern zutage. Wenn ein Kind bevorzugt wird, wird das von dem anderen Kind sofort bemerkt und übel genommen. Diese Art von Übelnehmen nimmt manchmal ungewöhnliche Formen an.

Auf einem Kongress von Urologen berichtete ein Kollege über einen ungewöhnlichen Fall von Bettnässen.

Eines Tages erschien eine Bäuerin mit ihren Zwillingstöchtern in seiner Sprechstunde und erzählte, dass ihre beiden Kinder Bettnässer seien. In der einen Nacht würde das eine Mädchen das Bett nässen, in der anderen Nacht das andere Mädchen. Der Kollege war verblüfft. So etwas hatte er noch nicht gehört. Intensive Nachforschungen ergaben dann, dass die Mutter die Gewohnheit hatte, eine Nacht die eine Tochter zu sich zu nehmen und in der anderen Nacht die andere Tochter. Sie fand das gerecht. Die Töchter nahmen dies aber auf ihre Weise der

Mutter übel. Das Mädchen, das nicht bei der Mutter lag, nässte jeweils das Bett.

Neid und Eifersucht (Eifersucht ist ja eine Art Neid) sind aber nicht nur bei Kindern anzutreffen, sondern auch bei Erwachsenen. Der Unterschied ist, dass die Kinder mehr Spontanität im Ausdruck ihrer Emotionen besitzen.

Bei einigen gutsituierten Frauen spielt Neid eine besonders große Rolle. Beobachten Sie die Leute während der Pause im Theater. Schauen Sie sich die Augen der Frauen an, wenn eine andere Frau mit einem außergewöhnlich schönen Kleid vorbeigeht. Ein sehr großer Prozentsatz an Frauen zeigt einen kalten, starren, unfreundlichen Blick. Man glaubt, in ihren Gesichtern lesen zu können, welche abfällige Bemerkung sie über diese sehr gut gekleidete Frau gerne fallen lassen würden. Die Liebe zum Skandal ist der Ausdruck dieser Art von allgemeiner Böswilligkeit. Wenn ein Gerücht über eine Frau in Umlauf gesetzt wird, wird es sofort glaubhaft, auch wenn kein Anhaltspunkt für Glaubwürdigkeit besteht. Die Bereitschaft, das Gerücht als Wahrheit zu akzeptieren, wird größer sein, wenn es um das Sexualleben einer Frau geht – und die Frau gut aussieht.

Aber bei Männern ist es auch nicht anders. Loben Sie einen Mediziner vor einem anderen, loben Sie einen Künstler vor einem anderen, loben Sie einen Politiker vor einem anderen aus der gleichen Partei, und Sie werden sehen, welche Reaktion Sie erzielen. Sie werden von einer Explosion von Neid und Eifersucht erschüttert werden!

Das Traurige am Neid ist, dass bei den Neidern nicht nur der Wunsch besteht, der betreffenden Person Schaden zuzufügen, sondern, dass die Neider selbst durch den Neid unglücklich werden.

Solche Personen sind nicht glücklich mit dem, was sie haben. Sie werden unglücklich darüber, was sie nicht haben.

Hier ein Beispiel zur Illustration: Ich habe in einem Krankenhaus gearbeitet, in dem die von den Assistenzärzten geleisteten Nachtdienste nicht bezahlt wurden. Nach einem langen Kampf wurde dann die Bezahlung (angesichts der Tatsache, dass lange Zeit nichts bezahlt wurde) großzügig geregelt. So großzügig, dass alle Assistenten unserer Abteilung möglichst viele Nachtdienste machen wollten. Die erste Reaktion eines Kollegen war aber folgende: Anstatt sich über die großzügige Regelung zu freuen, beschwerte er sich darüber, dass die Assistenten einer anderen Abteilung die gleiche Bezahlung erhielten, obwohl sie weniger zu tun hatten als er! Ein ähnliches Neidgefühl lag vor, als ein Ingenieur sich beschwerte, dass er als Privatpatient sehr viel selber zahlen müsse, während sein Zimmergenosse, ein Lehrer, mit Beihilfe reichlich versorgt sei, obwohl er als Lehrer arbeitsmäßig weniger belastet wäre und viel Urlaub hätte.

Wenn diese Art von Neid gesellschaftspolitisch zum Ausdruck kommt, kann sie unübersehbaren Schaden anrichten. Warum soll Dr. rer. nat. Schmidt mehr Annehmlichkeiten haben als ich, nur weil ich ein Fließbandarbeiter bin? Warum soll Frau Dr. Müller, die ja eine große, anerkannte Wissenschaftlerin ist, von der Hausarbeit befreit sein, während ich als Hausfrau mich damit abplage?

Es ist sicherlich wahr, dass in demokratischen Staaten der Neid beim Ausgleich der Gerechtigkeit zwischen Personen sowie Nationen eine große Rolle spielt. Der Neid ist damit wohl eine der Triebfedern von Demokratie, Reformen und Revolutionen geworden, der Stein des Anstoßes, der die Lawine ins Rollen gebracht hat. Diese Art von Gerechtigkeitsstreben hat, wenn sie auf Neid beruht, eine negative Wirkung! Sie neigt dazu, einen Ausgleich zu erzielen, in dem das *Glücklichsein* der vom Glück bevorzugten Personen vermindert wird, anstatt das *Glücklichsein* der weniger glücklichen Personen zu vermehren. Es ist schwer vorstellbar, wie aus etwas Negativem wie dem Neid etwas Positives entstehen soll.

Diejenigen, die von Herzen gesellschaftliche Veränderungen wollen, die sicherlich auch notwendig sind, sollten andere Maßstäbe und Kräfte zu Hilfe nehmen als den Neid. Die neidische Natur der Menschen tritt in verschiedenen Verkleidungen auf. Ich für meinen Teil habe da einen ganz einfachen Test. Ich darf dies an einem persönlichen Beispiel erläutern. Wenn bei einem gesellschaftlichen Zusammensein irgendein Bekannter von mir im Gespräch erwähnt, dass ich mit vier Jahren eingeschult wurde, zwei Klassen übersprungen und mit 14 das Abitur gemacht habe, dann beobachte ich zwei grundsätzlich unterschiedliche Reaktionen. Einige sagen kühl: *Ja, das ist wohl nur in Indien möglich, hier geht das nicht.* Die anderen sagen: *Toll! Wie haben Sie das gemacht? – Sie müssen ein Genie sein!*

Bei subtiler Analyse ist der Neid bei der ersten Reaktion deutlich ablesbar. Gewissermaßen sagt der Betreffende damit: *Ja dann, wenn das hier möglich gewesen wäre, hätte ich auch mit 14 Jahren das Abitur gemacht. Und der hier hat es nicht deshalb machen können, weil er gescheiter ist als wir, sondern weil es in Indien halt geht. Warum soll er gescheiter sein als wir?*

Diese erste Gruppe von Menschen ist durch ihren Neid zu weniger Glück fähig als die zweite Gruppe, die mit Bewunderung reagiert. Bewunderung ist der Gegenpol zum Neid. Je stärker diese Fähigkeit der Bewunderung entwickelt ist, umso mehr sind diese Leute zum Glück fähig. Und je weiter diese Fähigkeit in einer Gemeinschaft verbreitet ist, desto mehr Glück wird dort vorhanden sein.

Leute mit einer neidischen Natur haben auch Schwierigkeiten, das Angenehme, das ihnen widerfährt, wirklich zu genießen, weil sie ständig daran denken, dass irgendein anderer es noch besser hat.

Ein Beispiel: Ein Mann, der wenig verdient, geht, um Geld zu sparen, selten in ein Restaurant zum Essen. An einem Freitag nach der Gehaltsauszahlung geht er dann doch in ein Restaurant und bestellt Thüringer Bratwurst mit Kartoffelsalat und ein Bier. Er genießt die würzige, saftige Bratwurst, und der Kartoffelsalat zergeht ihm auf der Zunge, so gut ist er gemacht. Er nimmt einen Riesenschluck aus seinem Glas und meint, es gehe doch nichts über ein Pils vom Fass mit einer schönen Schaumkrone. Da hört er, wie am Nebentisch ein Gast, der eben aus seinem Cadillac gestiegen ist, als Vorspeise überbackene Muscheln bestellt, dann ein mexikanisches Pfeffersteak und Champagner. Danach Käse und Eis sowie Kaffee. Da fängt unser guter Mann an zu grübeln. *Der hat es vielleicht gut! Überbackene Muscheln und dann dieses Steak, na, das muss vielleicht gut schmecken! Viel besser als die Wurst mit Kartoffelsalat.* Und während er dies denkt, wird die Wurst faserig und fade, der Kartoffelsalat trocken und das Bier schal.

Der gleiche Mann geht an einem Ostersonntag spazieren. Die Luft ist etwas kühl, aber die Sonne scheint. Die ersten Knospen an den Bäumen sind zu sehen. Die Vögel besingen die Frühlingssonne. Die Felder duften nach frischer Naturdüngung und in der Ferne muht eine Kuh. Es ist idyllisch hier, wie in einem Kinderbuch – fernab von der Großstadt-Wohnung.

Er genießt dies alles. Da fällt ihm ein, dass sein Nachbar Direktor Müller mit seiner Sekretärin auf die Bahamas geflogen ist, um die Ostertage dort zu verbringen. Und er sagt: *Der hat es vielleicht gut! Wie schön wird es auf den Bahamas sein! Die Sonne ist bestimmt viel heller als hier, der Himmel viel blauer und die Luft viel wärmer. Ein schöner Strand mit hübschen Mädchen in Bikinis statt dieser Felder mit Kuhmist darauf.*

Während er dies sagt, wird die Sonne für ihn dunkler, die angenehm prickelnde, kühle Luft eiskalt, der melodiöse Vogelgesang zu sinnlosem Lärm und die Felder stinken.

Alles, was vorher so schön war, ist jetzt ein Grund zum Jammern. Die Ursache ist sein *vergleichendes Denken.* Alle diese Vergleiche sind aber töricht und unnötig. Für einen klugen Menschen wird das Genießbare, das er hat, nicht weniger genießbar, nur weil ein anderer noch etwas Besseres hat.

Der Neid ist in der Tat ein Laster, das uns dazu verleitet, die Dinge nicht als selbstständige Objekte wahrzunehmen, sondern nur in Vergleichen. Ich z. B. verdiene so viel, dass ich meine Bedürfnisse befriedigen kann. Ich sollte zufrieden sein. Nun höre ich, dass einer, von dem ich glaube, dass er nicht viel besser ist als ich, doppelt so viel verdient. Wenn ich eine neidische Natur hätte, wäre meine Zufriedenheit mit dem, was ich habe, jetzt geringer. Und ich würde von dem Gefühl der Ungerechtigkeit aufgefressen werden.

Was tun? Der richtige Weg wäre hier, eine geistige Disziplin anzustreben und zu bewahren, um die sinnlosen, unproduktiven Gedanken nicht zu denken. Was ist letzten Endes erstrebenswerter als Glück? Und wenn Geld nicht glücklich macht, was ist es dann wert? Geld ist ja nur ein Mittel zum Zweck. Das Geld wird zum Unglück, wenn es zum Selbstzweck wird. Dann wird der Mensch, der doppelt so viel verdient wie ich, sich wünschen, dass er wiederum doppelt so viel verdient wie einer, der das Doppelte seines Gehalts bekommt. Das kann unendlich so weitergehen. Und wenn man dann ein Rockefeller geworden ist, wird die Macht nicht ausreichen, die das Geld verleiht. Man wird dann politische Macht haben wollen.

Mit Macht und Ruhm ist es aber auch nicht viel anders. Wenn Rockefeller Macht und Ruhm anstrebt, wird er neidisch auf Napoleon werden. Aber Napoleon war neidisch auf Caesar, Caesar auf Alexander und Alexander auf den lieben Gott; er wollte selbst ein Gott werden. In der Geschichte wird es immer einen geben, der mehr Erfolg hatte. Neid führt uns in eine Sackgasse.

Wie kommt man da heraus? Genießen Sie das Vergnügen, das Sie real haben, anstatt auf etwas neidisch zu sein, das der andere, von dem Sie vielleicht fälschlicherweise annehmen, er sei vom Glück bevorzugt worden, hat.

Was ist aber das Wichtigste, wenn man die Unglücksursache Neid bekämpfen will? Das Erkennen des Neides ist ein Riesenschritt vorwärts in seiner Bekämpfung, und als Hauptursache kommt die *vergleichende Denkweise* infrage, die hier erwähnt wurde.

Die Vermeidung von nutzlosen, vergleichenden Gedanken ist dann der zweite Schritt in der Bekämpfung des Neides. Der dritte, positive, aktive Schritt ist die Entwicklung der Fähigkeit der Bewunderung. Je mehr sie diese Fähigkeit ausbauen, desto weniger Raum wird für den Neid übrigbleiben. Dabei halte ich hier einen praktischen Hinweis für angebracht. Nicht nur eine offene Haltung zu positiven Äußerungen, sondern auch solche Äußerungen selbst können zu einer positiveren Einstellung führen.

Wenn Sie im Leben die Aussagen, *Ist das alles schlimm! und Wie kann man nur? und Was ist schon toll dabei! immer häufiger ersetzen durch die Aussagen, Ist ja wunderbar, wie Sie das machen!, oder Ist ja ausgezeichnet!,* haben Sie einen Schritt vorwärts in Richtung *Glücklichsein* getan. Doch dieses Thema werde ich ausführlicher behandeln, wenn wir über die Glücksursachen reden.

3.3   Gewisse Formen der Bescheidenheit

Beginnen wir mit der Bescheidenheit, nicht weil diese Eigenschaft als Unglücksursache eine große Rolle spielt, sondern weil sie eine Verwandtschaft mit der Eigenschaft des Neides, die wir eben behandelt haben, aufweist.

Im Allgemeinen wird Bescheidenheit als Tugend bezeichnet. Wenn der ehemalige Präsident der Vereinigten Staaten auf seiner Erdnussfarm auf einem Matratzenlager schläft, würde ich dies auch als Tugend bezeichnen. Ich meine hier aber gewisse Extremformen der Bescheidenheit, die bei manchen Bürgern anzutreffen sind. Bescheidene Leute sind oft unsicher und wagen es nicht, etwas zu erreichen, das, wenn man ihre Fähigkeiten in Betracht zieht, durchaus im Bereich des Machbaren läge. Bescheidene Leute dieser Art glauben im Beruf, dass ihre Kollegen irgendwie besser seien als sie selbst. Durch diese Ansicht neigen sie mehr zum Neid als andere, und Neid ist, wie wir bereits besprochen haben, eine der wichtigsten Unglücksursachen.

Die Leute, die diese Art von Bescheidenheit zeigen, machen prozentual gesehen sicherlich keinen sehr großen Teil der Allgemeinheit aus. Falls Sie selbst nicht davon betroffen sind, halten Sie die Augen offen. Sie werden sicher mehr solcher Leute treffen als vermutet. Wir wollen dieses Thema aber nicht zu ausführlich behandeln, weil es sich, verglichen mit den anderen Unglücksursachen, sehr bescheiden auswirkt.

3.4   Ermüdung und Erschöpfung

Damit kommen wir zum nächsten Thema, und zwar das der Ermüdung bzw. Erschöpfung. Hiermit meine ich die psychische, die nervöse Ermüdung und nicht so sehr die physische. Die physische Ermüdung ist oft sehr wünschenswert. Man hat dann einen gesunden Appetit und schläft auch sehr gut. Gerade umgekehrt ist dies der Fall bei der nervösen Ermüdung. In der modernen Industriegesellschaft ist diese Art von Ermüdung zunehmend häufiger anzutreffen.

Als Produktionsmitglied in dieser Gesellschaft ist es schwierig oder praktisch unmöglich, vielen Ursachen der nervösen Ermüdung zu entrinnen, z.B. dem Lärm. In den 60er Jahren hat der Futurologe Robert Jungk in der Zeitschrift *Bild der Wissenschaft* dazu Stellung genommen. Er meinte, dass anhand der wissenschaftlichen Untersuchungen das Märchen, dass der Körper sich an Lärm gewöhnen könne, nicht mehr aufrechtzuerhalten sei. Auch der unbewusste Versuch, den Lärm nicht wahrzunehmen, ist für den Organismus anstrengend. Wissenschaftliche Versuche haben ergeben, dass ein tief Schlafender auf einen akustischen Reiz hin mit Adrenalin-Ausschüttung – ein Indiz für

Stress-Situationen – reagiert, auch wenn er dabei nicht wach wird, und auch wenn er am nächsten Morgen nichts darüber zu berichten weiß.

Sich hetzen ist eine andere Ursache für Ermüdung. Weil der Anfahrtsweg zur Arbeit sehr lang ist, steht man früh auf. Es wird schnell gefrühstückt, damit man den Bus noch bekommt. Im Bus trifft man womöglich fremde Leute. Es ist aber ein natürlicher Instinkt des Menschen und auch der Tiere, die Fremden zu erforschen, um entscheiden zu können, ob man diesen Fremden freundlich oder feindlich gesinnt sein sollte.

Dieser Instinkt muss jedoch bei der Gattung *Homo sapiens* – im Gegensatz zu den Tieren – unterdrückt werden, wenn z. B. ein Exemplar der erwähnten Gattung im überfüllten Bus zur Arbeit fährt. Die gesellschaftlichen Umgangsformen erlauben das nicht. Die Unterdrückung des Instinktes resultiert aus einer undefinierten, allgemeinen Abneigung gegen alle diese Fremden, mit denen der Mensch, ohne es zu wollen, in Kontakt kommt. Seine natürliche Individualdistanz, die laut psychologischer Forschung etwa mindestens 25 cm Abstand von Fremden betragen muss, wird permanent verletzt. Körperliche Berührung ist hier durch äußere Zwänge an der Tagesordnung, wird im Unterbewusstsein aber als sehr unangenehm, als Stress, empfunden.

Und wenn man mit dem Auto fährt, gerät man womöglich in einen Stau und kommt dadurch zu spät zur Arbeit. Häufiges Zuspätkommen kann zur Entlassung führen. Die Angst vor der Entlassung und das damit verbundene Unsicherheitsgefühl spielt in unserer modernen Leistungsgesellschaft als Ursache der nervösen Ermüdung eine gar nicht so geringe Rolle, besonders in Krisenzeiten.

Diese und viele andere Ursachen für nervöse Erschöpfung plagen den modernen Menschen. Nicht für jeden gibt es einen Ausweg. Es ist für manch einen unmöglich, sich diesen Faktoren zu entziehen.

In solch einer Situation tut der moderne Mensch gut daran, zumindest die vermeidbaren Ursachen der nervösen Erschöpfung zu bekämpfen, damit er nervlich nicht noch mehr ramponiert wird.

3.5 Sorgen

Sorgen sind eine weitere Ursache für nervöse Erschöpfung. Sie können mit einer *Neuen Lebensphilosophie* und etwas mehr geistiger Disziplin jedoch bekämpft werden.

Die meisten Mitglieder unserer Gesellschaft tun sich schwer, das eigene Denken unter Kontrolle zu halten. Damit ist gemeint, dass sie nicht in der Lage sind, aufzuhören, sich über etwas Gedanken zu machen, das ihnen Sorgen bereitet, selbst dann, wenn sie dagegen nichts unternehmen können.

So nehmen die Berufstätigen ihre Berufssorgen mit ins Bett und grübeln darüber nach, wo sie doch eigentlich schlafen und sich erholen sollten, damit sie am nächsten Tag mit den Problemen, die ihre Sorgen erst verursacht haben, besser fertig werden können.

Diese Art von nächtlichem Nachdenken läuft nicht etwa so ab, dass sie festlegen, wie sie morgen bei der Beseitigung ihrer Probleme vorgehen wollen. Dieses Denken ist nicht zielgerichtet. Stattdessen wird das Problem nur wiedergekäut, ohne dabei jedoch eine Lösung anzustreben. Ein kluger Mensch denkt über seine Probleme nach, wenn es Sinn hat und wenn es das Ziel ist, eine Lösung der Probleme zu finden. Ansonsten denkt er, wenn es Zeit zum Schlafengehen ist, über gar nichts nach. Ich meine hiermit nicht, dass es für jeden möglich ist, seine Probleme zu ignorieren, solange er nichts gegen sie unternehmen kann, wenn z.B. außergewöhnliche Probleme wie ein bevorstehender Konkurs oder der Verdacht eines Ehebruchs durch den Partner vor der Tür stehen. Dazu braucht man wahrscheinlich einen außerordentlich disziplinierten Kopf.

Nein, ich meine in diesem Fall die alltäglichen Probleme eines Durchschnittsbürgers. Ich glaube, es ist möglich, die geistige Disziplin so zu kultivieren, dass man sich im richtigen Moment Gedanken über anstehende Probleme macht und zweckloses Grübeln vermeidet, solange man noch nichts unternehmen kann. Es ist erstaunlich, wie man durch diese geistige Disziplin das Glück und die Leistungsfähigkeit steigern kann.

Es lässt sich aus dem bereits Gesagten folgende Verhaltensregel formulieren: Wenn eine schwierige Entscheidung zu treffen ist, denken Sie intensiv darüber nach, sobald alle Einzelheiten, Angaben und Fakten vorliegen. Treffen Sie dann Ihre Entscheidung und revidieren Sie diese nicht, wenn keine neuen Umstände eintreten, die ein erneutes Nachdenken verlangen. Nichts ist ermüdender und frustrierender als die Unfähigkeit, sich zu entscheiden.

Viele Menschen in unserer Gesellschaft sind überarbeitet. Die nervöse Ermüdung oder Erschöpfung, die der Überarbeitung zugeschrieben wird, ist aber oft durch irgendeine mit der Arbeit verbundene Sorge oder die emotionale Einbeziehung der eigenen Person in die Arbeit bedingt. Wenn ein Physiker den ganzen Tag lang eine rein intellektuelle Arbeit ohne emotionalen Anteil verrichtet, wie das Errechnen einer komplizierten Gleichung, wird er abends die Müdigkeit ausschlafen, die ihm der Tag gebracht hat. Das ändert sich schlagartig, sobald Emotionen dabei eine Rolle spielen, z.B. ein schlechtes Betriebsklima, ein unangenehmer Chef, ein Kollege, der ihm dauernd ein Bein stellt – oder ein verbissener Kampf mit anderen Bewerbern um eine bevorstehende Beförderung. Die dadurch entstandenen Sorgen werden ihn nicht verlassen, wenn er von der Arbeit nach Hause kommt. Es ist der Fluch der emotionalen Ermüdung, dass uns die Erholung von der Arbeit nicht gegönnt ist.

Der zweite Fluch der nervösen Erschöpfung ist, dass zwischen dem Betroffenen und der Umwelt ein unsichtbarer Vorhang niederfällt. Er nimmt die schönen Dinge des Lebens kaum noch wahr. Die würzige Frühlingsluft und die blühenden Bäume erreichen seine Sinnesorgane nicht, da sie durch die nervöse Ermüdung abgeschirmt sind. Er geht wie ein Fremder durch die eigene Welt, die er nicht einmal richtig wahrnimmt; was wiederum dazu beiträgt, dass die nervöse Erschöpfung noch zunimmt. Dieser Teufelskreis kann dann zu einem nervösen Zusammenbruch führen, der eine medizinische Behandlung erforderlich macht.

Umso größer ist die Notwendigkeit, die vermeidbaren Ursachen der nervösen Ermüdung zu bekämpfen.

Ein weiterer Grund ist die übertriebene Jagd nach Vergnügen. Würde man seine Freizeit nach der Arbeit zum Ausruhen, Erholen und Schlafen verwenden, würde man topfit bleiben. Die Arbeitszeit eines Durchschnittsbürgers ist aber oft eintönig und psychisch sehr anstrengend. Deshalb hat man in seiner freien Zeit das Bedürfnis nach Vergnügen. Leider sind die Vergnügungen, die am leichtesten zu finden und oberflächlich attraktiv sind, häufig von der Art, dass sie nervöse Ermüdung mit verursachen. Überlaute Discos, Aufputschmittel, lange Fahrten zu entfernten Vergnügungsstätten und unverhältnismäßige finanzielle Ausgaben für Freizeitaktivitäten.

Aufregende Vergnügungen sind aber kein Weg zum Glück. Andererseits, solange andere, befriedigendere Freuden nicht in Reichweite sind, wird ein Leben ohne Vergnügen, das mit Aufregungen verbunden ist, kaum zu vermeiden sein. In solch einem Fall empfiehlt es sich, die Jagd nach dem Vergnügen nicht so zu übertreiben, dass die eigene Gesundheit und die Arbeit darunter leiden.

3.6   Ängste

Angst ist ein weiterer Faktor, der nervöse Ermüdung verursachen kann. Angst in ihrer schädlichsten Form entsteht dann, wenn eine Gefahr vorhanden ist, der wir auf keinen Fall begegnen möchten. Gelegentlich sausen schreckliche Gedanken durch unsere Köpfe. Sie variieren je nach der betroffenen Person, aber fast jeder hat irgendeine unterschwellige Angst. Bei einem ist es der Konkurs, bei dem anderen wiederum der Gedanke, dass die Geschichten vom Höllenfeuer, die er als Kind gehört hat, vielleicht doch wahr sein könnten.

Wahrscheinlich wird von den meisten Leuten eine falsche Technik angewandt, um mit dieser Art von Ängsten fertig zu werden. Wenn sie nämlich mit ihr konfrontiert werden, versuchen sie, an etwas anderes zu denken. Sie versuchen, ihre Gedanken durch Arbeit, Vergnügen oder sonst etwas abzulenken. Der richtige Weg zur Behandlung solcher Ängste ist aber, rational, in kühler Manier und mit großer Konzentration über sie nachzudenken. Die irrationale Komponente, die bei dieser Art von Angst überwiegt, wird dadurch beseitigt. Genauso wie bei der Behandlung der Sorgen wird die nach rationaler Überlegung gefällte Entscheidung auch die unbewusste Komponente der Angst weitgehend beseitigen können.

3.7 Verfolgungswahn

Damit wollen wir jetzt eine andere wichtige Ursache von *Unglücklichsein* behandeln, und zwar den Verfolgungswahn. Der Verfolgungswahn ist in seiner ausgeprägten Form als Geisteskrankheit bekannt.

Manche glauben, dass jemand sie umbringen oder ins Gefängnis stecken will. Diese Leute benötigen unter Umständen eine psychiatrische Behandlung. Uns geht es hier nicht um diese ausgeprägte Erscheinungsform des Wahns. Es ist die mildere Form, die fast überall anzutreffen ist, welche ich an dieser Stelle behandeln möchte. Der Sinn dieser Abhandlung ist es, bei sich selbst leichter einzelne Elemente des Verfolgungswahns zu entdecken. Wenn sie einmal enttarnt sind, sind sie gar nicht so schwer zu beseitigen.

Beginnen wir mit dem böswilligen Klatsch. Was steckt dahinter? Wenige bringen es fertig, Böses über ihre Bekannten, ja sogar über ihre

Freunde zu verschweigen. Wenn sie jedoch hören, dass andere etwas Böses über sie gesagt haben, dann sind sie empört. Sie begreifen nicht, dass andere Leute genauso über sie reden, wie sie es umgekehrt tun. Dies ist eine abgeschwächte Form des Verfolgungswahns. Wir erwarten zärtliche Liebe und tiefen Respekt – etwas, das wir uns selbst gegenüber empfinden – auch von anderen. Wir wissen, dass unsere Freunde zwar Fehler haben, aber im Großen und Ganzen doch angenehme Menschen sind, die wir mögen. Wenn aber unsere Freunde das Gleiche von uns behaupten, finden wir es unmöglich.

Der an Verfolgungswahn leidende Mensch denkt, dass alle möglichen Leute Tag und Nacht damit beschäftigt sind, ihm Schaden zuzufügen. Wenn jemand mit einem Schirm hinter ihm harmlos spazieren geht, nimmt er an, der Mann sei vielleicht ein Geheimagent, und in dem Schirm stecke eine Geheimwaffe, mit der er umgebracht werden solle. In gleicher Weise deuten Menschen ihre ganz alltäglichen, kleinen Verfolgungsängste durch das, was die Leute um sie herum tun, als gegen sie gerichtet aus. Wenn solch ein Mensch an zwei Leuten vorbeigeht, die leise miteinander reden, denkt er: *Der hat mich nicht gegrüßt! Was mag da wohl dahinter stecken? Vielleicht mag er mich nicht, vielleicht redet er über mich! Vielleicht schmiedet er ein Komplott gegen mich, um mir das Leben schwer zu machen.*

Man macht sich allerhand Gedanken darüber, was wohl hinter Nicht-Grüßen stecken könnte. Dabei ist dieser Mensch wahrscheinlich mit seinen eigenen Sorgen beschäftigt und hat mich gar nicht richtig wahrgenommen. Man könnte viele solcher Beispiele anführen, in denen durch eine falsche Deutung der Situation fälschlicherweise eine Ablehnung der eigenen Person angenommen wird. Fragt man nicht selbstbewusst nach, um die Sache aufzuklären, so bleibt man in dem Wahn gefangen, alle seien gegen einen.

Ein Ausweg wäre in der folgenden Einstellung zu suchen: Glauben Sie nur nicht, dass die meisten Leute sich genug Gedanken über Sie machen, um Sie zu verfolgen! So wichtig, wie wir für uns selbst sind, sind wir für die anderen nicht. Das ist der zweite Schritt bei der Bekämpfung des alltäglichen Verfolgungswahns. Der erste wäre, dass jeder versucht, bei sich selbst die Gedanken zu erkennen, die auf die hier dargelegte, milde Form des Verfolgungswahns hindeuten.

4.   Ursachen des Glücks

Den Weg zum Glück einzuschlagen, heißt nicht nur, die Unglücksursachen zu vermeiden und zu beseitigen, sondern zugleich auch, einen aktiven Beitrag zum Glück zu leisten. Das bedeutet, die Ursachen des Glücks herauszufinden und sie aktiv ins eigene Leben einzubauen.

4.1   Abneigung gegen das Wort *Glück*

Im deutschen Raum ist oft eine gewisse Abneigung gegen das Wort *Glück* anzutreffen. Sicherlich spielen Psychologie und Erziehung eine große Rolle. Kant'sche, Hegel'sche und nicht zuletzt die christliche Ethik, die ja wohl alle drei bekannt sind für ihre frostige Haltung zum *Glück* des Individuums, haben hierzu einen entscheidenden Beitrag geleistet, denn ihre Ideen hatten und haben einen großen Einfluss auf unsere Gesellschaft.

Bei Intellektuellen stößt man oft auf Unverständnis, wenn man sagt, man sei glücklich. Das Wort *Glück* passt ihnen nicht, auch dann nicht, wenn sie nicht erklären können, warum das so ist. Sie haben das Gefühl, glückliche Menschen sind einfache Menschen, und ein intellektueller Mensch kann kein einfacher Mensch sein. Vielleicht wird dieses Denken dadurch genährt, dass man der Meinung ist, die Bettler und armen Arbeiter der *Dritten Welt* seien glücklich, da sie ja lachen und tanzen! Was keineswegs stimmt. Die Intellektuellen, die ich hier meine, glauben fälschlicherweise, dass diejenigen, welche angeblich keine Probleme haben und glücklich sind, so einfach strukturiert sind, dass sie ihre Probleme nicht sehen.

Aber auf dieses Thema möchte ich nicht näher eingehen. Mir kommt es nur darauf an, mögliche mentale Sperren gegen das Wort *Glück* anzudeuten.

4.2 Kann man, ohne jemals Unglück erlebt zu haben, Glück erfahren?

Hier taucht eine interessante Frage auf: Kann man, ohne jemals *Unglück* erlebt zu haben, *Glück* erfahren? Müsste man also zuvor das *Unglück* anstreben? Dies stünde dann allerdings im Widerspruch zu Punkt 1 meiner These: Das Leitmotiv allen menschlichen Tuns ist der Wunsch, glücklich zu sein. Die Prämisse dieser Frage stimmt, aber die Schlussfolgerung meiner Ansicht nach nicht. Ich hätte da zwei Einwände. So wie die Welt beschaffen ist, hat jeder seine unglücklichen Erlebnisse. Wenn der kleine Bruder oder eine Mitschülerin einem kleinen Mädchen die Süßigkeiten wegnimmt, ist es für das Mädchen schon ein Unglückserlebnis, und zwar ein gar nicht so geringes; vielleicht ist es sogar von seinem Standpunkt aus eine größere Katastrophe als der Verlust der Geldbörse für einen gutsituierten Erwachsenen.

Demnach muss man das *Unglück* gar nicht suchen oder anstreben. Es kommt ganz von allein. Was aber, wenn einer trotzdem bewusst nach unglücklichen Erlebnissen strebt, weil er dann die glücklichen besser schätzen, besser genießen kann? Ich glaube, die Antwort ist bereits in der Frage enthalten. Er will die *Unglückserlebnisse* nicht per se, nicht als Ziel, sondern nur als Mittel zum Zweck, zur Steigerung des *Glückserlebnisses*, das irgendwann einmal eintreten wird. Also erwartet er unterm Strich intensivere Glückserlebnisse, wenn er sich vorher *Unglück* wünscht.

Ein anderer Sachverhalt liegt vor, wenn jemand zwar nicht nach unglücklichen Erlebnissen sucht, sich aber, falls dann eines eintritt, damit tröstet, dass er jetzt die Glückserlebnisse besser zu schätzen weiß. Diese Einstellung ist positiv. Warum sollte man nicht *Unglück*, das man nicht aus der Welt schaffen kann, abschwächen? Bewusst Unglückserlebnisse zu inszenieren, halte ich dagegen für nicht richtig und auch nicht für notwendig. Man muss ja nicht immer zuerst bittere Mandeln kauen, um danach den Pudding besser genießen zu können.

Ein weiterer wichtiger Punkt wird deutlich aus dem Bericht einer Teilnehmerin an einem meiner Volkshochschulkurse. Sie erzählte, dass sie jedes Mal, wenn sie glücklich war, dieses Glück nicht genießen konnte, weil sie Angst hatte, es käme dann doch ein Unglück hinterher. Einmal sei sie unheimlich glücklich gewesen, weil ihr die Gartenarbeit so viel Freude bereitet, hatte und zu Hause alles in Ordnung war. Sie genoss das Glücksgefühl, doch da traf sie, wie ein Blitz aus heiterem Himmel, die Nachricht, dass ihr Bruder gestorben sei. Immer passiere ihr so etwas!

Diese Einstellung ist weiter verbreitet, als man zunächst annehmen möchte. Sie bedarf deswegen einer kritischen Analyse. Besteht ein gerechtfertigter Grund zur Annahme eines Zusammenhangs? Ich glaube es nicht. Tritt das Unglück nicht auch dann auf, wenn man weder besonders glücklich noch unglücklich ist? Tauchen solche Ereignisse nicht auch dann auf, wenn man sowieso schon unglücklich ist – wie schon das Sprichwort besagt: *Ein Unglück kommt selten allein!*

Besteht überhaupt Grund zu der Annahme, dass der Bruder nicht gestorben wäre, wenn die besagte Teilnehmerin nicht glücklich gewesen wäre? Sicherlich nicht. Hat es nicht auch Zeiten gegeben, in denen sie ein paar Tage lang sehr glücklich gewesen war, ohne dass danach ein Unglück eintrat?

Ganz bestimmt war es so. Aber eine solche Zeitspanne lässt keinen dauerhaften Eindruck zurück, weil dies kein so dramatisches Ereignis ist, wie eine Katastrophe, die passiert, während man gerade glücklich ist. Letzteres behält man länger in Erinnerung. Daher kommen viele Menschen zu dem Schluss, das Leben bestehe praktisch nur aus solchen Erlebnissen. Diese Einstellung wird noch verstärkt durch die dummen Sprüche, die man in der Kindheit von den Eltern gehört hat, wie z.B. *Auf Lachen folgt Weinen!* oder *Lautes Lachen lockt den Teufel!*

4.3 Ist es notwendig, sich das Leben unnötig schwer zu machen?

Diese Ausführungen sollen zeigen, dass für eine solche Einstellung kein Anlass besteht. Es ist nicht notwendig, sich das Leben unnötig schwer zu machen. Es gibt überhaupt keinen Grund, warum man sein Glück nicht voll genießen sollte. Damit erweisen Sie auch Ihrer Familie einen Dienst, denn *Glücklichsein* ist ansteckend. Wenn Sie glücklich sind, wird auch das Gesamtglück Ihrer Familie, Ihrer Freunde und Bekannten größer.

Ich glaube aber auch, dass die oben erwähnte Einstellung einen Verlust an gesunder Lebenslust anzeigt. Auf das Thema der gesunden Lebenslust als Glücksursache werde ich später noch näher eingehen.

Eine andere Kursteilnehmerin meinte, das Wort *Glück* störe sie: Könne man nicht das Wort *Zufriedenheit* stattdessen benutzen? Sie sei zufrieden und Glück strebe sie nicht an. Hierin sind eigentlich mehrere Fragen enthalten. *Zufriedenheit* und *Glück* sind zwei Wörter, die zwei unterschiedliche sprachliche Formen eines einzigen Inhalts darstellen können.

Je nachdem, welchen Inhalt man meint, können die beiden Wörter

Synonyme sein oder auch nicht. Das Wort *Glück* hat z.B. zwei Bedeutungsinhalte: *Glück* im Sinne von Fortuna – wenn man sagt: *Er hat im Berufsleben viel Glück gehabt!* hat das einen anderen Inhalt, als wenn man sagt: *Ich bin glücklich!*

Das gleiche gilt auch für das Wort *Zufriedenheit*. Wenn jemand nach Erhalt einer guten Examensnote zufrieden ist, dann befindet er sich in einem angenehmen Zustand. Er ist glücklich. Hier ist der Inhalt beider Wörter ziemlich deckungsgleich. Sagt man aber: *Ich bin mit meinem Los zufrieden!* dann beinhaltet das unüberhörbare Resignation, die zur Stagnation führen kann. In diesem Fall ist die Bedeutung der beiden Wörter nicht gleich. Wenn man sagt: *Ich bin mit meiner Stereoanlage zufrieden!* ist wieder ein anderer Inhalt gemeint, obwohl die Nähe zum angenehmen Zustand deutlich erkennbar ist.

Eine akute, momentan aufgetretene Zufriedenheit – wodurch sie auch immer bedingt sein mag – kann inhaltsmäßig mit dem *Glücklichsein*, einem angenehmen Zustand oder dem Wohlbefinden gleichgesetzt werden, während der dauerhafte Zustand der reinen Zufriedenheit Resignation, Unaufmerksamkeit und Stagnation beinhaltet. Es ist mir bewusst, dass man über diesen Satz noch weiter diskutieren könnte, aber eine ins Detail gehende Diskussion würde zu weit von der ursprünglichen These wegführen.

Kommen wir also zum Ausgangspunkt zurück. Nehmen wir an, jemand behauptet von sich selbst, er sei zufrieden. Was wäre dann für ihn die Motivation seines Handelns? Angenommen, dieser durch und durch zufriedene Mensch verspürt an einem gemütlichen Abend den Wunsch, Musik von Mozart zu hören: Wenn er aus irgendeinem Grund die Platte nicht auflegen kann, ist dies für ihn ein relativ unangenehmer Zustand. Kann er aber sein Bedürfnis, die Musik zu hören, befriedigen, ist dies für ihn ein angenehmer Zustand.

Absolut zufrieden zu sein bedeutet, *wunschlos glücklich* zu sein. Trotzdem handeln Menschen, die sich als zufrieden bezeichnen, entsprechend ihrem Wunsch, noch glücklicher zu sein. Wie erklärt sich diese Diskrepanz zwischen der theoretischen Schlussfolgerung und dem praktischen Handeln? Ich glaube, der Fehler liegt in einem kleinen, logischen Kurzschluss. Behauptet jemand, er sei zufrieden, meint er damit nicht, er sei absolut zufrieden, sondern im Großen und Ganzen zufrieden, ähnlich wie die Zensur *Befriedigend* zwar zufriedenstellend, aber eben leider nicht *Gut* ist. Also gibt es für ihn immer noch eine Steigerungsmöglichkeit.

Ein zufriedener Mensch, der in einer Industrie-Großstadt lebt, würde sich sicherlich wünschen: Das Leben wäre noch angenehmer, wenn bei Inversionswetterlage die gesundheitliche Belastung durch verschiedene Industrieabgase geringer wäre, wenn der Maulwurf den Rasen nicht so kaputt machen würde, wenn der Blinddarm doch nicht herausoperiert werden müsste.

4.4 Vordringlich ist, sich mit den Dingen zu beschäftigen, die uns glücklich machen

Unser Gehirn ist ein eigenartiges Gebilde. Solange wir nicht schlafen, ist unser Bewusstsein immer mit irgendetwas beschäftigt. Die Qualität der Beschäftigung unterscheidet sich allerdings bei den einzelnen Personen erheblich. Eine 80 Jahre alte Dame in der Eifel verbrachte einen Nachmittag damit, der Nachbarin ihre Wehwehchen zu erzählen. In der gleichen Zeit leitete Willi Brandt durch einen Vertrag mit der UdSSR eine neue Entspannungspolitik ein.

Auf unser Thema übertragen heißt das dann: Wenn das Bewusstsein im wachen Zustand dauernd beschäftigt ist, ist es dann nicht logisch, sich mit den Dingen zu beschäftigen, die uns glücklich machen, anstatt mit solchen, die uns unglücklich machen?

Ein Beispiel aus dem täglichen Leben: Eine Hausfrau im mittleren

Alter hat vier Kinder. Alle sind erwachsen und wohnen jetzt nicht mehr bei ihr. Ihr Leben war bisher mit dem Aufziehen der Kinder voll ausgefüllt. Jetzt sind die Kinder aber aus dem Haus. Wie füllt sie nun ihren leeren Alltag aus? Die Langeweile durch den Wegfall der Beschäftigung mit den Kindern ist groß und das Gehirn muss etwas zu tun haben. Nachmittags gibt es jetzt Kaffee-Runden mit Frauen in ähnlichen Lebensumständen. Da werden immer wieder die eigenen Krankheiten aus der Schublade geholt und diskutiert. Da wird erzählt, was man alles für die Kinder getan hat, und wie undankbar diese jetzt seien. Der zweitälteste Sohn hat diesmal am Muttertag nicht einmal eine Karte geschrieben! Der Ehemann sei so unerträglich. Die Nachbarin sei schlimm. Der Hund bringe immer nur Schmutz ins Haus! Lauter unproduktive Kleinigkeiten, die den Glauben an das eigene Leid und *Unglück* aufrechterhalten.

Da kam eines Tages eine kleine Wende in Gestalt eines hübschen, ausgefallenen Getränke-Flaschen-Verschlusses.

Dieser gefiel der Frau so gut, dass sie auch so ein Stück besitzen wollte. Sie entdeckte den Flaschen-Verschluss auch prompt in einem Trödelladen und kaufte ihn, fand aber den Preis zu hoch. Der Ladenbesitzer erklärte ihr, welcher bekannte Schmied den Aufsatz angefertigt, welcher Herzog ihn benutzt hätte usw. Die Frau sagte sich daraufhin: *Der kann mir viel erzählen! Bevor ich weiter Flaschenverschlüsse kaufe, informiere ich mich lieber!*

Sie kaufte sich eine Sammlerzeitschrift und ein paar Bücher über antike Gegenstände. Nun bildete sie sich also auf diesem Gebiet fort, diskutierte mit anderen Leuten, die ähnliche Interessen hatten. Und sie suchte Antiquitätengeschäfte und Trödelmärkte auf. Sie legte sich eine stolze, kleine Sammlung zu.

Durch das Studium der Bücher fand sie außerdem noch Geschmack an Bauernmöbeln und Schachfiguren. Sie konnte nicht alles kaufen, freute sich aber jedes Mal, wenn sie all´ diese alten Sachen sah. Ihr Leben war auf einmal ausgefüllt. Vergessen waren die Kaffeekränzchen, vergessen war die vor Jahren erfolgte Gallenoperation, deren Narbe nicht ganz so schön verheilt war, und die sie früher allen Freundinnen klagend vorgeführt hatte. Die positive Entwicklung – das neu erwachte Interesse an Flaschenverschlüssen und anderen Antiquitäten – verdrängte so die negative Einstellung.

4.5   Je größer der Anteil der Glücksursachen …

Es wird sicherlich immer Unglücksursachen in unserem Leben geben, die entweder unvermeidbar oder nicht so leicht zu bekämpfen sind. In solch einem Fall wird aber der prozentuale Anteil des Unglücks geringer sein, wenn ihm mehrere Glücksursachen gegenüberstehen.

Je größer der Anteil der Glücksursachen, desto kleiner (gewichtet) der Anteil der Unglücksursachen. Aber hundertprozentiges Glück ist sicher nicht erreichbar, obwohl es für einen kurzen Augenblick im Leben möglich sein kann. Es geht uns darum, das maximal mögliche Glück zu erreichen. Dazu ist es notwendig, die Glücksursachen aktiv anzustreben.

An dieser Stelle ist der Hinweis angebracht, dass ich hier zunächst die Glücks- und Unglücks-Ursachen behandle, die im individual-psychologischen Bereich liegen, und nicht jene, die ihren Ursprung, ihre Auswirkung im gesellschaftspolitischen Bereich haben.

Welches sind nun die Glücksursachen? Ich habe wieder eine kleine Liste der – meiner Ansicht nach – wichtigsten Glücksursachen zusammengestellt, die sicher weiter vervollständigt werden kann. Für mich gehören dazu besonders folgende Faktoren:

- Lebenslust
- Spielerisches Interesse an schönen Dingen oder Hobbys

- Beschäftigung und Arbeit
- Ausdauer und Geduld
- Liebe und die Fähigkeit zur Bewunderung

Nicht umsonst steht an erster Stelle die Lebenslust. Damit ist hier generell die Lust zu irgendetwas gemeint, im Gegensatz zur Lustlosigkeit. Lebenslust bzw. Lust, überhaupt etwas zu tun, ist ein wichtiges Merkmal eines glücklichen Individuums.

Der Indikator für vorhandene oder nicht vorhandene Lust ist das Interesse an Dingen und Personen. Nehmen wir ein einfaches Beispiel. Zwei Leute bestellen in einem Restaurant frische Erdbeeren. Der Ober bringt sie. Der eine sagt: *Schau, wie saftig sie aussehen und so frisch. Diese rote Farbe ist einmalig und diese gelben Kerne, die so wunderbar in den kleinen Einsenkungen eingebettet sind. Ist das nicht schön? Sie sehen fast aus wie ein Gemälde. Und der Duft! Oh, da läuft mir das Wasser im Mund zusammen.*

So freut er sich über diese Erdbeeren, bevor er überhaupt eine gegessen hat. Und der andere Gast? Der steckt seine Erdbeeren in den Mund und isst sie, als ob er eine Pflichtübung absolvierte. Nach einer Weile kommen beide aus dem Strandrestaurant und sehen die Krabbenkutter in den heimatlichen Hafen zurückkehren. Derjenige, der schon die Erdbeeren so interessant fand, entdeckt wieder sehr viele bemerkenswerte Details an den Krabbenkuttern. Und so war für ihn der ganze Nachmittag ausgefüllt. Er hat überhaupt vielfältige Interessen. Er malt gern, geht gern kegeln oder reist in ferne Länder.

Es ist gut, an mehreren Dingen Interesse zu haben, denn dann vermehren sich ganz natürlich die Gelegenheiten, glücklich zu sein. Vor allem, wenn zufällig die Möglichkeit ausfällt, einer seiner Interessen nachzugehen, denn dann kann man immer noch auf andere zurückgreifen. So ist man einem zufälligen Unglück weniger ausgeliefert. Das Leben ist natürlich zu kurz, um an allem interessiert zu sein, aber es ist doch besser, an mehreren Dingen gleichzeitig Freude zu haben. So sind unsere Tage ausgefüllt und uns bleibt kaum Zeit zum Grübeln. Wir alle sind anfällig für den Zustand der Introvertiertheit, sodass wir trotz des mannigfaltigen Panoramas, das die Welt uns bietet, den Blick abwenden und ihn nur auf die innere Leere richten. Wir sollten uns aber nicht verführen lassen, zu glauben, dass das *Unglücklichsein* eines introvertierten Menschen etwas Besonderes sei.

Nehmen wir ein weiteres Beispiel. Lassen wir zur Illustration zwei Nähmaschinen lebendig werden. Die eine macht aus den ihr angebotenen Materialien wunderschöne Kleider, Blusen, Jacken und Tischdecken mit sehr abwechslungsreichen Mustern. Die andere hingegen sagt: *Was sollen all diese Stoffe? Was sind die Kleider und Tischtücher, die ich produziere, für mich? Mein Inneres ist etwas viel Wichtigeres und Interessanteres. Ich produziere jetzt keine Kleider mehr, sondern analysiere lieber mein Inneres.*

Sie verlor die Lust, wunderschöne Kleider mit immer neuen Mustern und Farben herzustellen. Sie konzentrierte sich auf das Innere, das jetzt jedoch leer geworden war, da die zu verarbeitenden Stoffe nicht mehr vorhanden waren. Je mehr sie ihre gähnende Leere studierte, desto leerer erschien sie ihr. Ihre Bestandteile, die dazu da waren, die komplizierten und schönen Kleider zu produzieren, standen still und sie wusste nicht mehr, wozu sie noch nützte.

Die erste Nähmaschine gleicht einem Charakter, der seine Lebensfreude erhalten hat, und die zweite gleicht jemandem, der die Lebensfreude verloren hat.

Das Gehirn ähnelt der Nähmaschine, die aus den ihr angebotenen Stoffen wie Leinen und Wolle die kompliziertesten und schönsten Kleider fabriziert. Ohne Materialien sind beide nutzlos und leer. Das Gehirn muss sich allerdings – im Gegensatz zur Nähmaschine – seine Materialien selbst aus seiner Umwelt beschaffen. Es tut dies, indem es mannigfaltiges Interesse an der Umwelt zeigt, denn Ereignisse werden erst durch unser Engagement zu Erlebnissen. Wenn wir kein Interesse daran haben, bedeuten sie nichts für uns.

Ein introvertierter Mensch, dessen Blick ausschließlich nach *innen* gerichtet ist, und den die Ereignisse in seiner Umgebung nicht beschäftigen, wird nichts in seinem Inneren finden; im Gegensatz zu demjenigen, dessen Blick nach *außen* gerichtet ist. Dieser wird nämlich in den kurzen Augenblicken, in denen er sich sein Inneres anschaut, wunderschöne Materialien finden, die zu interessanten und lehrreichen Erinnerungen verarbeitet werden.

Es gibt viele Dinge in der Welt, die unsere Begeisterung wecken können. Man muss nur danach Ausschau halten, denn diese Diamanten liegen auf der Straße. Aber man muss sich bücken, um sie aufzuheben. Die Tautropfen auf einem Spinnennetz an einem regennassen Tag, die abgeblätterte Farbe an einem Verkehrsschild, Regenbogenfarben in einem Öltropfen auf der Straße, der Nebel, der die harten Konturen der modernen Gebäude verschwinden lässt und der Stadt ein märchenhaftes Aussehen verleiht, sind alltägliche Dinge, die das Leben schön machen können. Kinder empfinden so etwas noch ganz direkt und bummeln deswegen – zum Leidwesen der gehetzten Mütter – von Wunder zu Wunder. Das Leben kann nie langweilig werden für denjenigen, dem die alltäglichen und unauffälligen Objekte eine solche Mannigfaltigkeit bieten.

Nehmen Sie dagegen einen wohlhabenden Reisenden, der ferne Länder besucht. Er wohnt in den immer gleichen, feinen Hotels mit Klimaanlage und isst, was er auch zu Hause essen würde. Er trifft das gleiche Set von Leuten und redet mit ihnen über dieselben Themen, die man auch zu Hause diskutiert. Wenn er nach Hause zurückkehrt, hat er höchstens das Gefühl, eine teure Bewegungsübung absolviert zu haben.

Andere dagegen lernen Land und Leute kennen. Sie erleben die Landschaft, die geschichtlichen Bauten, und die Bauernhäuser interessieren sie genauso sehr wie das Essen, das die Einheimischen zu sich nehmen und die Musik, die sie spielen. Sie kommen nach Hause und haben einen reichen Schatz an Erfahrungen mitgebracht, von dem sie noch lange zehren können. Das Leben ist für sie nicht langweilig.

Die Beschäftigung mit vielen Dingen – die Lebenslust – ist eigentlich ein Charakteristikum der Gattung *Homo sapiens,* kann aber auch bei den Tieren beobachtet werden. Sie kommt uns nur später abhanden. Schauen Sie sich die Kinder an. So viele Dinge begeistern sie. Sie erforschen alles Mögliche, alles, was ihnen unterwegs begegnet. Sehr viel von diesem universellen Interesse und dieser Lebenslust geht uns im Prozess des Erwachsenwerdens verloren. Dieser Verlust an Lebenslust, der bei einem Durchschnittsmenschen mit dem Altern erfolgt, ist aber nicht notwendig und dürfte durch Lernprozesse, wenn auch nicht völlig, dann doch zu einem wesentlichen Prozentsatz wieder auszugleichen sein. Wir sind nun einmal auf dieser Welt, und derjenige, der mehr Lebenslust zeigt, ist besser für diese Welt gerüstet als einer, der mit einer sauren Miene durch das Leben geht.

Spielerisches Interesse an schönen Dingen oder Hobbys: Dieses Thema bringt uns direkt zur Fähigkeit des Menschen, Freude an der Kunst, an Spielarten, Bewegungsarten, kurz an all den schönen Dingen des Lebens zu empfinden. Diese Thematik ist in gewisser Weise mit der Lebenslust verwandt.

Hierunter fallen nicht die prosaischen Interessen eines Menschen, auf die sein Leben notwendigerweise aufgebaut ist, sondern jene kleinen Interessen, die seine Freizeit ausfüllen. Normalerweise bestimmen bei einem Durchschnittsbürger der Beruf, die Familie und der Kontostand seine Sorgen, Ängste und Hoffnungen. Alle Themen, die die Familie und den Beruf betreffen, gehen ihm natürlich sehr nahe. Eine der Ursachen der nervlichen Anspannung und nervösen Ermüdung ist die Unfähigkeit, sich für Dinge zu interessieren, die keine unmittelbar praktische Bedeutung für das eigene Leben haben, die eigentlich zwecklos oder nutzlos sind, losgelöst vom Broterwerb.

Jemand, der abends seine Berufsarbeit und die damit verbundenen Sorgen und den Ärger vergessen kann und bis zum nächsten Morgen nicht stets an diese denkt, kann seine Arbeit viel besser und effektiver verrichten als einer, der sich in seiner Freizeit von diesen Sorgen nicht trennen kann. Und es ist leichter, sein Gehirn abzulenken, wenn man viele andere Interessen hat, nicht nur seine Arbeit.

Viele Vergnügungen, wie Fernsehen, Fußballspielen, Theater oder Tennis fallen unter diese Rubrik. Ihre Funktion ist Erholung von der Arbeit. Die verschiedenen Hobbys dienen dem gleichen Zweck.

Es gibt Hunderte von Hobbys. Eine große Gruppe bilden die Sammlerhobbys, z.B. das Sammeln von Briefmarken, alten Münzen, Bierseideln, Flaschenverschlüsse usw. Es stimmt schon, dass sich viele zu intelligent und überlegen für solch einfache Vergnügen fühlen. Da diese Art von Vergnügen aber niemandem schadet, stattdessen aber das Glück des Sammlers vermehrt, besteht also kein Grund, das Sammeln als Kinderkram abzutun. Immerhin bewundert der Sammler, indem er viele Dinge zusammenträgt, die menschliche Vielseitigkeit und Kreativität an sich.

Außer Sammlerhobbys gibt es noch Unmengen anderer kreativer Hobbys, z.B. die Fotografie, Malerei, Weberei, Töpferei und andere Do-it-your-self-Hobbys. Diese bergen in sich viele verschiedene Glücksursachen. Am besten kann man sie anhand eines konkreten Beispiels anschaulich machen.

Ich bin dazu verleitet, hier die Fotografie als Beispiel zu wählen, da ich diese als ernsthafter Amateur-Fotograf aktiv ausübe und sie deshalb gut beurteilen kann. Was gibt mir die Fotografie? Erstens: Erholung von der Arbeit. Als operativ tätiger Urologe war meine Arbeit oft sehr anstrengend. Ein 10-Stunden-Tag und dann noch Nachtdienst, das war keine Ausnahme.

Sich danach in ein kreatives Hobby zu versenken, ist ein Ausgleich, eine Erholung. Sei es, dass ich neue Bilder mache oder auch nur alte heraushole und mich daran erfreue. Außerdem fährt man hinaus zum Fotografieren, wenn man ein freies Wochenende hat, und man kommt an die frische Luft. Außer der Erholung von der Arbeit bedeutet sie eine konzentrierte Ablenkung.

Trotz geistiger Disziplin kann ich mich manchmal nach einer schweren Operation gedanklich nicht von einem Patienten trennen, auch dann nicht, wenn ich zuhause nichts für ihn tun kann, außer eben abzuwarten. In solchen Augenblicken ist eine Ablenkung nur allzu willkommen. Erholung und Ablenkung dienen hier also zur Vermeidung der bereits erwähnten Unglücksursachen, wie z. B. Sorgen und nervöse Ermüdung.

Ein solches Hobby birgt vor allem auch positive Glücksursachen. Man lernt die Welt mit anderen Augen kennen. Ich fotografiere z.B. gerne Holzstrukturen. Wenn ich eine alte Holzlatte wegen der Maserung fotografiere, beschäftige ich mich intensiv mit dem Holzstück und entdecke immer wieder neue, faszinierende Details, die ich vorher gar nicht wahrgenommen hatte. Aber viel wichtiger ist Folgendes: Auch wenn ich ohne Kamera unterwegs bin, halte ich die Augen offen für die Schönheiten der Welt. Jeder Holzzaun verbirgt eine unendliche Anzahl von interessanten Details. Jede vereiste Pfütze mit eingeschlossenen Herbstblättern, jede Spinnwebe, jede Blume am Straßenrand ist dann herrlich. Anfangs sieht man die Schönheit des Fotografierens wegen, später wird es zu einer selbstverständlichen Gewohnheit, überall Schönheiten zu entdecken, auch wenn man gar nicht fotografieren will.

Ähnlich geht es demjenigen, der die Malerei als Hobby auserkoren hat. Neulich erzählte mir jemand, dass er den Himmel schon immer schön fand, aber seitdem er malt, sei der Himmel noch schöner geworden. Er sieht jetzt Farbnuancen und Wolken-Formationen, die er früher nie für möglich gehalten hatte.

Hinzu kommt bei solchen abbildenden Hobbys noch eine weitere

Glücksursache – die schönen Augenblicke des Lebens werden durch die Fotografie oder das Bild für die Ewigkeit festgehalten. Dazu kommt noch die Anerkennung durch die Umwelt, wenn die Bilder in der einen oder anderen Ausstellung gelobt werden. Das gibt das Gefühl der Befriedigung, ist also eine starke Motivation, die auch von außen (durch Mitmenschen) verstärkt wird. Außerdem gibt es eine subtile Befriedigung von innen heraus, wenn man etwas Kreatives produziert, etwas Neues geschaffen hat.

Hobbys haben auch einen vorsorglichen Charakter. Es gibt viele Leute, die nicht wissen, was sie tun sollen, wenn sie einmal pensioniert sind. Nicht so diejenigen, die sich rechtzeitig ein Hobby zugelegt haben. Hobbys und das Interesse an Artefakten, an der Ausbildung und Nutzung der eigenen Sinne und Fähigkeiten überhaupt, haben auch eine andere wichtige, positive Funktion. Auch bei Leuten, die im Leben sonst *Glück* haben, kann einmal etwas schiefgehen. Wenige Männer – mit Ausnahme der ledigen – haben in ihrem Leben nie Streit mit ihren Ehefrauen gehabt, wenige Eltern hatten nie Sorgen um ihre Kinder, und nur wenige Menschen hatten im Beruf immer Erfolg. Während solcher Zeiten ist die Fähigkeit, an irgendetwas Interesse zu haben, das mit der Ursache der augenblicklichen Misere überhaupt nichts zu tun hat, ein großer Segen. Wenn man an der Situation nichts ändern kann, ist es gut, je nach Geschmack Karten oder Schach zu spielen, Krimis oder Science-Fiction-Romane zu lesen oder sonst etwas zu tun, das einen beschäftigt, ablenkt und wieder aufbaut.

Ähnliche Überlegungen sind notwendig, wenn ein schwer zu verkraftendes, nicht wieder gut zu machendes *Unglück* passiert ist, z.B. der Verlust eines geliebten Angehörigen, sei es der Vater, die Tochter oder der Ehegatte.

Es ist niemandem geholfen, wenn man in solch einer Situation im Kummer ertrinkt. Man macht sich selbst und auch den anderen Familienmitgliedern dadurch nur das Leben schwer. Kummer ist sicherlich unvermeidlich und letztlich absehbar. Aber es ist nicht einzusehen, dass sich jemand zum Ziel setzt, den letzten Tropfen Gram aus dem Unglück herauszupressen.

Es ist nicht zu bestreiten, dass man unter großem *Unglück* im Einzelfall zusammenbrechen kann, aber man muss versuchen, sich Ablenkung zu verschaffen, mit der Einschränkung, dass diese Ablenkung nicht schädlich sein darf. Damit meine ich unter anderem Drogen und Alkohol, deren Aufgabe es ist, etwas vergessen zu lassen, die Gedanken – das Denken – zu zerstören, wenn auch nur für eine kurze Zeitspanne.

Der richtige Weg wäre nicht, das Denken zu zerstören, sondern es in andere Bahnen zu lenken, die mit dem augenblicklichen *Unglück* nichts zu tun haben. Das ist besonders schwierig, wenn man durch die bisherigen Lebensgewohnheiten nur wenige Interessen kultiviert hat, und diese Interessen nun durch das Unglück selbst überschattet werden.

Deswegen ist es als Vorsorge für mögliche schwere Unglückszeiten ratsam, während der glücklicheren Zeit ein breit gefächertes Interesse an mehreren Gebieten zu entwickeln, sodass man in unglücklichen Zeiten, wenn man gerade nichts ändern kann, darin Zuflucht finden kann.

4.6   Beschäftigung und Arbeit als Glücksursache

Als Nächstes wollen wir die berufliche Beschäftigung – die Arbeit – als Glücksursache behandeln. Manche werden bei diesem Satz die Augenbrauen heben und fragen: Arbeit als Glücksursache? Besonders diejenigen, die an jenen Spruch glauben: Arbeit macht Spaß, aber Spaß vertrage ich nicht.

Die Arbeit ist sicherlich manchmal sehr langweilig, uninteressant und oft anstrengend. Zuviel Arbeit ist sehr ermüdend. Aber der Begriff

Zuviel beinhaltet etwas Negatives. Zuviel, egal wovon, ist nie gut. Arbeit, wenn sie nicht Zuviel ist, ist leichter zu ertragen als Arbeitslosigkeit, auch wenn sie noch so langweilig ist. Sie füllt die meisten Stunden des Tages aus, ohne dass man permanent darüber nachdenken muss, was man jetzt als Nächstes tun soll. Wie oft stellt man fest, dass Leute, die ihr Leben lang gearbeitet haben, nicht wissen, was sie tun sollen, wenn sie einmal in Rente sind. Viele verfallen dann zusehends oder sie sterben früh. Die Arbeit gibt uns zwar in erster Linie Selbstvertrauen und sie ernährt uns, aber sie bewahrt uns auch vor der Langeweile. Außerdem lassen sich Ruhetage und der Urlaub mehr genießen, wenn man hart gearbeitet hat.

Arbeit hilft, die Selbstachtung zu bewahren. Fragen Sie jemanden, der lange Jahre gearbeitet hat und in Krisenzeiten von der Arbeitslosigkeit betroffen ist. Der Zustand wird von ihm als sozialer Abstieg erlebt. Er fühlt sich in seiner Selbstachtung verletzt, wenn er die Arbeitslosenunterstützung abholen muss.

Der dritte Vorteil der Arbeit sind die mit der Arbeit verbundenen Erfolgsaussichten. Nicht so sehr der Erfolg selbst, sondern vielmehr die Aussicht auf den Erfolg ist die Glücksursache. Nicht so sehr das Ziel, sondern der Weg zum Ziel ist die Ursache des Glücks. Wenn ein Journalist Chefredakteur werden will, kann er dies nur über den Weg der Arbeit erreichen. Die Arbeit gibt ihm Aussicht auf Erfolg und auch Aussicht auf Befriedigung seines Ehrgeizes, was wiederum eine Glücksursache ist.

Es gibt verschiedene Arten von Arbeit. Da ist die Arbeit, die an sich interessant ist. Während ich mir die Routine eines Fließbandarbeiters relativ eintönig vorstelle, ist z.B. die Tätigkeit eines Komponisten oder eines Bildhauers interessant und abwechslungsreich. Diese Arbeiten fordern den Betreffenden heraus und machen ihm auch Spaß. Die Befriedigung, die man dabei empfindet, ist sicherlich tiefergehend als die einer Arbeit, die nur als Alternative zur Langeweile betrachtet wird. Aber schon allein das Bewusstsein, dass die langweiligste Arbeit noch besser ist als pure Langeweile, wird die betreffende Arbeit in positiverem Licht erscheinen lassen.

4.7   Ausdauer und Geduld als Glücksursache

Als nächstes Thema möchte ich Ausdauer und Geduld im Gegensatz zu Resignation behandeln. Ich habe bereits mehrmals betont, dass bei Unglückszuständen das Aufgeben – die Resignation – nicht unbedingt hilfreich ist.

Glück ist kein Schlaraffenland, in dem einem die gebratenen Tauben ohne eigenes Dazutun in den Mund fliegen. Die Welt ist voller vermeidbarer und unvermeidbarer Unglücksursachen: Da sind Krankheiten, psychische Probleme, absichtliche Bösartigkeit, Widrigkeiten usw. Wer glücklich sein möchte, muss Mittel und Wege finden, die Unglücksursachen zu bekämpfen. Resignieren oder das Warten auf einen *Deus ex machina*, der einem hilft, das ist eine Einstellung, die in den meisten Fällen nicht zum Ziel führt. Das Sprichwort, *Selbst ist der Mann!* oder auch *Augen zu und durch!* trifft hier eher zu.

Wenn auch das Nichtaufgeben, die Eigeninitiative und das Experimentieren wichtig sind, um glücklich zu sein, so spielt aber das subtile *Sichbescheidenkönnen* für den gleichen Zweck eine wichtige Rolle, z.B. wenn es darum geht, viel Geld zu verdienen.

In unserer kapitalistischen Gesellschaft wird die Höhe des Einkommens als Index für den Erfolg gewertet. Ein gewisses Einkommen ist tatsächlich notwendig, um uns Unterkunft und Bekleidung zu sichern, um uns vor Hunger zu bewahren und unsere Grundbedürfnisse zu befriedigen. Das Geld ist hier Mittel zum Zweck, und der Zweck wiederum ist an dieser Stelle, uns vor gewissen Unglücksursachen zu schützen. Geld hat hier also eine positive Funktion.

Gefahr ist aber gegeben, wenn das Geld nicht mehr nur Mittel zum Zweck ist, sondern zum Selbstzweck wird. In einer Gesellschaft, in der das *Goldene Kalb* verherrlicht wird, ist dies häufig der Fall. Dann wird das Geld zur Unglücksursache, denn genug Geld wird man nie haben können, weil man mit jedem Anstieg des Verdienstes die Maßstäbe wieder nach oben verschiebt.

Das folgende Beispiel soll das illustrieren: Einst, vor langer Zeit, waren ein reicher Kaufmann und ein Hafenarbeiter Nachbarn. Der Kaufmann war reich, der Arbeiter aber lebte schlecht und recht von seinem geringen Einkommen. Er arbeitete gerade so viel, dass er davon leben konnte. Ein Sparguthaben hatte er nicht.

Jeden Abend bis spät in die Nacht saß der Kaufmann über seinen Büchern und recherchierte alles Mögliche. Wenn ein Handelsschiff nicht rechtzeitig eintraf, konnte er wegen der Sorgen nächtelang nicht schlafen.

Der Arbeiter aber machte es sich nach getaner Arbeit zu Hause gemütlich. Er spielte auf seiner Gitarre, sang dazu und war fröhlich. Dies störte die Frau des Kaufmanns. Sie sagte zu ihrem Mann: *„Hör´ einmal her, du hast zehn Schiffe, fünf Häuser und fünfzigtausend Taler auf der hohen Kante. Während du aber von Sorgen geplagt und unglücklich bist, singt dieser Taugenichts von einem Nachbarn jeden Abend, und er ist fröhlich und ist guten Mutes.“*

Die Frau war neidisch. Um sie zu beruhigen, versprach ihr der Mann, diesen Zustand zu ändern. Als der Arbeiter am nächsten Morgen aufwachte, fand er einen Geldbeutel vor seiner Tür. Er öffnete ihn und es waren 99 Taler darin. *„99 Taler!“*, sagte er sich, *„wenn ich einen mehr hätte, dann hätte ich hundert Taler. Wäre das nicht gut?“*

Also schuftete er den ganzen Tag, damit er einen Taler mehr verdiente als sonst. Er schleppte so viele Ballen, dass er abends 3 Taler bekam. *„102 Taler habe ich jetzt, 150 wäre eine gute, runde Zahl.“* Also schuftete er weiter, mehr als am vorherigen Tag. Sie können sich denken, wo das endete. Das *Immer-mehr-Geld-Verdienen-Wollen*, rein um des Geldes willen, machte ihn physisch und auch psychisch kaputt. Abends war er erschöpft. Er spielte keine Gitarre mehr. Er sang nicht mehr und er war auch nicht mehr fröhlich.

Kehren wir noch einmal zum Beispiel des Journalisten zurück. Er arbeitet bei einer Zeitung und ist mit seiner Arbeit zufrieden. Doch dann wechselt er zu einer anderen Zeitung, weil er dort ein höheres Gehalt bekommt. Die neue Arbeit ist aber nicht nach seinem Geschmack. Mit den Ansichten seines Verlegers ist er überhaupt nicht einverstanden. Seine Artikel erscheinen in der Zeitung in einer vergewaltigten Form. In einem solchen Arbeitsklima kann man seine Selbstachtung nicht aufrecht erhalten, und fehlende Selbstachtung ist eine der Unglücksursachen. Den Wunsch nach mehr Geld hätte er hier zurückstecken sollen.

Leute regen sich allzu lange über Kleinigkeiten auf. Wenn der Zug abgefahren ist, verfluchen sie die Welt. Wenn die Kartoffeln einmal halb gar sind, sind sie voller Wut. Wenn sie mit dem Fuß an einen Stein stoßen, verfluchen sie nicht nur den Stein und den Straßenbauminister, sondern Gott und die Welt.

Nehmen Sie einen Autofahrer auf der Autobahn, dessen Sohn nach einer langen Fahrt der Mutter erzählt, dass sich nach Papas Meinung auf der Autobahn 10 Blödköpfe, 30 Säue und mindestens 47 A...löcher befanden. Wenn man die Energie und die Zeit, die die Menschheit für die Bewältigung solcher Kleinigkeiten aufwendet, zusammenrechnen würde, könnte man damit wahrscheinlich Königreiche entstehen und vergehen lassen. Langmut bei solchen unvermeidbaren Kleinigkeiten ist angebracht.

Diese Art von lächelnder Resignation mindert keinesfalls die Energie eines vitalen Menschen, die er braucht, wenn er die Unglücksursachen bekämpfen will. Energie und die hier erwähnte selektive, situationsabhängige, subtile Resignation stehen nicht im Widerspruch.

Sie ergänzen sich vielmehr. Damit möchte ich dieses Thema abschließen.

4.8 Liebe und Fähigkeit zur Bewunderung als Glücksursache

Eine der Hauptursachen des Mangels an Lebensfreude ist wohl das Gefühl, nicht geliebt zu werden. Letzteres kann wiederum verschiedene Ursachen haben.

Der eine glaubt etwa, dass er ein dermaßen schrecklicher Mensch sei, dass keiner ihn lieben könne. Vielleicht wurde ihm als Kind tatsächlich weniger Zuneigung zuteil als den Geschwistern, wodurch er zu der Überzeugung gelangte, stets weniger geliebt zu werden als die anderen, auch wenn dies in Wahrheit nicht der Fall sein muss. Es kann aber auch eine Person geben, die tatsächlich niemand liebt. Jemand, der dieses Gefühl hat, kann sich unterschiedlich verhalten.

Der- oder diejenige versucht z.B. verzweifelt, die Zuneigung anderer zu gewinnen, wahrscheinlich durch ungewöhnliche Hilfeleistungen, Güte oder Freundlichkeit. Andere wiederum fahren ihre Stacheln aus und versuchen, an der Welt Rache zu nehmen, in der sie so ungeliebt sind. Sie holen zum Rundumschlag auf alles aus, das sich ihnen vermeintlich in den Weg stellt. Sie erwischen dabei oft das Falsche bzw. die Falschen!

Die meisten aber resignieren und ziehen sich in sich selbst zurück, was die schlechteste Alternative ist. Wegen fehlender Liebe und Zuneigung leben sie ständig mit einem Gefühl der Unsicherheit. Das macht sie unglücklich. Solche Menschen kommen nicht gut in der Welt und mit dem Leben zurecht.

Hier ist die Rede von der Liebe, die man erhält und nicht von der, die man gibt. Liebe, die man erhält, gibt einem das Gefühl der Sicherheit.

Streng genommen verursacht nicht nur die erhaltene Liebe, sondern auch die Anerkennung und Bewunderung, die einem gezollt wird, dieses Gefühl. Dies ist eindeutig feststellbar bei Menschen, die vom Applaus leben, wie z.b. Schauspieler, Prediger und Politiker. Wenn der Applaus ausbleibt, werden sie unsicher und unzufrieden. Ähnliches ist aber auch bei jedem Durchschnittsbürger festzustellen. Wenn man in den *Anfangsehejahren* vom Ehepartner mit Bewunderung bedacht wird und diese später, aus welchen Gründen auch immer, ausbleibt, wird man unglücklich, unsicher und unzufrieden.

Für das *Glücklichsein* ist allerdings nicht nur die Liebe, die man erhält, wichtig, sondern auch die Liebe, die man gibt. Manche traditionellen Moralisten haben zu viel aus der selbstlosen Liebe gemacht, denn Liebe bis zu einer bewussten Verneinung seiner selbst ist ungesund. Liebe ist und muss auch mit eigenem Glück verbunden sein. Zweifellos wünschen wir das Glück für jemanden, den wir lieben, aber nicht als Alternative zu unserem eigenen Glück. Es gibt unendlich viele Definitionen der Liebe.

Ich würde sie wie folgt beschreiben: Die Liebe ist der Zustand, in dem das Glück des anderen ein wesentlicher Bestandteil des eigenen Glückes ist. Diese Definition steht in Einklang mit dem ersten Punkt meiner These, dass das Leitmotiv allen menschlichen Tuns der Wunsch ist, glücklich zu sein.

Die Liebe zu anderen ist dann selbstverständlich und natürlich. Bei einer Selbst-Negation in der Liebe ist diese anstrengend und verlangt nach Gegenleistungen, z.B. wenn die Mutter dem Kind vorhält, sie hätte so viel für es getan, und es sollte dafür dankbar sein und das auch zeigen. Eine fordernde Liebe stößt aber selten auf die erwartete Gegenleistung oder Gegenliebe.

Ein Kind, das von Eltern geliebt wird, empfindet die Zuneigung als *Selbstverständlichkeit*, als Naturgesetz. Diese Liebe ist tatsächlich ein Naturgesetz, da im Prozess der Evolution die Gattungen, die nicht oder ungenügend für die Nachkömmlinge sorgten, zwangsläufig ausstarben.

Eltern haben sich ihre Kinder nicht aus irgendwelchen altruistischen Motiven angeschafft, sondern, weil sie sich davon mehr Glück erhoffen. Diese Ansicht findet ihre Bestätigung in der Tatsache, dass in den Industrienationen die Geburtenrate sinkt, weil die Eltern größere Einschränkungen in ihrer Lebensweise durch mehr Kinder nicht in Kauf nehmen wollen.

So selbstverständlich die Liebe der Eltern zu den Kindern ist, so sollte sie auch zwischen den Ehepartnern sein. Ich kannte eine Lehrerin, die einen Arzt geheiratet hatte. Nach ein paar Ehejahren machte sie ihrem Mann den Vorwurf, sie hätte für ihn und für die Kinder ihren Beruf aufgegeben. Er solle jetzt gefälligst im Haushalt mithelfen. Leistung für Gegenleistung.

Bei einer genauen Analyse wird man feststellen können, dass die Aufgabe ihres Berufes keine rein altruistische Handlung war, wie sie vorgab. Als sie aus dem Berufsleben ausstieg, hatte sie sicherlich das Pro und Contra der Entscheidung gut abgewogen. Wenn dabei die Liebe zu ihrem Mann eine Rolle spielte, dann spielte diese auch in ihren Glückserwägungen eine Rolle.

Liebte sie ihren Gatten damals sehr, dann wäre sie unglücklich geworden, hätte sie eine Entscheidung getroffen, die ihrem Mann Unglück bereitete.

Selbstverständlich hat die Liebe auch altruistische Aspekte. Die egoistischen und die altruistischen Aspekte in der Liebe sind aber im Leben keine Gegensätze, sondern bilden zusammen ein geschlossenes Ganzes. In ihm verschwindet die Antithese zwischen sich selbst und der restlichen Welt, sobald man lernt, ein echtes und freundliches Interesse an Personen, Sachen und Dingen zu entwickeln, die außerhalb unserer selbst liegen.

An dieser Stelle möchte ich nur kurz eine weitere wichtige

Glücksursache erwähnen, nämlich das Glücksgefühl, das man empfindet, wenn man für jemanden etwas Gutes, Hilfreiches oder Nettes getan hat, was letzten Endes Ausdruck eines echten, freundlichen Interesses an der anderen Person ist.

Es gibt sicherlich noch viele weitere Glücksursachen, die man erwähnen könnte. Die Interessen der Menschen sind breit gefächert. Viele finden ihr Glück in Elternschaft, wieder andere sind glücklich, wenn sie ihren Fuß auf den Mount Everest setzen können. Herr Osborn aus den USA glaubt, dass Jesus in seinem Zimmer erschienen sei, und versucht, mit Vehemenz den Glauben an Wunder – anscheinend mit gar nicht so geringem Erfolg – zu verbreiten.

Dieser Glaube an eine bestimmte Sache ist sicherlich eine Glücksursache für Herrn Osborn, so wie auch für die Kommunisten, die ihr Leben für den Kommunismus einsetzten, oder für die Soldaten des Ersten Weltkrieges, die für Kaiser und Vaterland auf das Schlachtfeld schritten. Der Glaube an eine Sache macht auch einen Vegetarier glücklich, wenn er Möhren und Rettiche isst. Aber, wie sie sicherlich einsehen werden, kann man alle diese Dinge in dem Rahmen, den wir uns gesteckt haben, kaum behandeln. Hier geht es darum, die wichtigsten Glücks- und Unglücksursachen herauszuheben, die nahezu für jeden von Bedeutung sind.

4.9   Wege und Möglichkeiten, sich von Unglücksursachen zu befreien

Damit komme ich zu der abschließenden und zusammenfassenden Fragestellung: Welches sind die Wege und Möglichkeiten, sich von den Unglücksursachen zu befreien, Glücksursachen zu fördern und glücklicher zu werden?

Der erste Schritt ist, dem Unglücklichen bewusst zu machen, dass

Glück wünschenswert ist. Wie oft stellt man auf einer Party oder bei gesellschaftlichen Ereignissen fest, dass viele Leute anwesend sind, die immer wieder aufs Neue auf ihre Krankheiten oder ihre sonstigen Unglücksursachen zu sprechen kommen, ohne dass sie einen Lösungsvorschlag von ihren Gesprächspartnern erwarten. Man hat den Eindruck, dass sie sich am eigenen Unglück ergötzen. In diesem Falle wäre der erste Schritt, sich oder dem anderen, je nach vorliegendem Fall, klarzumachen, dass die morbide Verehrung des Leidens, der Masochismus, nichts Großartiges ist.

Manchmal ist das Problem etwas anders gelagert. Viele Leute wissen nicht, wie sie aus ihrem Zustand von *Unglücklichsein* herauskommen können. Wenige werden bewusst *Unglücklichsein* vorziehen, wenn sie einen Ausweg aus der Situation wüssten. Solche Leute gibt es sicherlich, aber sie sind eine zu kleine Minderheit, um wichtig für unsere Überlegungen hier zu sein.

Was ist zu tun, wenn der Betreffende willig ist, sich aus seinem *Unglücklichsein* zu befreien? Es genügt nicht, zu sagen: *Ich bin unglücklich, ich will glücklich werden!,* um dann sonst nichts zu unternehmen. Ein frommer Wunsch allein trägt keine Früchte, auch wenn man ihn – mit oder ohne Hilfe der tibetanischen Gebetsmühlen – tausendmal wiederholt. Wenn ich nach Las Vegas unterwegs bin und irrtümlich schon in Phoenix das Flugzeug verlasse, komme ich nicht weiter, auch wenn ich im Wartesaal noch so oft energisch in den verschiedensten Variationen wiederhole: *Ich möchte nach Las Vegas!,* aber weiter nichts unternehme. Das Resignieren oder *Warten auf die göttliche Eingebung* würde mir auch nicht weiterhelfen.

Ich überlege mir also: Du willst nach Las Vegas und sitzt in Phoenix? Das ist die Ausgangssituation. Was ist da zu tun? Ich gebrauche meinen Verstand und lege daraufhin mein Vorgehen fest. Ich gehe zur Information und frage nach dem nächsten Flug nach Las Vegas, erledige die entsprechenden Formalitäten, begebe mich dann zum gegebenen

Zeitpunkt in den Wartesaal des Abflugterminals und warte. In dieser Wartezeit beschäftige ich mich nicht mit sinnlosen Wiederholungen der Vorwürfe, wie z.B.: *Hätte ich bloß aufgepasst. Wäre ich bloß nicht im unpassendsten Augenblick eingenickt.* Solche Überlegungen haben nur bis zu dem Punkt eine Daseinsberechtigung, an dem sie behilflich sein könnten, uns in einer ähnlichen Situation in der Zukunft ein weiteres Missgeschick zu ersparen. Aber eine fortdauernde Beschäftigung damit (vielmehr stupide Wiederholung der Vorwürfe) würde uns nicht aus der Misere der Gegenwart heraushelfen.

Ähnliche Überlegungen gelten auch für andere Unglücksursachen wie z.B. Neid. Bis zu einem gewissen Punkt ist der Gedanke, ob und inwieweit nun die neidische Natur durch die Erbfaktoren oder Erlebnisse und Erziehung im Kindesalter entstanden ist, angebracht, um sich gewisse Klarheit hinsichtlich der Diagnose der Unglücksursache zu verschaffen. Aber darin steckenzubleiben, hilft uns nicht weiter. In einer misslichen Situation nützt es nicht so sehr, sie zu ergründen, als vielmehr, sie zu verändern.

Der nächste Schritt in diese Richtung ist, nach der Einsicht, dass *Glücklichwerden* erstrebenswert ist, die Erkenntnis der Unglücksursache als solche. Mancher Beobachtende weiß z.B. nicht, dass, wenn zwei Menschen leise miteinander reden und der Beobachtende unterstellt, dass sie bestimmt über ihn reden, dies eine milde Ausprägung von Verfolgungswahn des Beobachtenden ist, welcher wiederum eine Unglücksursache darstellt. Wenn ihm diese Tatsache bewusst, also seinem Verstand zugänglich geworden ist, kann er sie auch bekämpfen.

Wenn Sie einmal die Ursache des Unglücks erkannt haben, liegt der einzige Ausweg in der Bekämpfung derselben. Sollte dieser Weg auch schwer sein und die Erfolgsaussichten noch so gering, Resignieren und Warten auf eine äußere Kraft in Gestalt eines guten Samariters oder einer göttlichen Eingebung würde in den meisten Fällen nicht weiterführen.

Sicher gibt es Personen, die mit einem Schlag durch eine Erleuchtung von ihrem Unglück befreit worden sind. Ich bin überzeugt, dass der Amerikaner Osborn, dem Jesus in seinem Zimmer erschienen sein soll, und der vorher sehr unglücklich war, jetzt sehr glücklich ist. Ich bin überzeugt, dass der Patient in einer Anstalt, der glaubt, er sei ein prächtiger Hahn, sehr stolz und glücklich über seine bunten Schwanzfedern ist. Ich bin auch überzeugt, dass die Jungfrau von Orleans glücklich war, als sie glaubte, eine göttliche Stimme habe ihr den Auftrag gegeben, die bösen Engländer aus ihrem Land zu vertreiben. Aber das Hören von Stimmen ist heutzutage, außer in den psychiatrischen Anstalten, keine sehr weit verbreitete Erscheinung.

Diese Ausführungen sind auch nicht für diejenigen bestimmt, die sich glücklich wähnen (aus welchen Gründen auch immer), sondern für diejenigen, die von den alltäglichen Unglücksursachen geplagt sind. Und sie machen den weitaus größeren Teil der Menschheit aus.

Vor der eigentlichen Bekämpfung der Unglücksursachen steht also der Entschluss, sie beseitigen zu wollen. Und wenn Sie einmal den Entschluss gefasst haben, etwas zu unternehmen, werden Sie feststellen, dass alles auf einmal sehr viel leichter wird. Nichts ist ermüdender als Unentschlossenheit und sich treiben zu lassen.

Die technischen Details der Bekämpfung der Unglücksursachen sollen an dieser Stelle nicht beschrieben werden. Diese finden Sie in den entsprechenden Ausführungen. Sie ergeben sich praktisch von selbst, wenn man die Unglücksursachen erkannt hat. Wenn also für mich die Unglücksursache darin besteht, dass ich, sobald ich zwei Leute miteinander flüstern sehe, grundsätzlich annehme, dass sie über mich reden, ist es für mich ratsam, in Zukunft solche Annahmen als sehr unwahrscheinlich abzustempeln.

Nach der Bekämpfung der Unglücksursachen kommt die Förderung der Glücksursachen. Glücksursachen müssen wiederum zuerst als solche erkannt werden. Die Förderung der Glücksursachen ist wahrscheinlich nicht für jeden einfach. Eine der wichtigsten Voraussetzungen ist, dass man sich von zu viel Beschäftigung mit sich selbst befreit. Dann ist es leichter, sich für Dinge und Personen zu interessieren, die nicht im unmittelbaren Zusammenhang mit einem selber stehen. Es gibt so viele Dinge, denen man sich widmen kann. Aber sagen Sie sich nicht: Briefmarkensammeln macht viele Menschen glücklich; ich möchte auch glücklich werden, also beginne ich, Briefmarken zu sammeln.

Es kann sein, dass bei Ihnen gar kein Interesse dafür vorhanden ist. Es ist kaum möglich, von vornherein zu erkennen, welches von den vielen interessanten Dingen in der Welt unsere Zuneigung finden wird. Wenn aber der Vorhang, der zur intensiven Beschäftigung mit sich selbst führt, gelüftet ist, und der Staub der Unglücksursachen aus dem Kopf weggefegt ist, wird das Gehirn guter Saatboden für die Samenkörner all der geheimnisvollen Dinge auf dieser Welt werden, die uns glücklich machen könnten.

Auf dem Weg zum Glück habe ich für mich ein paar praktische Richtlinien aufgestellt. Diese möchte ich Ihnen nicht vorenthalten. Sie könnten einigen von Ihnen helfen, einen ähnlichen Weg einzuschlagen.

Sagen Sie sich (wie auf ein ärztliches Rezept hin) dreimal am Tag: *Oh, ich freue mich. Wie schön ist es, dass ich es so gut habe.* Es gibt immer einen Grund sich zu freuen. Man muss nur danach suchen. Es war einmal ein kühler Tag, als ich zum Krankenhaus ging. Es war trüb und es nieselte. Ich sagte mir: *Wie schön ist es doch und wie freue ich mich!* Und ich fragte mich, worauf ich mich eigentlich jetzt in diesem Augenblick freute. Ich tat einen tiefen Atemzug und fand die Luft hier erfrischend kräftig, besonders, als ich an die stinkende Industrieluft in Offenbach denken musste, wo ich früher gearbeitet habe. Der Nieselregen und der Dunst hatten die harten, alltäglichen Farben der Umwelt in zarte Aquarellfarben verwandelt.

Ich dachte an den Patienten, an dem ich eine Woche zuvor eine schwierige und lang dauernde Operation durchgeführt hatte, und der vier Tage später auf der Station herumspazierte, als ob nichts gewesen sei. Ich dachte an die netten Freunde, die ich habe, und an meine Ethik, die ich weiter entwickeln werde. Und so dachte ich an 100 verschiedene Dinge, an denen ich mich erfreuen konnte. Ich möchte sie nicht alle aufzählen und auch nicht unbedingt verraten. So wie ich haben sicherlich auch Sie Dinge, über die Sie sich freuen können. Dann lässt sich auch eine missliche Situation besser ertragen.

Wir sollten uns aber im Klaren darüber sein, dass dies keine Therapie für eine Behandlungsbedürftige Unglücksursache ist. Wenn Sie aufgrund einer schweren Krankheit Magenschmerzen haben, ist der erste Schritt auf alle Fälle, diese Krankheit behandeln zu lassen. Die von mir hier vorgeschlagenen Verhaltensregeln sind keine Alternative zu einer notwendigen Behandlung, sondern eine Ergänzung, die ihre Wirkung auf individual-psychologischem Gebiet haben sollte. Wenn z.B. dieser Magenkranke, nachdem er sich in medizinische Behandlung begeben hat, neidisch auf gesunde Leute ist. Besser wäre es dann, er würde sich mal mit jenen Leuten vergleichen, die noch schlechter dran sind, und sich anschließend über Dinge freuen, die sich durchaus finden lassen, wenn man nur nach ihnen sucht.

Eine ähnliche Maßnahme, wie die eben erwähnte, ist das Lächeln und Lachen. Lächeln Sie mehrmals am Tag. Lächeln ist ein Ausdruck der Freude. Wenn Sie dann lächeln, fragen Sie sich: *Warum tue ich das eigentlich? Worüber freue ich mich?* Und Sie werden bestimmt einen Grund finden. Lächeln Sie sich doch einmal im Spiegel an. So lächelt Ihnen sofort jemand zurück!

Lächeln und Lachen ist überhaupt ein Phänomen für sich. Haben Sie nicht schon einmal festgestellt, dass Sie, wenn Sie zufällig zu einer lachenden, fröhlichen Gruppe hinzutreten, von dieser Fröhlichkeit angesteckt werden? Kennen Sie nicht in Ihrem Bekanntenkreis jemanden, der so fröhlich und glücklich ist, dass Sie, wenn Sie in seiner Gegenwart sind, selbst fröhlicher werden? Das Lachen und die Fröhlichkeit scheinen ansteckend zu sein.

Diese Hypothese ist sogar wissenschaftlich untermauert. Dazu gibt es ein berühmtes Experiment. Ein Wissenschaftler hielt Mäuse in zwei räumlich voneinander getrennten Käfigen. Die Mäuse der ersten Gruppe erhielten genügend von ihrer Lieblingsnahrung. Das Klima wurde angenehm gehalten, die Zahl der Mäuse war nicht übermäßig hoch. Diese Mäuse waren im wahrsten Sinne des Wortes quietschvergnügt. Im zweiten Käfig befand sich eine Überzahl an Mäusen. Das Klima war unangenehm heiß, und die Mäuse bekamen nicht genügend Futter. Diese Mäuse gaben keine Äußerungen von sich, die auf Vergnügen hätten schließen lassen können. Sie lagen nur apathisch herum; soweit war alles klar. Dann saugte der Wissenschaftler die Luft aus dem ersten Käfig, in dem sich die glücklichen Mäuse befanden, in einen großen Behälter und leitete diese Luft nun in den zweiten Käfig. Und siehe da, die apathischen Mäuse wurden plötzlich, wenn auch nur für kurze Zeit, quietschvergnügt. Der Wissenschaftler schloss daraus, dass die Fröhlichkeit der ersten Gruppe durch einen chemischen Stoff, der dann in der Käfigluft vorhanden war, auf die zweite Mäusegruppe übertragen wurde.

Wenn also Fröhlichkeit ansteckend ist, warum nicht sich selbst anstecken? Da habe ich eine Hypothese, die wahr sein kann, aber nicht wahr sein muss. Und zwar denke ich, dass der physische Akt des Lächelns einen chemischen Stoff entstehen lässt, der fröhlich macht. Also hat man sich durch das Lächeln selbst mit Fröhlichkeit angesteckt. Unabhängig davon, ob dieser Gedankengang stimmt oder nicht: Das Lächeln wird uns, ob durch einen chemischen Stoff oder durch irgendeine andere Art von Ausstrahlung, dazu bringen, fröhlicher zu sein.

Der dritte Vorschlag, den ich hier machen möchte, ist folgender: Wenn Sie vor einer Person, vor einem Ereignis oder vor einer Sache stehen, sollten Sie versuchen, das Positive zu sehen. Alle Dinge haben positive und negative Aspekte und man findet die am leichtesten, die man gezielt sucht.

Hier ein Beispiel: Es war einmal ein Kunststudent, der ein Bild malte. Unzufrieden mit seiner Arbeit, meinte er, eventuell könne er durch Kritik von Kollegen lernen, bessere Bilder zu malen. Er hängte also das Bild am *Schwarzen Brett* in der Eingangshalle auf und ließ ein paar Papierbögen darunter liegen mit der Aufforderung, die Kolleginnen und Kollegen möchten alles aufschreiben, was ihnen an dem Bild nicht gefalle. Als er am nächsten Tag die Papierbögen einsammelte, stellte er fest, dass fast alles an seinem Bild kritisiert und für schlecht befunden worden war. Er war so deprimiert, dass er sein Kunststudium aufgeben wollte. Sein Lehrer aber sagte ihm, er möge doch den Vorgang wiederholen, diesmal aber die Kollegen bitten, alles aufzuschreiben, was ihnen an diesem Bild gefalle. Und wieder waren die Papierbögen voll. Fast alles an dem Bild wurde gelobt. So beeinflusst die angegebene Richtung das Endergebnis!

Ein zweites Beispiel: Zwei Freunde machten einen langen Spaziergang am Deich. Am Ende des Spazierganges wollten sie bei einem Bekannten etwas abgeben. Als sie aus der Haustür kamen und zu ihrem Wagen gehen wollten, fing es an zu regnen. Der eine sagte: *„Muss es denn ausgerechnet jetzt regnen? Hätte es 10 Minuten später angefangen, wären wir bereits zu Hause."* Der andere entgegnete: *„Ist doch schön, dass es erst jetzt regnet. Wenn es vorher geregnet hätte, wären wir bei unserem Spaziergang nass geworden."*

Das Ereignis, in diesem Fall der Regen, ändert sich nicht, welche Stellung sie auch dazu einnehmen. Warum dann nicht den positiven Aspekt sehen? Das Positive zu sehen, lässt sich ohne viel Aufwand durch geistige Disziplin erlernen. Neigen Sie dazu, eher etwas Negatives in einem Ereignis zu sehen, bremsen Sie sich das nächste Mal, wenn Ihnen bewusst wird, dass Sie im Begriff sind, eine negative Feststellung zu treffen. Sagen Sie sich: Halt, es geht auch anders und sogar besser! Und Sie werden erkennen, wenn Sie es nur wollen, dann geht es auch.

Mein nächster Vorschlag ist, sich die Spontanität zu bewahren oder wiederzuerlangen. Kinder sind noch zu spontaner Freude fähig. Durch falsche Erziehung ist uns aber beigebracht worden, dass die Spontanität der Erwachsenen nicht würdig sei. Wenn Sie im Radio schöne Musik hören, haben Sie dann nicht manchmal das Bedürfnis, zu tanzen? Dann tun Sie es doch! Warum müssen die Erwachsenen, wenn sie auf dem Deich spazieren gehen, gemäßigten Schrittes dahinschreiten? Warum können sie z.B. nicht wie Kinder fangen spielen? Keine Handlung ist zu verurteilen, wenn durch sie das eigene Glücksgefühl vermehrt wird, ohne dass anderen dabei Schaden zugefügt wird.

Ein weiterer Vorschlag wäre, das bewusste Interesse an Dingen und Personen zu trainieren. Wenn Sie z.B. an einem Baumstumpf vorbeigehen, sagen Sie sich zuerst: *Oh! Wie interessant!*, denken dann aber nicht: *Was soll eigentlich so besonders daran sein?* Schauen Sie stattdessen genau hin und suchen Sie bewusst nach interessanten Einzelheiten am Baumstumpf. *Suchet und ihr werdet finden!* So möchte ich fast sagen. Warten Sie nicht ab, ob etwas Ihre Neugier erweckt, sondern schlagen Sie für ein geistiges Training den umgekehrten Weg ein! Und plötzlich werden Sie viele faszinierende Dinge entdecken. Wir sind nun einmal auf dieser Welt, und sie ist voll der aufregendsten Dinge. Sie nicht wahrzunehmen, heißt, ins Theater zu gehen und das eigentliche Schauspiel zu ignorieren.

Ein letzter Vorschlag: Wenn Sie für irgendetwas oder für jemanden Begeisterung oder Bewunderung empfinden, besteht gar kein Grund, sich beim Ausdruck dieser Empfindungen zurückzuhalten. Diese Gefühlsäußerungen müssen nicht unbedingt in Worte gekleidet sein. Durch eine solche Begeisterung, Bewunderung oder ein freundliches Interesse an Dingen und Menschen wird nicht nur das eigene, sondern das Gesamtglück der Menschheit vermehrt.

Bisher haben wir Unglücks- und Glücksursachen abgehandelt, die im individual-psychologischen Bereich liegen. Im folgenden Kapitel wird nun von Unglücksursachen im Gemeinschaftsbereich die Rede sein. Es geht dann um die Anwendung der Ethik, die aus der vorgestellten These entwickelt worden ist.

III. Individuum und Gemeinschaft

1. Ist soziale Ungleichheit ungerecht?

Ist soziale Ungleichheit ungerecht? Ich habe diese Frage bereits im ersten Abschnitt formuliert und auch ab und zu im kleinen Kreis vorgetragen. Ein großer Teil meiner Zuhörerinnen und Zuhörer war mit der These, Leitmotiv allen menschlichen Tuns ist der Wunsch, glücklich zu sein, einverstanden, zumindest mit dem Grundgedanken, auch wenn wir in einigen Detailfragen nicht immer einer Meinung waren. Aber dann fragten sie: *Die These ist gut, auch verständlich – aber was nun? Was soll das Ganze?*

Die praktische Relevanz war für sie nicht erkennbar. Das sehe ich durchaus ein. Auch wenn die hier vorgetragene These sehr einfach ausgedrückt und im Allgemeinen verständlich ist, glaube ich kaum, dass für die meisten Leser und Leserinnen die praktischen Konsequenzen sofort ersichtlich sind. Sie lassen sich höchstens erahnen.

1.1 Wer bestimmt die Wichtigkeit der Leistungen eines Individuums für die Gemeinschaft?

Die praktische Relevanz der These wird für den Einzelnen klarer, wenn er sich selbst anhand einiger Beispiele aus dem Leben mit ihr auseinandersetzt. Deswegen möchte ich am Anfang die Frage: *Ist soziale Ungleichheit ungerecht?* anhand einiger Beispiele diskutieren.

Ist es ungerecht, dass Gunter Sachs zwei Cadillacs, drei Motorjachten und einige Ferienpaläste zum Privatvergnügen besitzt, während Herr Müller, Straßenbauarbeiter, kein Auto hat und finanziell nicht in der Lage ist, seinen vier Kindern die Ausbildung zukommen zu lassen, die er ihnen gönnte?

Ist es ungerecht, dass der Nobelpreisträger und Molekularbiologe Prof. Dr. Schmidt ein eigenes Institut für seine Forschung hat, sich von einem Chauffeur zur Arbeit fahren lässt und zur Erholung als Hobbysegler mit seinem Segelschiff auf eine Nordseeinsel segelt, wo er einen komfortablen Bungalow mit Schwimmbad besitzt, während Herr Meyer, der technische Assistent aus demselben Institut, mit dem eigenen Auto zur Arbeit fährt, aber finanziell nicht in der Lage ist, für sein Hobby, die Fotografie, eine eigene Dunkelkammer in seiner kleinen Wohnung einzurichten?

Ist es ungerecht, dass Herr Nunazo, Manager einer Kosmetikfirma in Brasilien, in seinem komfortablen Haus von sechs Dienern bedient wird und zwei Monate im Jahr auf seinem Landgut mit privatem Reitstall in Irland verbringt, während Philippo, der als Gelegenheitsarbeiter in der Kosmetikfirma arbeitet, in den Slums unweit des prächtigen Managerhauses wohnt und oft hungrig zu Bett geht?

Ist es ungerecht, dass Herr Putin Brötchen von einem Dienstmädchen zum Frühstückstisch gebracht bekommt, während Frau Iwanowa für einen Laib Brot Schlange stehen muss?

Bei der Beantwortung der ersten Frage – so bin ich überzeugt – werden die meisten Menschen meinen: Warum müssen Superreiche eine unnötige Fülle überflüssiger, verschwenderischer, materieller Güter haben, wenn in der gleichen Gesellschaft ein Durchschnittsbürger nicht einmal seine Grundbedürfnisse befriedigen kann? Die Ungerechtigkeit ist also offensichtlich.

Im zweiten Beispiel ist die Ungleichheit weniger ausgeprägt. Während in vorigen Beispielen exorbitante Luxusgüter dazu dienen, das persönliche Ego eines im Luxus lebenden Menschen zu befriedigen, dient im nächsten der erworbene, materielle Überfluss dazu, die Arbeitskraft eines Wissenschaftlers, der ja der Gemeinschaft durch seine

Forschung sehr nützlich sein kann, optimal zu gewährleisten. Über das Ausmaß der Privilegien von Prof. Dr. Schmidt könnte man allerdings geteilter Meinung sein, wenn man bedenkt, dass Herr Meyer, der ja im gleichen Institut auch einen Beitrag für die Gemeinschaft leistet, viel *kürzertreten* muss.

Im dritten Beispiel ist das Szenarium in die Dritte Welt verlegt worden, wo die Ungerechtigkeit der Ungleichheit noch krasser ins Auge sticht.

Beim vierten Beispiel könnte man meinen, wenn Personen, die in Schlüsselpositionen sitzen, ihre Zeit für alltägliche, lästige Kleinigkeiten verwenden müssten, hätten sie weniger Zeit für wichtige Entscheidungen, die das Schicksal von Tausenden, ja Millionen von Menschen beeinflussen.

Es ist zwar ein schlimmer gesellschaftlicher Missstand, dass Frau Iwanowa für ihr Brot Schlange stehen muss. Aber die Gemeinschaft kann diese Tatsache eher verkraften, als wenn Herr Putin selbst anstehen und dabei kostbare Stunden verschwenden müsste, in denen er sonst wichtige Entscheidungen treffen könnte.

Daraus lassen sich folgende Schlussfolgerungen ziehen: Soziale Ungleichheit ist nicht immer ungerecht, und bei der Bewertung der Ungleichheit als Ungerechtigkeit (oder aber als situativ bedingte Notwendigkeit) muss die Nützlichkeit der jeweiligen Person für die Gemeinschaft in Betracht gezogen werden. So ist es nicht notwendig, dass für die Gemeinschaft wichtige Personen ihre Zeit mit Nebensächlichkeiten vertun – obwohl es gar nicht schlecht wäre, wenn Politiker wie Putin ab und zu mal für Brot Schlange stehen würden.

Soweit sind wir uns vielleicht annähernd einig. Die Probleme liegen in einigen Detailfragen. Ein Streitpunkt wäre z.B., wie groß die Privilegien der Privilegierten sein dürfen. Wer bestimmt die Wichtigkeit der Leistungen eines Individuums für die Gemeinschaft? Oder, noch besser: Wie kann bemessen werden, wie hoch die Leistung eines Individuums für die Gemeinschaft einzuschätzen ist?

Um Antworten auf diese Fragen zu bekommen, müssen wir uns zuerst andere Fragen stellen. So z.B.: Wie ist der optimale Nutzen der betreffenden Personen, z.B. des Wissenschaftlers, für die Gesellschaft zu erreichen? Umgemünzt auf die Gemeinschaft heißt das dann: Wie kann die Gemeinschaft mit einem Minimum an notwendigen Investitionen mithilfe der betreffenden Personen ein Maximum an Nutzen für die Gemeinschaft erreichen?

Um den Begriff des *Optimalen Nutzens* genauer zu beleuchten, nehmen wir zunächst ein einfaches Beispiel: Da gibt es eine noch unbekannte Seifenfirma. Um den Absatz ihrer Produkte zu erhöhen, möchte diese für die Werbung mehr Geld ausgeben. Die PR-Fachleute sagen, wenn sie eine Million Euro für die Werbung in Zeitungen und Fernsehen einkalkuliere, steigere sie ihren Umsatz um 500 %. Würde man weitere 250.000 Euro für Werbung im Kino investieren, steige der Umsatz um weitere 10 %. Diese Firma würde dann auf die Investitionen in Kinowerbung verzichten. Denn für sie ist der optimale Nutzen der Investitionen in der Werbung bei einer Million schon erreicht; anders wäre es, wenn die zehnprozentige Umsatzsteigerung eine weitere halbe Million Euro Profit darstellen würde. In diesem Fall wird sich die Grenze der Investitionen in die Werbung weiter nach oben verschieben. Aber das Prinzip des optimalen Nutzens der Investition bleibt.

In der industriellen Produktion erstreckt sich eine Investition auf die notwendigen Materialien, aber ebenso auf das Personal, einschließlich der Wissenschaftler und Techniker. Dieser Industriezweig wird zwangsläufig versuchen, eine maximale Leistung aus diesem Personenkreis herauszuholen. Sie werden vielleicht Wohnungen in der Nähe der Fabrik bekommen, eventuell auch einen Dienstwagen.

Nach diesem Prinzip des optimalen Nutzens arbeiten die Industriebetriebe in industrialisierten Ländern. Sie lassen von Sozialwissenschaftlern Studien erstellen, wie man die Arbeitsproduktivität erhöhen kann. Nur darf man hier nicht vergessen, dass diese Industriebetriebe nicht in erster Linie auf das Gemeinwohl ausgerichtet sind, sondern auf eigene Profite. Deswegen werden sehr viele Aspekte der sogenannten freien Marktwirtschaft zu komplizierenden Faktoren, wenn private Profite im Vordergrund stehen.

Wenn aber das Gemeinwohl das Primärziel ist, sieht die Sache anders aus. Dann fragt man, wie hoch die Investitionen in die betreffende Person oder in Personengruppen sein müssten, damit der maximal mögliche Nutzen für die Gesellschaft dabei herausspringt. Wie groß müssten die Privilegien dieser oder jener Personengruppe – wie z.B. gut ausgebildeter Techniker und Wissenschaftler – sein, damit sie maximale Leistungen erbringen können? Die Entscheidung hierüber kann man nicht nach Gutdünken fällen. Es müssen gewisse Daten und Untersuchungen vorliegen. Ebenso müssten systematische Untersuchungen bei einer größeren Gruppe solcher Personen – in unserem Fall die erwähnten Wissenschaftler und Techniker – durchgeführt werden, wobei unter anderem folgende Faktoren in Betracht gezogen werden sollten: Ermüdungserscheinungen bei einer bestimmten Art von Arbeit, zusätzliche Belastung durch Hausarbeit, Erholungsmöglichkeiten im eigenen Haushalt, in der Umgebung und im Urlaub, usw. Erst aufgrund dieser Untersuchungen kann man sich dann ein Urteil über die optimale Arbeitsfähigkeit der betreffenden Personengruppe erlauben. Und wer befasst sich mit solchen systematischen Untersuchungen? Der Gesellschaftswissenschaftler oder der Soziologe!

1.2 Die Rolle der Soziologie und der Sozialwissenschaften im Hinblick auf das Glück

Damit kommen wir zu einem wichtigen Exkurs: Die Rolle der Soziologie und der Sozialwissenschaften im Hinblick auf das Glück.

Die Rolle der Sozialwissenschaften: Es herrscht Unklarheit über die Sozialwissenschaften und es besteht Skepsis gegenüber einer möglichen wichtigen Rolle der Soziologie in der Gesellschaft. Dies ist verständlich, wenn man bedenkt, dass die Sozialwissenschaften noch in den Kinderschuhen stecken. Ihre Bedeutung in der Bundesrepublik ist im Vergleich zu der in anderen westlichen Ländern sehr gering.

Was sind *Sozialwissenschaften* überhaupt? Was könnten ihre Aufgaben sein? Ihre Hauptaufgabe ist es, die komplizierten Zusammenhänge des menschlichen Zusammenlebens in einer Gemeinschaft wissenschaftlich zu erforschen.

Zwangsläufig ist es auch ihre Aufgabe, mögliche Einflüsse einer weiteren Industrialisierung auf das menschliche Zusammenleben zu untersuchen. So fallen unter anderem Volkswirtschaft, Soziologie, Psychologie, Politologie, Futurologie, Friedensforschung, ja auch die Jurisprudenz, in den Arbeitsbereich der Sozialwissenschaftler.

Wir wollen uns aber zum jetzigen Zeitpunkt nicht in diesen Detailfragen verlieren. In erster Linie geht es uns darum, zu diskutieren, inwieweit Sozialwissenschaften bei Fragen des menschlichen Zusammenlebens eine Rolle spielen und zu einer Maximierung des Glücks führen können.

Ein Hauptproblem der Sozialwissenschaften ist es, überhaupt als ernsthafte Wissenschaft anerkannt zu werden. Wenn man an Wissenschaft denkt, meint man meist die Naturwissenschaften. Bedenkt man, welche unwahrscheinlichen Fortschritte die Naturwissenschaften in den letzten 100 Jahren gemacht haben, dann neigen wir dazu zu vergessen, dass für diese Errungenschaften nicht nur die Themen der Physik oder Chemie maßgebend waren, sondern auch die Anwendung der wissenschaftlichen Denkmethoden. Warum sollten die wissenschaftlichen Methoden nicht ebenso in den Gesellschaftswissenschaften anwendbar sein? Dass eine wissenschaftliche Methode in den Gesellschaftswissenschaften ziemlich präzise anwendbar ist, haben selbst die Skeptiker unter den Wählern in der Bundesrepublik bei den letzten Wahlen einsehen müssen. Ich spreche hier von der Meinungsforschung.

Die Umfrageergebnisse und Wahlprognosen der Meinungsforschungsinstitute stimmten praktisch mit den endgültigen Ergebnissen überein. Wer hätte schon vor 20 Jahren gedacht, dass die Methodik der Meinungsforschung so weit optimiert werden könnte? Dabei ist die Meinungsforschung ja nur ein Zweig der Sozialwissenschaften, der mit wissenschaftlichen Methoden arbeitet.

Obwohl die Sozialwissenschaften noch in den Anfängen stecken, werden sie bereits mit Erfolg von privaten Interessengruppen eingesetzt. Man braucht nur an die Anwendung der Meinungsforschungsergebnisse und der Psychologie in der Verkaufsstrategie der Konsumgüterindustrie zu denken! – Dies allerdings nicht oft zum Wohl der Gemeinschaft, sondern einzig zur Steigerung des Profits.

Die Perspektiven der Forschung und Anwendung der Sozialwissenschaften auf globaler Ebene, anstatt in Händen einiger kleinkarierter, privater Interessengruppen, sind atemberaubend. Deshalb sollten sie als Studienfach und im Bereich der Forschung aus ihrem bisherigen Schattendasein heraustreten.

Die auf unmittelbaren Profit bedachte Industriegesellschaft hat noch nicht viel für scheinbar unproduktive Investitionen in die Sozialwissenschaften auf globaler Ebene übrig. Vorläufig geht es weiter nach dem Motto *Schaffe, spare, Häusle baue – und lass es ruhig im nächsten Krieg kaputtgehen.*

Die Grenzen des Wachstums werden aber langsam sichtbar, und die Wichtigkeit eines gesunden Wachstums im Gegensatz zu schnellem, künstlich aufgeblähtem Wachstum, werden zum Glück – nicht nur von diversen Randgruppen, sondern auch von einzelnen Entscheidungsträgern – zunehmend erkannt. Aber weichen wir nicht zu weit vom Hauptthema, der vorgestellten These, ab.

1.3 Schlussfolgerungen hinsichtlich der Rolle und Aufgaben der Sozialwissenschaftler

Welche Schlussfolgerungen lassen sich hinsichtlich der Rolle der Sozialwissenschaftler bei der Anwendung der These *Das Leitmotiv allen menschlichen Tuns ist der Wunsch, glücklich zu sein!* ziehen?

Wir hatten im zweiten Punkt gesagt, dass man im Interesse der Gemeinschaft handeln soll. Wie entscheidet man, und wer entscheidet, was für die Gesellschaft gut ist? Dazu benötigt man ein wissenschaftliches Substrat an Daten über die Gesellschaft. Und wer kann die wissenschaftlichen Daten über die Gesellschaft am besten liefern? Doch wohl die Gesellschaftswissenschaftler.

Falls bei der ersten kurzen Ausführung der Eindruck entstanden sein sollte, dass uns die Sozialwissenschaftler sagen sollen, was wir zu tun haben, und wir dann als entmündigte Bürger dastehen und zu folgen haben, so ist dies ein voreiliger Schluss. Die Rolle der Sozialwissenschaftler gleicht der eines Schmiedes, der eine Sense anfertigt. Die Sense selbst wird von einem Bauern geführt. Wer in unserem Fall der Bauer sein wird, vermag ich in diesem Rahmen nicht ausführlich zu diskutieren.

Vielleicht sind es die Politiker, deren Handlungen auf den von den Soziologen gelieferten Daten basieren. Vielleicht gibt es auch eine Zunft von Partei-Ideologen, die ihre politischen Programme und Entscheidungen auf den Daten der Soziologen aufbauen. Die Politiker sind dann nur das ausführende Organ. Es gibt ja schon einen *Rat der Fünf Weisen,* der seine Mitglieder aus den gesellschaftlich engagierten Philosophen und Ethikern rekrutiert.

Obwohl das Thema, die Rolle der Sozialwissenschaftler in der Gesellschaft, nicht direkt etwas mit meiner hier vorgestellten Grundthese zu tun hat, ist sie für die Klärung einiger Fragen, die bei der weiteren Beschäftigung mit der These entstehen, von großer Wichtigkeit.

Deshalb möchte ich sie noch etwas ausführlicher behandeln, damit eventuelle Unklarheiten nicht in der Luft hängen bleiben.

1.4 Wer bestimmt, was für die Gesellschaft gut ist?

Wir hatten festgestellt, dass man so handeln sollte, dass es für die Gesellschaft gut ist. Daraus entstand die Frage: Wer bestimmt, was für die Gesellschaft gut ist? Sicherlich ist dies eine Detailfrage und rührt den Grundsatz, dass man im Interesse der Gemeinschaft handeln sollte, nicht an; sie ist aber doch von enormer praktischer Wichtigkeit. Ich glaube, wir könnten diesen Punkt leichter klären, wenn wir anstelle der Frage: *Wer entscheidet, was für die Gesellschaft nützlich ist? eine andere Frage stellen: Wie kann übereinstimmend ermittelt werden, was für die Gesellschaft zuträglich und förderlich ist?*

Anders ausgedrückt: *Wie kann also entschieden werden, was für die Gesellschaft, für uns alle, gut ist?* Dabei hilft uns folgende Analogie. Stellen Sie sich bitte die Gesellschaft als einen Organismus vor, wie es auch der menschliche Körper ist. So wie im menschlichen Organismus eine Steuerzentrale und ausführende Organe vorhanden sind, gibt es diese auch in der Gesellschaft. Sicherlich, wenn man die Analogie auf die Spitze treibt, verschwinden viele Ähnlichkeiten. Das sollte man vermeiden, denn eine Analogie dient nicht als Beweisführung, sondern lediglich zur Veranschaulichung. Nicht, dass dieser Vergleich neu ist. Auch Herbert Spencer, Emile Dürkheim und Max Weber haben ihn zu Hilfe genommen. Für ein Fachstudium der Soziologie ist dieser Vergleich sicher nicht mehr ausreichend, aber wir wollen hier ja kein Fachstudium betreiben.

Wenn in solch einem Organismus, sei es die Gesellschaft oder der Mensch, ein Organ oder mehrere Organe nicht richtig funktionieren, wird der Gesamtorganismus krank. Für kleine Unstimmigkeiten im eigenen Körper wird der Mensch aus der eigenen Erfahrung oder aus den Erfahrungen einer gut meinenden Großmutter oft die richtigen Schlüsse für eine Heilung ziehen können. Aber für größere Fehlfunktionen des Körpers muss dann doch ein Fachmann – im Fall des menschlichen Körpers also ein Arzt – zu Rate gezogen werden.

Der Arzt fällt sein Urteil aber nicht nach Gutdünken. Er muss über den Organismus, den menschlichen Körper, genauestens Bescheid wissen. Dazu gehört das Wissen über die anatomische Beschaffenheit einzelner Organe, über Physiologie, über die Interaktionen zwischen einzelnen Organen, usw. Er muss aber ebenso mit der pathologischen Anatomie und pathologischen Physiologie vertraut sein. Er muss wissen, wie der Organismus auf krankmachende Gifte reagiert. Aufgrund der ihm dargebotenen Symptome kann er dann herausfinden, welche Fehlfunktion bei dem betroffenen menschlichen Organismus vorliegt und was getan werden muss, um diese Fehlfunktion zu beheben. Seine Aufgabe ist aber nicht nur, erst beim Auftreten einer Krankheit in Aktion zu treten, sondern auch, sie zu verhindern. Denn die beste Behandlung ist die Prophylaxe. Aufgrund der Fachstudien des menschlichen Organismus wird der Arzt sagen können, wie gewisse Fehlfunktionen des Körpers zu vermeiden sind.

Ähnlich verhält es sich mit dem Organismus Gesellschaft. Um die Fehlfunktionen hier deuten zu können, muss man sich fachlich mit ihnen befassen. Wie sind die einzelnen Organe der Gesellschaft beschaffen? Wie sehen die Interaktionen zwischen den einzelnen Organen aus? Wo können Fehlfunktionen auftreten? Wie kann man sie beseitigen? Wie kann man sie verhindern? Und diese Feldforschung leisten das Studium und die Forschung der Gesellschaftswissenschaften.

1.5 Weshalb finden die Sozial- und Gesellschaftswissenschaften allgemein wenig Anerkennung?

Trotz dieser Einsicht fragt man sich doch, warum die Gesellschaftswissenschaften noch keine allgemeine Anerkennung gefunden haben. Es können viele Ursachen dafür genannt werden. Eine davon ist die Weigerung der traditionellen Fachdisziplinen anzuerkennen, dass die Sozialwissenschaften überhaupt eine Wissenschaft sind. Zum Teil rührt das daher, dass die Pioniere der Sozialwissenschaften nicht in der Lage waren, zu beweisen, dass sie systematische Methoden zum wissenschaftlichen Studium der Gesellschaft entwickelt hatten, um eine solche Menge an Wissen über den Menschen und die Gesellschaft strukturiert und fundiert in Beziehung setzen zu können und Regelkreise abzuleiten.

Eine weitere Barriere in unserer Psyche, die uns daran hindert, die Sozialwissenschaften als Wissenschaften zu akzeptieren, liegt in der automatischen Verknüpfung des Wortes *Wissenschaft* mit den Naturwissenschaften, insbesondere, wenn man an die materiellen Bequemlichkeiten und die Fortschritte denkt, die uns die Naturwissenschaften geschenkt haben. Ist die wissenschaftliche Methodik denn auf das Studium der Gesellschaft nicht anwendbar? In der Analyse der Gesellschaft wird sie sogar seit ein paar Jahrhunderten angewandt.

Sir William Petty zeigte bereits im 17. Jahrhundert, welche Wege es gibt, eine exakte Volkszählung durchzufuhren. John Graunt stellte eine wissenschaftliche Methode zur Bestimmung der Todesrate vor. Darauf basiert die moderne Demographie, die nichts anderes ist als die Wissenschaft der Volkszählung und weiterer Faktoren, die die Größe und Struktur der betreffenden Volksgruppe bestimmen. T. R. Malthus hat im Jahre 1798 bei seinen Prognosen zur Bevölkerungsexplosion einen ersten, frühen Schritt in diese Richtung getan. Das Inkorporieren der statistischen Methodik hat die Aussagen der Sozialwissenschaften weiter optimiert. Das ihnen eigene Instrument, welches die Sozialwissenschaften bei ihren Forschungen einsetzen, ist das Interview. Das Interview im wissenschaftlichen Sinne ist nicht bloßes Gespräch zwischen zwei Leuten. Es ist eine ausgeklügelte, raffinierte, systematische Methode, die komplizierte ausgereifte Techniken anwendet, um eine objektivierbare Aussage zu erhalten. Durch Entwicklung optimaler Methoden, die es möglich machen, die subjektive, emotionale Beteiligung des untersuchenden Wissenschaftlers weitgehend auszuschalten, erhält die Interview-Methode Glaubwürdigkeit und Beweiskraft.

Die Entwicklung einer wissenschaftlichen Methodik ist ein wesentlicher Bestandteil im Instrumentarium eines Wissenschaftlers. Ohne optimales Instrumentarium kann ein Wissenschaftler nicht zu optimalen Ergebnissen kommen; ohne ein scharfes Messer taugt eben auch der beste Chirurg nichts! Da ich mich hauptberuflich mit Medizin befasse, kann ich genügend Beispiele aus diesem Fach anführen. So war es zu der Zeit, als es noch kein Mikroskop gab, nicht möglich, die Tuberkelbakterien zu entdecken und als Ursache der Schwindsucht in Betracht zu ziehen.

Man kann aus dem oben Gesagten folgende Schlussfolgerungen ziehen: Wenn in einem Wissenschaftsgebiet optimale Ergebnisse nicht zu erreichen sind, sollte man dem Fach nicht die ihm eigenen Fähigkeiten aberkennen, sondern versuchen, das Fach soweit zu optimieren, zu unterstützen und weiterzuentwickeln, bis bessere Ergebnisse erreicht werden können.

1.6 Die Soziologie, Stiefkind der Wissenschaft

Es ist an der Zeit, dass man dem Stiefkind der Wissenschaft, der Soziologie, mehr Aufmerksamkeit zukommen lässt. Diese Forderung gewinnt besonders jetzt mehr an Aktualität, da die Stimmen über die Grenzen des materiellen Wachstums immer lauter werden.

Dass angesichts der *wissenschaftlich-technischen Revolution* im letzten Drittel des 20. Jahrhunderts die wirtschaftlichen, gesellschaftlichen und politischen Institutionen besonders eklatant hinter den Erfordernissen der Stunde zurückbleiben, wird immer mehr zum *Grundproblem* unserer Epoche. (Die technologische Revolution des Computer-Zeitalters, die im Augenblick stattfindet, potenziert diese Beschleunigung).

Das 19. Jahrhundert, von dem wir diese wissenschaftlichen und technischen Institutionen übernommen haben, liefert ein verzweifeltes Rückzugsgefecht. Politisch haben wir noch kaum das Jahr 1933 bewältigt, technologisch scheint uns schon das Jahr 2016 überrollen zu wollen; Wissenschaft und Technik zeigen uns am Beginn des 21. Jahrhunderts, wie es weitergehen könnte. Heute erscheint so gut wie nichts mehr ausgeschlossen – wird doch nun sogar die bisher als feste Konstante verstandene biologische Existenzbegrenzung des Einzelnen fraglich.

Die Verlängerung seiner Lebensdauer rückt näher, das immer weitere Hinausschieben des Todeszeitpunktes des Individuums ist nur noch eine Frage der Zeit. Das äußerste Paradoxon heißt nun: Der Mensch antizipiert den Sieg des Lebens über den Tod just in dem Moment, da er droht, mittels globaler und letaler Kriege der Menschheit als Gattung ein Ende zu bereiten. Die Alternative wird nun immer deutlicher: Totale Vernichtung oder nie geahnte Selbstverwirklichung – Unmenschlichkeit oder Unsterblichkeit?

Darüber hinaus eröffnet der Durchbruch durch die Mauern von Raum und Zeit nicht nur ungeheure neue Möglichkeiten, sondern stellt uns auch vor ganz neue Probleme: Wer wird z.B. zu jenen zählen, denen es vergönnt sein wird, zum neuen Homo humanus zu werden? Soll sich nur eine Minderheit räumlich und zeitlich immer mehr ausleben,

während die Mehrheit in den alten Grenzen von Raum und Zeit einge-
schlossen bleibt – so wie Huxley es in seinem Roman Schöne neue
Welt entworfen hat? Entsteht dann nicht ein neues Zeitalter radikalster
Ungleichheit? Kein Wunder, dass besonders bei der Jugend die Hoffnung, das dritte Jahrtausend könnte nun wirklich zum wahren Milleni-
um werden, mit der Furcht vor der Finsternis der Zukunft alterniert.

1.7   Zukunftsalternativen für die Menschheit

Welche Zukunftsalternativen gibt es für die Menschheit? Das erste und
vielleicht nicht einmal unwahrscheinlichste Modell wäre in der Tat das
Ende der Menschheit, oder zumindest der Untergang der modernen Zivilisation als Folge verheerender Kriege. Das zweite Modell liefe dagegen auf eine relative Stabilisierung bürokratisch-technokratischer
Regime der Rüstung und Raumfahrt hinaus, die mit dem Begriff Neo-
Cäsarismus umschrieben werden könnte. Die dritte Variante wäre eine
solidarische, nach maximalem Gesamtglück der Gemeinschaft ausge-
richtete Weltföderation mit einer Planung der Zukunft der Menschheit
im Dienste von Frieden, Wohlfahrt und Kreativität. (Lesen Sie hierzu
den spannenden Zukunftsroman von B. F. Skinner: Futurum II).

Eine sinnvolle Zukunftsplanung für eine Gemeinschaft ist aber nicht
möglich ohne genaue Kenntnisse der gesellschaftlichen Vorgänge. Um
der Wahrheit möglichst nahe zu kommen, müssen diese Faktoren
systematisch und wissenschaftlich studiert werden, was der Aufgabe
der Sozialwissenschaftler entspricht.

Dazu folgt nun ein Beispiel: Wenn man die gesellschaftliche Fehlfunktion des Krieges verhindern will, muss man systematisch die Ursachen der Kriege untersuchen, und zwar nicht nur im historischen
Sinne, sondern auch im sozialpsychologischen. Liegen die Erkenntnisse dann vor, ist der Handlungsweg nahezu vorprogrammiert. Eine rich-

tige Diagnose ist bereits die halbe Therapie. Wenn man ein despotisch-diktatorisches Regime verhindern möchte, muss man die gesellschaftlichen Konstellationen untersuchen, aus denen eine solche Regierungsform hervorgehen kann.

Aber eine Zukunftsplanung mit dem Ziel, das maximal mögliche Gesamtglück für die Menschheit zu erhöhen, muss nicht nur die Unglücksursachen erforschen, sondern auch Glücksursachen aus anderen Erkenntnissen extrapolieren und postulieren. Die bereits erwähnten Möglichkeiten der Freizeitgestaltung, die in Zukunft wesentlich umfangreicher sein werden, sollten nicht nur im Sinne der Freizeitindustrie, sondern erst recht unter dem gesundheitspsychologischen Aspekt der Psychohygiene vermehrt genutzt werden.

2. Wer darf bestimmen, was für die Gemeinschaft gut ist?

Nach diesem Ausflug in die Soziologie und in deren Teilbereich, die Futurologie, kehren wir zu der Frage zurück, die wir uns anfangs gestellt haben: Wer darf oder kann bestimmen, was für die Gemeinschaft gut ist? Diese Frage beinhaltet zwei Fragenkomplexe:

- Wie kann festgelegt werden, was für die Gemeinschaft gut ist?
- Wer trifft die Entscheidungen, was zu tun ist?

2.1 Wer trifft Entscheidungen, was zu tun ist?

Einführend hatte ich die Analogie des Arzt-Patient-Verhältnisses zur Veranschaulichung der Beziehung zwischen dem Soziologen und der erkrankten Gesellschaft herangezogen.

Wenn der Arzt aufgrund seiner systematischen Studien der Anatomie, Physiologie und pathologischen Anatomie sowie seiner beruflichen Erfahrung zu einer Diagnose kommt, wird er dem Patienten erklären, was ihm fehlt und welche Therapie er vorschlägt. Er erklärt ihm, welche Behandlung nötig ist, damit er wieder gesund wird, und der Patient willigt ein oder auch nicht. Und das ist der springende Punkt. Die Entscheidung liegt in der Hand des Patienten. Er selbst sagt *Ja* oder *Nein*.

Der Arzt kann nur empfehlen. Da die meisten Patienten der vorgeschlagenen Behandlung zustimmen, weil sie denken, der Fachmann muss aufgrund seiner Kenntnisse ja wissen, was richtig oder falsch ist, ist der feine Unterschied nicht immer klar zu erkennen – dass nämlich letzten Endes der Patient zu entscheiden hat, was gemacht wird.

Es gibt jedoch feine Nuancen bei solchen Entscheidungen, auf die man in diesem Zusammenhang achten sollte. Ich habe beispielsweise einen Patienten, der einen eingeklemmten Harnleiterstein hat. Ich sage ihm, der Stein müsse entfernt werden und das lieber heute als morgen; denn je länger die durch den Stein verursachte Harnstauung dauert, desto größer ist der Schaden für seine Nieren. Der Patient erwidert jedoch: *In fünf Tagen ist meine Silberhochzeit und ich möchte sie unbedingt miterleben. Ich komme aber danach sofort zu Ihnen.*

Er hat demnach nicht *Nein* gesagt, aber er hat entschieden, dass der Eingriff später stattfinden soll. Dabei hat er die Freude an der Feier höher eingeschätzt als das drohende Risiko einer Nierenschädigung.

Es gibt noch mehrere solcher Abweichungen, die ihre Analogie in der Relation der Sozialwissenschaftler zur Gemeinschaft finden. Auf die Gesellschaft übertragen ist der Sinn des Beispiels folgender: Der Sozialwissenschaftler stellt, wie der Arzt auch, aufgrund seines Fachwissens die Diagnose beim kranken *Organismus* Staat fest und empfiehlt, was zu tun sei; und der Organismus wägt ab, stimmt der vorgeschlagenen Therapie zu oder lehnt sie ab. Nicht die Gesellschaftswissenschaften treffen also die Entscheidung, sondern die Gesellschaft selbst, teils in direkter Abstimmung bei Volksentscheiden, teils indirekt über ihre gewählten Vertreter.

2.2   Politische Entscheidungen

Dies gilt auch für andere Wissenschaftszweige. Es sind nicht die Atomwissenschaftler, die entscheiden, wie die Atomkraft eingesetzt werden soll – zum Nutzen oder zum Schaden der Menschheit – sondern die Politiker.

In unserer jetzigen Gesellschaftsform werden in erster Linie die Politiker entscheiden, was für die Gesellschaft getan werden muss. Es macht aber einen Unterschied, ob die Politik ihre Entscheidungen nach den Erkenntnissen ausrichtet, die die Gesellschaftswissenschaftler liefern, oder ob machthungrige Politiker aus Mangel an solchen Erkenntnissen ihre Entscheidungen auf der Basis niederer Instinkte wie Eigennutz und Geltungssucht treffen.

Wie ist es aber für einen Durchschnittsbürger – der ja letzten Endes die Feedback-Kontrolle auf die Politiker ausüben soll – möglich zu entscheiden, ob die Beschlüsse der Politiker im Interesse der Gemeinschaft sind? Davon könnte er ausgehen, wenn er genau wüsste, ob die Entscheidungen der Politiker auf den Erkenntnissen von Fachleuten beruhen oder nicht.

Derzeit sind wir leider noch nicht so weit, dass die Politiker ihre Entscheidungen auf Erkenntnisse dieser Wissenschaften stützen.

Wie wäre aber später eine Feedback-Kontrolle durch den Wähler möglich, wenn die Politiker einmal soweit sind, dass sie in ihren Reden bekannt geben, dass ihre Beschlüsse nicht länger auf eine spekulative Basis gegründet sind, sondern auf Erkenntnissen z.B. der

Sozialwissenschaftler beruhen? Nun wird der Durchschnittsbürger wohl nicht stets in der Lage sein, sich in komplizierten Fragen ausführlich informieren zu können, ob das, was der Politiker behauptet, tatsächlich den neuesten soziologischen Forschungsergebnissen entspricht.

2.3   Vertrauensbildende Prüfmechanismen

Ich könnte mir folgenden Prüfmechanismus vorstellen. Sie kennen doch das unabhängige Institut *Stiftung Warentest*, das die Interessen der Verbraucher wahrnimmt und verbraucher-orientierte Warentests durchführt. Anfangs musste es heftig gegen die Industrie kämpfen und hatte etliche Prozesse durchzustehen. Da diese Stiftung meistens die Prozesse gewann, hat sich die Industrie inzwischen umgestellt. Jetzt verwendet sie die Test-Urteile für Werbezwecke.

Eine Kamerafirma sowie eine Staubsaugerfirma machen nur mit dem Satz *Test-Urteil sehr gut – mehr brauchen wir nicht zu sagen!* Werbung. Sie setzen das Vertrauen des Käufers in das Institut so hoch an, dass sie meinen, diese kurze Anspielung auf die *Stiftung Warentest* sei völlig ausreichend.

Nun, wenn ich einen Staubsauger kaufen will, kann ich entweder den ausführlichen Bericht der Stiftung lesen oder mich mit dem kurzen Hinweis auf die Stiftung in einer Anzeige zufriedengeben. Das hängt davon ab, wie weit das eigene Engagement und Interesse im Spiel ist.

Das Prinzip des Handelns hier ist: *Ich kann mir nicht erlauben, alle Staubsauger selbst zu untersuchen. Ich glaube aber den Ergebnissen der Stiftung Warentest. Also gehe ich in den Laden, wo diese Ware erhältlich ist.*

Etwas differenzierter ausgedrückt heißt das: Die Wahrscheinlichkeit, dass die Stiftung Warentest sich irrt, ist wesentlich geringer als die bei anderen *Informanten* aus der Werbung. Also halte ich mich an die von der unabhängigen Stiftung herausgegebenen Informationen.

Diese Denkweise könnte man auf die Politik übertragen, und zwar folgendermaßen: Die Wahrscheinlichkeit, dass die wissenschaftlich fundierten Erkenntnisse der Sozialwissenschaftler wahr sind, ist größer als die, dass die auf Spekulationen oder nicht durchschaubaren Motiven basierenden Aussagen zutreffen; also wähle ich den *politischen Laden*, in dem diese Ware vorhanden ist.

Und ähnlich wie bei dem Beispiel des Staubsaugers wird der Wähler sich dann mit dem kurzen Hinweis begnügen müssen, *Wir gründen unsere Handlungsweise auf Erkenntnisse der Sozialwissenschaften, deswegen handeln wir im Interesse der Gemeinschaft.*

Ein solchermaßen interessierter Wähler wird dann eher die Partei wählen, bei der solche Hinweise zu finden sind, als die Partei eines Demagogen. Emotionen aufzuwühlen und so auf Stimmenfang gehen? Nur Ratten fallen auf den Rattenfänger herein!

Dies ist natürlich nur ein Denkmodell und keine absolut zu Ende gedachte Patentlösung. Während Bereiche der Sozialwissenschaften, wie die Volkswirtschaft oder die Demographie, gut ausgereift sind, stecken andere noch in den Kinderschuhen, z.B. die Politologie, die wissenschaftliche Psychologie und die allgemeine Sozialethik. Im Gegensatz zu den USA, die etwas größere Anstrengungen unternehmen, weiß man hierzulande kaum über das positive Wirken der Sozialwissenschaften Bescheid.

2.4 Eigenverantwortlichkeit und Kompetenz jedes einzelnen Menschen?

Es erhebt sich folgende Frage: Wenn man bei gesellschaftlichen Problemen die Entscheidung den Sozialwissenschaftlern überlässt, wird der einfache Mensch der Pflicht entbunden, selbst über diese Probleme nachzudenken? Wird er dann nicht entmündigt?

Hierin sind mehrere Fragen enthalten, die einzeln abgehandelt werden müssen. Eines wollen wir festhalten: Unsere Gemeinschaft ist im Vergleich zu der Sippengemeinschaft des Steinzeitalters so kompliziert geworden, dass der Durchschnittsbürger gar nicht in der Lage ist, sämtliche Informationen über gesellschaftliche Vorgänge zu haben, auf Grund derer er sein Urteil fällen kann. Es ist wie beim Beispiel des menschlichen Körpers. Bei täglichen kleinen Wehwehchen wie Kopfschmerzen oder Magenverstimmung können wir uns mit eigenen Erfahrungen behelfen und sie entsprechend behandeln, aber bei komplizierten Krankheiten suchen wir den Fachmann auf.

Und das ist auch auf anderen Gebieten nicht anders. Einen neuen Stecker an einem elektrischen Kabel können wir noch selbst anbringen, aber wenn z.B. ein Hochhaus gebaut wird, holen wir den Fachmann her, um die elektrischen Leitungen zu legen. Ohne Fachleute geht es bei einem komplizierten Vorgang nicht. Und warum soll es auch anders sein in einer hochspezialisierten Gesellschaft? *Generalisten* sind rar geworden!

Vor dem *Ersten Weltkrieg* stand man den Sozialwissenschaften sehr skeptisch und misstrauisch gegenüber. Während des Krieges erfolgte jedoch eine erste kleine Anerkennung. Man stellte fest, dass die Anwendung psychologischer Prinzipien hilfreich sein könnte, um eine effektive Produktion der Rüstungsgüter zu gewährleisten.

So komisch und unglaublich das jetzt klingen mag, konnten doch die Industriepsychologen während des Ersten Weltkrieges nachweisen, dass bei einer Verminderung der Arbeitsstunden die Produktion in den Rüstungsfabriken stieg!

So betrug die wöchentliche Arbeitszeit anfangs 74, dann 63 und später 55 Stunden, mit dem Ergebnis, dass mit der zunehmenden Arbeitszeitverkürzung eine Steigerung in der Produktion zu verzeichnen war. Es gibt mehrere solcher Beispiele, die zeigen, dass manche Fehlurteile hinsichtlich der Sozialwissenschaften revidiert werden mussten.

Bei gesellschaftspolitischen Problemen wie Arbeitszeitverkürzung, Mutterschutz oder Lohnfortzahlung im Krankheitsfall ist ein einzelner Durchschnittsbürger gar nicht in der Lage, sich selbst alle relevanten Erkenntnisse zu erschließen. Somit ist er auf die Hilfe von Fachleuten angewiesen, in diesem speziellen Beispiel z.b. auch auf sozialpolitisch geschulte Gewerkschafter als Interessenvertreter.

Warum ist aber trotzdem eine gewisse Aversion gegenüber den Sozialwissenschaften festzustellen? In erster Linie besteht oft eine Abneigung gegenüber dem Spezialistentum an sich. Der häufige Gebrauch des Ausdrucks *Fachidioten* zeugt hiervon.

2.5   Spezialistentum

Eine pauschale Verurteilung des Spezialistentums ist meiner Ansicht nach nicht gerechtfertigt. Nehmen wir ein Beispiel aus der Medizin. Früher, als das medizinische Wissen begrenzter war, behandelte ein Arzt alle Krankheiten. Heute gibt es Spezialisten für einzelne Organe! Ist das etwa schlecht? Die Zyniker sagen dann, es gibt einen Fachmann für das linke Ohrläppchen und einen für das rechte! Damit wollen sie zum Ausdruck bringen, dass zu viel Spezialisierung nicht gut ist. Die Betonung liegt auf *zu viel*. Aber ist die Spezialisierung, so wie sie heute zu finden ist, wirklich zu viel? Wenn wir den Lauf der Geschichte betrachten, ist die Spezialisierung eher zu gering, was bedeutet, dass sie sicher noch weiter fortschreiten wird.

Hätte man einem Arzt vor eintausend Jahren erzählt, dass es eines Tages einen Arzt für das Auge, einen für die Haut und einen für die Knochen geben werde, hätte er nur den Kopf geschüttelt. Dieser konservative Trend ist so stark, dass die Chirurgen, die ja selbst – im Gegensatz zu einem Alleskönner-Arzt von damals – Fachleute sind, sich erheblich dagegen wehrten, dass die Gynäkologie, Urologie etc. selbstständige Fächer wurden.

Das medizinische Wissen ist so schnell gewachsen, dass ein Einzelner gar nicht mehr alles beherrschen kann. Und das Wissen vermehrt sich dazu noch explosionsartig. Infolgedessen geht es gar nicht ohne Spezialisten. Im Gegenteil: Das Spezialistentum wird noch zunehmen und muss es auch – trotz der allgegenwärtigen Kassandra-Rufe.

Die Gefahr liegt nicht so sehr im Spezialistentum an sich, sondern im ausschließlichen Spezialistentum. Neben den Fachärzten muss man auch Allgemeinärzte haben, um eine optimale Gesundheitsversorgung der Gemeinschaft zu gewährleisten. Des Weiteren muss sich jeder Fachmann die Fähigkeit bewahren, so weit über seinen Tellerrand hinausschauen zu können, dass er nicht in anderen Bereichen den Anschluss verliert.

Erstaunlich und bemerkenswert ist hierbei die Tatsache, dass auch die Leute, die gegen das Spezialistentum wettern, selbst einen Zahnarzt aufsuchen, wenn sie Zahnschmerzen haben, und nicht etwa einen Allgemeinmediziner. Auch in anderen Bereichen nehmen sie die Dienste von Spezialisten in Anspruch, vom Optiker bis zum Steuerberater, von der Farbberaterin bis zum Gartenbauarchitekten. Es ist heutzutage so selbstverständlich geworden, sich an Spezialisten zu wenden, dass diese Tatsache gar nicht mehr im Bewusstsein registriert wird.

Es gibt eine weitere, subtilere Ursache der Aversion gegen das Spezialistentum, die nicht so leicht bewusst wird. Diese ist durch unsere Erziehung bedingt; und die Erziehung ist in Europa zwangsläufig von der Theologie beeinflusst. Es ist der ewige Vorwurf der Theologie, dass die Wissenschaftler sich nur mit ganz kleinen Teilgebieten beschäftigen und schon deswegen der universellen Wahrheit nicht näherkommen können. Die Theologen dagegen befassen sich mit dem Gesamtkomplex der geistigen Welt und erheben damit den Anspruch, dass sie der Wahrheit näher seien. Angesichts der Menge an Wissen, die sich heutzutage angesammelt hat, ist es für mich eine willfährige und *hochmütige Behauptung*, wenn ein einzelner Mensch lediglich aufgrund seines Glaubens über alles Bescheid wissen will. Aber darum geht es uns an dieser Stelle nicht. Hier will ich nur die subtilen Ursachen des Vorurteils gegen das Spezialistentum beleuchten.

Der dritte und sehr wichtige Punkt ist die Angst, in gesellschaftlichen Entscheidungen bevormundet zu werden. Ist die Sorge, durch Sozialwissenschaftler in gesellschaftspolitischen Entscheidungen bevormundet zu werden, gerechtfertigt?

Wir nehmen schon geraume Zeit die Dienste der Sozialwissenschaften in Anspruch, wenn es uns auch nicht so bewusst geworden ist. Einige Zweige der Sozialwissenschaften, wie z.B. Volkswirtschaft oder Rechtswissenschaft, haben sich so weit entwickelt und verselbständigt, dass wir sie kaum als Teilbereiche der Sozialwissenschaften wahrnehmen. Und wir fühlen uns dadurch auch nicht entmündigt.

Jetzt müssen wir die ganze Sachlage etwas differenzierter betrachten. Zuerst sollten wir uns noch einmal in Erinnerung rufen, dass die Aufgabe der Soziologen in erster Linie darin besteht, Erkenntnisse über die Gesellschaft zu liefern, und nicht, Entscheidungen über die Behandlung der gesellschaftlichen Probleme zu fällen.

Ähnlich ist es auch bei anderen Wissenschaftlern, beispielsweise den Physikern. Sie gelangen aufgrund ihrer Forschungen zu Erkenntnissen, wie der Entdeckung der Atomspaltung. Aber wie die dabei entstehende Atomenergie eingesetzt werden soll, ob in Form von Atombomben oder zur Stromerzeugung – das können sie nicht entscheiden. Das ist allein Sache der Politiker.

Die Wissenschaftler haben keine politische Macht und somit auch keinen Einfluss auf diese Entscheidung. Wenn wir also entmündigt werden, dann einzig durch die Politiker und nicht durch die Wissenschaftler.

2.6 Entmündigung durch Politiker?

Durch die Erkenntnisse, die die Sozialwissenschaften uns liefern, wird die bestehende Entmündigung durch die Politiker besonders transparent. Bei offengelegten Forschungsergebnissen über gesellschaftliche Situationen werden politische Entscheidungen besser nachvollziehbar und eine sogenannte Feedback-Kontrolle für die Politiker am ehesten möglich gemacht. Bei fehlenden Informationen wird der normale Bürger sich eher durch einen Demagogen – der ja auf seine Emotionen abzielt – beeinflussen lassen.

Wir verwenden schon längst die Erkenntnisse der Sozialwissenschaften in unserer Gesellschaft. Ich plädiere hier nur für die verstärkte Anwendung derselben und für eine Erweiterung des Spektrums der Gebiete, in denen sie eingesetzt werden.

3. Wechselbeziehung zwischen Individuum und Gemeinschaft

In jeder These zur Ethik ist dieser Punkt von großer Wichtigkeit, denn die Ethik behandelt in erster Linie die Wechselbeziehungen zwischen dem Individuum und der Gemeinschaft.

Es ist hier, glaube ich, eine kurze Wiederholung der These angebracht, damit wir den Überblick nicht verlieren. Als ersten Punkt haben wir gesagt: *Das Leitmotiv allen menschlichen Tuns ist der Wunsch, glücklich zu sein.* Das ist ein auf das Individuum selbst bezogenes, egoistisches Motiv. Damit ist bereits ein Ansatzpunkt für Konflikte zwischen dem Individuum und der Gemeinschaft gegeben. Es stellen sich folgende drei Hauptfragen, die einer Antwort bedürfen:

- Wie ist das Glücksstreben des Einzelnen mit den gemeinschaftlichen Interessen vereinbar?
- Inwieweit ist die individuelle Freiheit für die Gemeinschaft schädlich?
- Wie weit muss der Einzelne sein Glücksstreben im Interesse der Gemeinschaft zurückstellen?

3.1 Wie ist das Glücksstreben des Einzelnen mit gemeinschaftlichen Interessen vereinbar?

Zunächst zu dieser Frage: Inwieweit ist das Glücksstreben des Einzelnen mit dem Handeln im Interesse der Gemeinschaft vereinbar?

Der eine sieht sein Glück darin, dass er anderen Menschen hilft. Der andere ist glücklich, wenn er nach Feierabend im Garten arbeiten kann. Ein General ist glücklich, wenn er eine Schlacht gewinnt, auch wenn dabei 1.000 oder 10.000 Menschen umkommen. Wieder ein anderer ist glücklich, wenn er ins All geschossen wird. Ein Masochist fühlt sich glücklich, wenn ihm Schmerzen zugefügt werden, ein Sadist, wenn er einem anderen Schmerzen bereitet. Ein Märtyrer ist glücklich, wenn er für andere am Kreuz oder am Galgen stirbt, und die Anhänger des Ku-Klux-Klans empfinden Genugtuung, wenn sie Menschen anderer Hautfarbe kreuzigen können. Manche glauben, sie könnten das Glück erreichen, indem sie Milliarden von Dollar anhäufen, wieder andere, indem sie hohe Berge besteigen. Der Nächste freut sich, wenn er seine Kinder aufwachsen sieht, wie er es sich vorgestellt hat und ein anderer, wenn er am Tag fünfmal betet. So kann die Liste, worin der Einzelne sein Glück sieht, praktisch unendlich fortgesetzt werden.

Es gibt im Prinzip drei Hauptgruppen des Glücksstrebens:

- Glücksstreben, das gegen das Interesse der Gemeinschaft ist
- Glücksstreben, das praktisch irrelevant für das Interesse der Gemeinschaft ist
- Glücksstreben, das *auch* dem Interesse der Gemeinschaft dienlich ist

Damit ist die Antwort auf die Frage nach der Vereinbarkeit von individuellem und gemeinschaftlichem Glücksstreben praktisch schon gegeben. Die Art von Glücksstreben, die sich gegen das Interesse der Gemeinschaft richtet, ist ethisch nicht vertretbar. Die Gemeinschaft sollte im Interesse der restlichen Individuen dagegen ankämpfen. Das Glücksstreben des Einzelnen, das im Interesse der Gemeinschaft ist, muss gefördert werden. Gegen das Glücksstreben des Einzelnen, das gesellschaftspolitisch wertneutral ist, ist nichts einzuwenden. Von der quantitativen Basis her ist die Frage ähnlich zu beantworten. Je schädlicher das Verhalten einer einzelnen Person bzw. einer kleinen Personengruppe für die Gemeinschaft ist, desto stärker und energischer muss es bekämpft werden.

Ich hatte anfangs schon erwähnt, dass das Leben in der Gemeinschaft Vorteile mit sich bringt, aber auch eine gewisse Einschränkung der persönlichen Freiheit. Wenn jemand sein Glück darin sieht, dass er 100 Leute umbringt – sei es ein General oder ein Massenmörder – dann muss das verhindert werden, auch wenn der betreffende Mensch dadurch unglücklich wird. Das Gleiche müsste für jemanden gelten, der durch illegale Profite Unmengen Geld ansammelt, während sein Nachbar verhungert. Diese Arten von *Freiheiten* müssen eingeschränkt werden. Dadurch wird zwar die betreffende Person unglücklich, aber das muss im Interesse der Gemeinschaft in Kauf genommen werden.

Ähnliches gilt auch für den Einzelnen, dessen eigene Interessen nur zum Teil den Interessen der Gemeinschaft entsprechen – sagen wir 80 % seiner Wünsche sind im Sinne der Gemeinschaft, 20 % aber dagegen, dann müssen diese 20 % unterbunden werden, auch wenn die betreffende Person dadurch um 20 % unglücklicher wird.

Diese Gedankengänge, utilitaristisch (die Nützlichkeit betreffend) übersetzt, bedeuten: Das erstrebenswerte Ziel einer *Gemeinschaftspolitik* ist es, das größtmögliche Glück für möglichst viele zu erreichen.

Es wird immer einige unverbesserliche Individuen geben, die ihr Glücksstreben mit aller Gewalt zu verwirklichen versuchen, auch wenn es der Gemeinschaft schadet. Diese Art des Glücksstrebens darf natürlich nicht erlaubt werden. Wie aber lässt sich das realisieren?

Der beste Weg ist die Prophylaxe. Es wäre besser, wenn diese Art von Mentalität – ein Glücksstreben gegen das Interesse der Gemeinschaft – überhaupt nicht erst entsteht, oder zumindest auf das Mindestmaß beschränkt bleibt.

Oft wird behauptet, dass dies gar nicht möglich sei, da der Mensch im Grunde ein schwaches und schlecht geleitetes Lebewesen sei. Man sollte solche Bemerkungen nicht als unwichtig abtun! Für mich sind sie bedeutungsschwer. Sie sind unter anderem ein Ausdruck von Resignation und sanktionierten gesellschaftlichen Ungerechtigkeiten und von Übeln. Auch Kriege können damit gerechtfertigt werden, indem man mit der umwerfenden Logik argumentiert, Kriege habe es immer gegeben und werde es immer geben, denn der Mensch sei ein schlechtes Wesen, gierig nach Geld und nach Macht, aggressiv, selbstsüchtig – kurz gesagt: böse. Besteht aber ein gerechtfertigter Grund zu der Annahme, dass der Mensch per se ein schlechtes Wesen ist? Man kann allenfalls behaupten, dass alle Menschen egoistisch veranlagt sind.

Dies ist im ersten Punkt der These impliziert, der besagt, dass das Leitmotiv des menschlichen Handelns der Wunsch ist, glücklich zu sein. Und das ist ohne Zweifel ein egoistisches Motiv. Aber ist Egoismus wirklich immer schlecht?

Wenn ich so handle, dass ich für meinen Vorteil jemandem Schaden zufüge, dann ist dies ein rücksichtsloser Egoismus. Wenn es mir aber Spaß macht, jemandem zu helfen, dann ist dies zwar auch egoistisch – weil es mir ja Spaß macht – aber keine schlechte Handlung, da ich einem anderen geholfen habe. Wenn es mir Spaß macht, klassische Musik zu hören oder Kartoffeln in meinem Garten zu pflanzen, dann habe ich niemandem außer mir selbst geholfen und niemandem geschadet – das nenne ich dann eine *wertneutrale Handlung*.

Die Schlussfolgerung liegt auf der Hand. Egoistisches Handeln ist an sich weder gut noch schlecht. Erst in der gesellschaftlichen Relevanz – im Bezug zu anderen Menschen – bekommt es seine Wertigkeit.

Genauso ist es zum Beispiel mit Dynamit. Der chemische Stoff Dynamit ist weder gut noch schlecht. Wenn Sie damit Sprengungen vornehmen, um Staudämme zu bauen – zum Wohle der Menschheit – ist er gut, aber wenn Sie damit die Häuser Ihrer Mitmenschen in die Luft sprengen, mitsamt dem menschlichen Inhalt, ist er sicherlich schlecht.

Es ist aber so, dass der Mensch nicht unbedingt als reiner und guter Mensch auf die Welt kommt. Rücksichtnahme auf andere Menschen, anderen helfen zu wollen – kurz, altruistisches Grundverhalten – ist einem Kind nicht angeboren. Es ist in erster Linie auf das eigene Wohlergehen bedacht. Erst durch die Sozialisation, die zunächst im Rahmen der familiären Erziehung vorgenommen wird, lernt das Kind, den eigenen Egoismus in die richtigen Bahnen zu lenken; was ja auch ein Zweck der Erziehung ist.

Womit wir zum Punkt der Erziehung kommen. Was ist das Ziel der Erziehung? Das Ziel der Erziehung ist in erster Linie die Sozialisation. Die Toleranz der Eltern in der Erziehung wird größer, wenn sie nicht aus den Augen verlieren, dass das Individuum nicht als soziales Wesen auf die Welt kommt, sondern als ein auf sich bedachtes Wesen.

Es ist nun einmal auf der Welt und muss das Beste daraus machen.

Zunächst basieren die Handlungen der Kinder auf rücksichtslosem Egoismus. Im Laufe der Erziehung muss dem Individuum beigebracht werden, dass es auf lange Sicht von Vorteil ist, anderen zu geben, was es auch von ihnen erwartet. Dabei können die Prozesse der Erziehung, die mit einem altruistisch gefärbten Egoismus beginnen, später einen nahezu rein altruistischen Charakter annehmen.

Nehmen wir ein Beispiel. Ein Kind, das seinen Lieblingskuchen isst, teilt ihn primär nicht gern mit seinem Schwesterchen oder Brüderchen. Wir bringen dem Kind durch verschiedene Methoden bei, dass es gut ist, die Hälfte des Kuchens abzugeben. So sagt man: *„Schau mal, dein Schwesterchen hat dir das letzte Mal auch etwas von dem Kuchen abgegeben. Wenn du ihr jetzt den Kuchen nicht gibst, wird sie dir beim nächsten Mal auch nichts geben.“*

Oder das Kind wird von der Mutter gelobt: *„Ach, du bist ein gutes Kind! Du gibst doch immer gern etwas ab, nicht wahr?“*

Oder es wird ein Druckmittel benutzt: *„Na, ich muss doch überlegen, ob ich demnächst wieder Kuchen kaufen werde, wenn du nicht einmal ein bisschen davon abgeben kannst.“*

Später wird es dann zur Routine, mit anderen Menschen zu teilen, und noch später macht das Kuchenteilen sogar Spaß. Man hat Freude daran.

Es ist sicherlich nicht falsch, solche positiven Verhaltensweisen erzieherisch anzulegen. Die Macht der in der Kindheit eingepflanzten Vorurteile ist groß. Ich gebe Ihnen ein Beispiel. Ich habe als Kind gelernt, dass man Eier, Fisch und Fleisch nicht isst. Es hieß, das sei unmoralisch und sündhaft. *Anständige Menschen essen die eben erwähnten Speisen nicht!*

Später als Student der Zoologie und als erwachsener Mensch sagte ich mir, dass eine Pflanze genauso lebendig ist wie ein Tier. Wenn man also Pflanzen isst, sollte man gegen das Essen von Fleisch nichts einzuwenden haben. Außerdem erkannte ich auch, dass der Verzehr von

Fleisch an sich keinen moralischen Wert besitzt. Es hat mit Gut und Böse kaum etwas zu tun, aber es dauerte trotzdem Jahre, bis ich mich als gebürtiger Inder mit der Idee des Fleischverzehrs überhaupt anfreunden konnte.

Die in das Unterbewusstsein eingepflanzte Abneigung gegen Fleisch ließ sich selbst mit Logik erst nach sehr langer Zeit überwinden. Wenn Sie einmal in Ihren eigenen Erfahrungen nach ähnlichen Beispielen suchen, werden Sie sicherlich fündig werden. Vielleicht sind Sie sich nicht einmal bewusst, dass es sich bei vielen solcher Meinungen nur um Vorurteile handelt, die einer logischen Analyse nicht standhalten können.

Wie steht es beispielsweise mit dem Rülpsen? Ist Rülpsen schlecht? Finden Sie es ekelhaft? Warum? Können Sie es begründen?

Diese Beispiele zeigen die Macht der im Kindesalter eingepflanzten Vorurteile. Sie lassen sich sowohl für negative als auch für positive Zwecke einsetzen, und da in der frühkindlichen Erziehung diese Vorurteile eine große Rolle spielen, kann man ihnen gar nicht genügend Beachtung schenken.

Ich habe bisher eigentlich nur über die frühkindliche Erziehung im Rahmen der Familie gesprochen, da ich diesen Abschnitt des Lebens für die Charakterformung eines Individuums als am wichtigsten empfinde. Weiteres über die Erziehung in der Schule und später in der Gesellschaft würde an dieser Stelle zu weit führen. Außerdem fühle ich mich dazu nicht kompetent genug.

Es soll nicht der Eindruck entstehen, dass es das einzige Ziel der Erziehung sei, *ein für die Gesellschaft wertvolles Individuum entstehen zu lassen.* Es wäre falsch, wenn man die inhärent egoistische Natur des Individuums, die ja der Sicherung seines eigenen Überlebens dient, außer Acht ließe.

Dabei möchte ich nochmals betonen, dass der Egoismus an sich eine wertfreie Eigenschaft ist. Erst in der gesellschaftlichen Relevanz bekommt er das Prädikat *Gut* oder *Schlecht*. Da das Individuum selbst glücklich sein will, sind seine Handlungen primär auf das eigene Ich bezogen, also egoistisch. Ein Individuum wird immer zuerst seine eigenen Interessen wahrnehmen wollen.

Wenn man dies unterbinden wollte, würde das Individuum unglücklich werden. Wir aber wollen, dass unsere Kinder glücklich sind. Es kann also nicht unser Ziel sein, beim Großziehen eines Gemeinschaftswesens die Individualität zu unterdrücken. Wie kann man diesen scheinbaren Widerspruch bewältigen? Darauf habe ich drei Antworten.

- Die Rolle der Erziehung sollte sein, die größtmögliche Menge an persönlichen Interessen in Einklang mit den gemeinschaftlichen Interessen zu bringen.
- Im Rahmen der Erziehung ist dem Individuum bewusst zu machen, dass die Wahrnehmung der gemeinschaftlichen Interessen letzten Endes seinem eigenen Interesse dient und daher gleichrangig zu behandeln ist.
- Das Ziel aller Erziehung sollte sein, ein glücksfähiges Individuum zu erzeugen, welches durch Ausgeglichenheit und ansteckend fröhliche Ausstrahlung sich selbst und der Gemeinschaft von Nutzen sein kann.

Wenn die Erziehung etwas zu wünschen übrig gelassen hat, geraten nicht sozialisierte Individuen – wenn ich sie so nennen darf – durch ihre antisozialen Handlungen zwangsläufig in Konflikt mit den Gesetzen, und zwar mit den vom Staat erlassenen Gesetzen und auch mit den in der Gesellschaft vorherrschenden moralischen Gesetzen, die dem einzelnen Individuum sühneähnliche Sanktionen aufzwingen können.

Sowohl die vom Staat erlassenen als auch die ungeschriebenen moralischen Gesetze sollten auf soziologischen Erkenntnissen basieren und nicht auf traditionellen Tabus oder überlieferten, aber veralteten, religiösen Dogmen, um flexibel zu sein und sich den sich ständig verändernden Gesellschaftsformen anzupassen.

3.2 Inwieweit ist individuelle Freiheit für die Gemeinschaft schädlich?

Nehmen wir uns jetzt den zweiten Punkt vor: Inwieweit kann die individuelle Freiheit für die Gesellschaft schädlich werden?

Wir haben in der Beweisführung für den zweiten Punkt der Grund-These gesagt: Man muss gut sein, d.h. stets so handeln, dass es dem Interesse der Gemeinschaft dient. Das soll nicht so verstanden werden, dass alle Handlungen nur auf das Gemeingut abzielen müssen.

Menschen bringen unterschiedliche Temperamente mit. Einer hat Freude daran, nach der Arbeit für notleidende Menschen zu sorgen. Der andere treibt gerne Sport oder geht tanzen. Obwohl die erste Art von Tätigkeit gegenüber der zweiten Art altruistischer ist, wäre es falsch, durch gesellschaftliche Sanktionen zu versuchen, die zweite Art von Tätigkeit zu unterbinden. Wir gehen davon aus, dass jeder Mensch so weit wie möglich glücklich sein soll.

Solange der Gemeinschaft kein Schaden zugefügt wird, besteht kein Grund, die betreffende Tätigkeit zu unterbinden. Ist es nicht eindeutig, ob eine bestimmte Tätigkeit der Gemeinschaft schadet oder nicht, dann sollte man zugunsten des Individuums entscheiden. Schwierig wird die Frage, wenn der jeweilige persönliche Vorteil in keinem Verhältnis zu einem eventuell entstehenden Schaden für die Gesellschaft steht.

Wenn für das Individuum aus einer Handlung ein sehr großer Vorteil, gekoppelt mit vernachlässigbarem gesellschaftlichem Reibungsverlust, entsteht, würde ich persönlich die Entscheidung zugunsten des Individuums fällen, denn in einer zufriedenen Gemeinschaft müssen auch einzelne Individuen glücklich sein dürfen.

Auch wenn man gemeinschaftlich orientiert ist, darf man eine gewisse individuelle Freiheit nicht außer Acht lassen. Individuelle Initiativen sind oft sogar für die Gemeinschaft von großem Nutzen.

Nietzsche drückte dies sehr poetisch aus: *Man muss noch Chaos in sich haben, um einen tanzenden Stern gebären zu können.* Häufig werden gerade die Leute zu bedeutenden Persönlichkeiten einer geschichtlichen Epoche, die in der Religion oder der Moral Neuerungen eingeleitet haben. Diese Leute standen zu Lebzeiten oft – oder sogar fast immer – gegen die vorherrschende Meinung und befanden sich somit in Konflikt mit ihrer eigenen Gemeinschaft.

Die Geschichte bestätigte später den Wert dieser Persönlichkeiten für die Gemeinschaft. So führten beispielsweise die Schriften Luthers, die zuerst als *ungehörig* und *ketzerisch* angesehen wurden, später zur Abschaffung des Ablasswesens. In diesem Fall wäre es für die Gemeinschaft schädlich gewesen, die Freiheit solcher Individuen einzuschränken. Das Problem liegt darin, wieviel Freiheit das Individuum haben darf. Zu wenig Freiheit bedeutet Stagnation, zu viel Freiheit bedeutet Chaos. Die Entscheidung, ob in einer Gemeinschaft zu viel oder zu wenig Freiheit herrscht, kann nicht auf *gut Glück von Hohen-Tempel-Priestern gefällt werden.*

Solche Entscheidungen können nur aufgrund einer wissenschaftlichen Analyse der jeweiligen Gemeinschaft, die sich durch geographische, geschichtliche und zeitliche Lage von einer anderen unterscheidet, getroffen werden.

3.3 Inwieweit muss der Einzelne sein Glücksstreben im Interesse der Gemeinschaft zurückstellen?

Damit kommen wir zu der Frage: Wie weit muss das Individuum sein Glücksstreben im Interesse der Gemeinschaft zurückstellen?

Vom gemeinschaftlichen Standpunkt aus würde die Frage lauten: Wie weit muss die Gemeinschaft das individuelle Verlangen nach Glück im eigenen Interesse einschränken, sei es durch Gesetze, sei es durch moralische Richtlinien oder durch politisches Handeln?

Ich habe anhand des Beispiels mit dem Kind, das seinen Kuchen mit dem Schwesterchen teilt, zu verdeutlichen versucht, wie das zunächst allein egoistisch motivierte Handeln später einen selbstständigen, altruistischen Charakter annehmen kann.

Daher bringt man jungen Menschen bei, so zu handeln, dass es der Gemeinschaft nutzt, denn es ist letzten Endes immer in ihrem eigenen Interesse als Mitglied dieser Gemeinschaft. Auf eine nationale Gemeinschaft übertragen heißt das – in der altruistischen Übersetzung – Vaterlandsliebe und Nationalismus.

Handele so, dass es deinem Vaterland nützt, denn das ist auch in deinem Interesse.

Der altruistische Teil kann sich aber leider auch verselbstständigen. Das kann so weit gehen, dass die persönliche Perspektive des Individuums völlig verloren geht. Durch emotionales Aufputschen, durch Phrasen wie *Deutschland über alles, Right or wrong, it's my country!* oder *Für König und Vaterland!*, kann das Individuum dazu verführt werden, sich selbst und anderen im Dienste dieser Aussagen unendliches Leid zuzufügen.

Vom gemeinschaftlichen Standpunkt aus gesehen erhebt sich die Frage, wie weit es ethisch vertretbar ist, ein Individuum für gesellschaftliche Zwecke zu veranlassen, seine unmittelbar persönlichen Interessen zu vernachlässigen.

Lassen Sie uns diese Frage anhand einiger Beispiele diskutieren. Betrachten wir ein Land mit einem niedrigen Lebensstandard. Ich nehme an, dass wir uns über die grundsätzliche Notwendigkeit einer Anhebung des Lebensstandards einig sind. Es geht um die Erhöhung der Pro-Kopf-Produktivität und damit des Pro-Kopf-Einkommens. Diese Produktivität erfordert eine rationalisierte, modernisierte Industrie-Produktion als notwendige Voraussetzung. Die Industrie lässt sich in Schwerindustrie und Leichtindustrie unterteilen. Wenn ein Land mehr Kleidung produzieren will oder mehr Weizen braucht, benötigt es mehr Textilmaschinen oder mehr Traktoren. Die textiltechnischen und die landwirtschaftlichen Maschinen werden von anderen schweren Maschinen produziert.

Diese Schwermaschinenindustrie braucht letzten Endes die sogenannte Schwerindustrie, welche u.a. die Stahlproduktion, Energiewirtschaft und Rohstoffproduktion umfasst. Je differenzierter diese Basisindustrien aufgebaut sind, desto stärker können die davon abhängigen Industrien, wie z.B. Textilfabriken, ausgebaut werden. Deswegen ist es einleuchtend, wenn die Regierung im besagten Land versucht, zunächst der Schwerindustrie den Vorrang einzuräumen.

Die Schwerindustrie ist jedoch für den Konsumenten zunächst eine tote Industrie. *Eisen kann man nicht essen!* (Bertold Brecht). Der Aufbau der Schwerindustrie bedarf großer Investitionen an Zeit und finanziellen Mitteln. Bis sich die Investitionen für den Konsumenten auszahlen, können Jahre vergehen. Es kann sogar die Zeitspanne einer ganzen Generation vergehen. Da der Nation nur begrenzte Investitionen zur Verfügung stehen, können die Investitionen in der Schwerindustrie praktisch einzig auf Kosten der Konsumgüterindustrie vorgenommen werden. Für das Individuum bedeutet dies für lange Zeit Entbehrung von Konsumgütern. Je größer die Investitionen, zeitlich und finanziell gesehen, sind, desto dauerhafter und größer werden die Entbehrungen für den Konsumenten.

Die durch die Entbehrungen entstandene Unzufriedenheit wird bekämpft, indem man dem Konsumenten klar macht, dass es auf lange Sicht für die nationale Gemeinschaft, also letzten Endes auch für ihn selbst, besser sei, vorläufig diesen Verzicht in Kauf zu nehmen. Im Namen der Vaterlandsliebe wird der Mensch mobil. Die Parole kann auch heißen, Für den Aufbau des Sozialismus! Und dieser altruistische Aspekt kann sich leicht verselbstständigen. Ein Aufbau der Schwerindustrie kann Jahre, ja Generationen dauern.

So können einer ganzen Generation *im Namen der Vaterlandsliebe* oder des sozialistischen Aufbaus lebenslange Entbehrungen aufoktroyiert werden.

Der nachfolgenden Generation wird es wahrscheinlich durch größere Investitionen besser gehen, denn auf längere Sicht gesehen ist das Wachstum natürlich stärker, als bei geringeren Investitionen. Aber wie weit ist es gerechtfertigt, Vorteile für eine Generation auf Kosten einer anderen zu erzielen?

Da wir, laut meiner These, jedem Individuum das Verlangen nach Glück als natürlichen Wunsch zubilligen, wäre es sozialpolitisch und ethisch nicht richtig, eine Generation auf Kosten der anderen zu vernachlässigen.

3.4 Inwieweit wirkt sich die Einschränkung individuellen Verlangens auf die gesellschaftliche Entwicklung aus?

Wir haben zu Beginn dieser Ausführungen die Frage gestellt: Wie weit muss die Gemeinschaft das individuelle Verlangen nach Glück im Interesse der Gemeinschaft einschränken? Die Antwort würde lauten: Die Gemeinschaft darf das individuelle Verlangen nach Glück so weit einschränken, dass die negativen sowie die positiven Auswirkungen der Einschränkungen auf die Mitglieder der Gemeinschaft möglichst gleichmäßig verteilt sind. Dies wäre eine ausgeglichene und gerechte Politik.

Wie wirkt sich diese Erkenntnis hinsichtlich anderer Aspekte der gesellschaftlichen Weiterentwicklung aus? Wenn in einer Gesellschaft Missstände herrschen, so kann man diese mit unterschiedlichem Entwicklungstempo und mit variierenden Methoden bekämpfen. Der schnelle und gewaltsame Weg hieße Revolution, der langsamere hieße *Reform*.

Es gibt glühende Verfechter beider Richtungen. Welcher Weg ist vorzuziehen? Die Frage kann beantwortet werden, indem man sich fragt, welcher Weg für die Gemeinschaft, oder präziser ausgedrückt: für die größtmögliche Anzahl der Gemeinschaftsmitglieder die größtmögliche Zahl von Vorteilen und die kleinstmögliche Zahl von Nachteilen bringt. Die Antwort würde je nach der betroffenen Gemeinschaft unterschiedlich ausfallen.

Der erste Weg wäre durchaus richtig für die armen, seit Jahrzehnten willkürlich unterdrückten, wirtschaftlich ausgebeuteten, unterprivilegierten Bewohner der Elendsviertel, z.B. einiger mittelamerikanischer Länder. Sie haben nichts zu verlieren.

Natürlich würde eine gewaltsame Revolution manches Leid in Form eines akuten Bürgerkriegs mit sich bringen. Aber was ist dies im Vergleich zu dem jahrzehntelangen, ja lebenslangen Leidensweg der meisten Mitglieder dieser Gemeinschaft?

Gewiss bringen auch die Nachwehen der Revolution im Zuge der Festigung der neuen Ordnung manche Einschränkungen der persönlichen Freiheit mit sich. Aber: *Erstens haben sie vorher nicht wesentlich mehr Freiheit gehabt,* zweitens sind für jemanden, dessen Magen chronisch vor Hunger knurrt oder der wegen der Frostbeulen an den Füßen die ersehnten Schuhe sowieso nicht anziehen könnte, nur das Thema „Befriedigung der Grundbedürfnisse" hochaktuell.

Er wird jeder Art von Regierungsform dankbar sein, die ihm endlich einmal einen Laib Brot in die Hand drückt. Ihm ist es völlig egal, ob derjenige, der sich um seinen Magen kümmert, durch eine Revolution oder durch parlamentarisch-demokratische Wahlen oder gar die Errichtung einer Diktatur an die Macht gekommen ist.

Von seiner Warte aus gesehen ist Freiheit ein Diskussionsthema für einen Fernseh-Moralisten, der sich mit übersättigtem Magen, einem Glas Bier in der Hand, in einer warmen, kuscheligen Wohnung eine Fernsehsendung über die armen Unterdrückten anschaut, und nachher über die Unfreiheit in diesem oder jenem Land loswettert.

Diese Ausführungen sollen nicht den Eindruck erwecken, dass die Revolution ein primär guter Weg für das erwähnte Land ist. Sie ist eher ein weniger schlechter Weg. Die Revolution besitzt manche Nachteile, die, wenn sie in der postrevolutionären Phase permanent werden, einer weiteren Revolution bedürfen, um sie zu bekämpfen. Und sie fordert zumeist einen hohen Blutzoll, nicht nur von den Schuldigen der Misere.

Für eine Gemeinschaft, in der die Grundbedürfnisse befriedigt sind, aber noch etliche Missstände herrschen, die bekämpft werden sollen, muss die Frage anders behandelt werden.

Erstens haben die Leute durch einen gewaltsamen Weg der Veränderung, wenn er auch schnell sein sollte, im Gegensatz zu den armen Leuten des vorangegangenen Beispiels, auch materiell viel zu verlieren. Demnach werden sie sich auch in der postrevolutionären Phase weniger leicht mit so manchen Einschränkungen der persönlichen Freiheit abfinden können.

Die Umstellung der Denkgewohnheiten auf dem schnellsten Weg ist für diese Menschen schwerer, als für die aus den eben zitierten lateinamerikanischen Ländern. Denn für letztere Menschen dient das alltägliche Stehlen und Morden dem Zweck des Überlebens im generellen Chaos oder es bedeutet eine unterschwellige Form der Anarchie.

Für wohlhabende Gruppen wäre der relativ langsame, aber friedlichere Weg gesellschaftspolitischer Veränderungen durch Reformen wesentlich angemessener als der schnellere, aber gewaltsame Weg der Revolution. Und der angenehmere Weg für die größtmögliche Zahl der

Gemeinschaftsmitglieder ist laut meiner These der erstrebenswertere. So mussten selbsternannte Revolutionäre wie die RAF-Gruppe um Baader und Meinhof in der Bundesrepublik scheitern, weil sie zum einen in der Masse der Bevölkerung keinen Rückhalt fanden, und zum anderen, weil sie Partisanenmethoden unbesehen auf ein hochentwickeltes Staatsgebilde übertragen wollten.

Daher kann man sagen, dass ein Pauschalurteil, ob die Revolution oder die Reform besser sei, nicht möglich ist. Die Frage ist nur in ihrer gesellschaftlichen Relevanz zulässig. Der Weg, der für die jeweilige Gemeinschaft der bessere ist, ist auch gerechtfertigt – durch ein positives Ergebnis. Anders ausgedrückt: Der Weg, der für die größtmögliche Zahl der jeweiligen Gemeinschaftsmitglieder das meiste Glück bringt, aber auch das geringste Leid für sie beinhaltet, ist der empfehlenswertere Weg.

3.5 Kurze Zusammenfassung der gewonnenen Erkenntnisse

Zur besseren Übersicht und für einen fließenden Übergang zu dem überaus wichtigen nächsten Punkt ist meiner Ansicht nach an dieser Stelle eine kurze Zusammenfassung der gewonnenen Erkenntnisse angebracht.

Wir hatten uns folgende Fragen gestellt:

- Wie ist das Glücksstreben des Einzelnen mit dem gemeinschaftlichen Interesse zu vereinbaren?
- Wie weit ist die individuelle Freiheit für die Gemeinschaft schädlich?
- Wie weit muss das Individuum sein Glücksstreben im Interesse der Gemeinschaft zurückstellen?

Im Lichte der These wurden als Antwort auf diese Fragen folgende Feststellungen getroffen:

- Die Art von Glücksstreben, die sich gegen das Gesamtinteresse der Gemeinschaft richtet, ist ethisch nicht vertretbar.
- Das Glücksstreben des Einzelnen, das gleichzeitig im Interesse der Gemeinschaft ist, muss gefördert werden.
- Gegen ein Glücksstreben des Einzelnen, das gemeinschaftspolitisch und ethisch wertneutral ist, ist nichts einzuwenden.
- Das erstrebenswerte Ziel einer Gemeinschaftspolitik ist es, das größtmögliche Glück für eine größtmögliche Zahl von Gemeinschaftsmitgliedern zu erreichen.
- Ein gewisses Maß an individueller Freiheit ist im Interesse des unmittelbaren persönlichen Glücks nicht nur wünschenswert, sondern auch im Interesse der Gemeinschaft erstrebenswert, da es die Kreativität des Einzelnen fördert, was wiederum der Gemeinschaft zugute kommen kann.
- Das Glück einer Generation soll nicht zugunsten einer nachfolgenden Generation eingeschränkt werden.
- Die Gemeinschaft darf mithilfe ihrer ausführenden Organe das individuelle Verlangen nach Glück so weit einschränken, dass die negativen sowie die positiven Auswirkungen der Einschränkungen auf die Mitglieder der Gemeinschaft möglichst gerecht verteilt sind, um für die Gemeinschaft eine bessere Lebensqualität zu erzielen.
- Diese Erkenntnisse lassen sich auch auf das politische Handeln des jeweiligen Entscheidungsträgers übertragen.

4.   Politisches Handeln, Macht und Glück

Ich habe mehrfach erwähnt, dass das Leitmotiv allen menschlichen Handelns der Wunsch ist, glücklich zu sein. Die Menschen handeln allesamt danach. Unterschiedlich ist nur, worin der Einzelne sein Glück sieht.

4.1   Menschen, die ihr Glück in der Anhäufung von Macht sehen

Es gibt nicht wenige Leute, die ihr Glück in der Anhäufung von Macht sehen. Dabei ist es ihnen gleichgültig, ob ihr Machtstreben der Gesellschaft schadet oder nicht. Wir hatten weiterhin festgestellt, dass die Art von Glücksstreben, die sich gegen das Interesse der Gemeinschaft richtet, unterbunden werden muss. Durch Anhäufung von Macht kann eine Person oder eine kleine Gruppe von Personen auf das Schicksal der restlichen Mitglieder der Gemeinschaft nach ihrem Gutdünken einen wesentlichen Einfluss ausüben.

Die Macht kann verschiedene Formen annehmen, politische, militärische, wirtschaftliche, publizistische Macht, oder auch die beliebige Kombinationen von diesen. Wie eine einzige Person, z.B. ein Diktator, alle diese Formen der Macht nach seinem Gutdünken einsetzen kann, wissen wir zur Genüge.

In den letzten Jahren treten auch mehr und mehr die versteckten Zusammenhänge teuflischer Methodik der Machtausübung zutage, und den Politikern scheint ein Konzept zu fehlen, mit dem sie diesen Machtmissbrauch bekämpfen könnten.

Der Einfluss amerikanischer, multinationaler Konzerne auf die Politik der sogenannten Bananenrepubliken in Mittelamerika dürfte ausreichend bekannt sein. So konnte die *United Fruit Company* in manchen mittelamerikanischen Ländern jahrzehntelang Diktatoren nach Belieben auswechseln; die Hauptsache dabei war, dass ihr Grundbesitz in diesen Ländern mit maximalem Profit bewirtschaftet werden durfte. Es war sogar in ihrem Interesse, dass der Landarbeiter wie ein Leibeigener gehalten wurde – mit Existenzminimum als Lohn, unter menschenunwürdigen Daseinsbedingungen.

Da ist ein gekaufter Diktator sehr nützlich. Im Namen des Gesetzes lassen sich die Kämpfe um mehr Rechte für die Arbeiter leichter unterdrücken. Im Namen des Gesetzes werden so manche Menschenrechtskämpfer umgebracht. Es existiert auch weiterhin die gut getarnte Ideologie der multinationalen Konzerne, die besagt, dass letzten Endes die Multis die Welt beherrschen sollten. Dies sei sogar im Interesse der Menschheit! Die nationalen Grenzen seien von diesem Gesichtspunkt aus nur unbequeme Hindernisse und deswegen unnötig. Die Multis würden alles tun, um dieses Ziel zu erreichen.

Nehmen wir als weiteres Beispiel die Rüstungsindustrie. Was ist das primäre Interesse eines Industriekonzerns, der sich in der freien Marktwirtschaftszone befindet? Der maximal mögliche Profit.

Viele Waffen zu produzieren und zu verkaufen liegt also im Interesse der Rüstungsindustrie. Aber wann kann man Waffen produzieren und verkaufen? Nur wenn eine entsprechend große Nachfrage vorhanden ist. Wann ist eine Nachfrage nach Waffen vorhanden? Wenn irgendwo gekämpft wird, oder zumindest eine latente Kriegsspannung oder Kriegsgefahr besteht. Ansonsten suggeriert man eben, dass eine Kriegsgefahr bestünde.

Entspannung und eine friedliche Existenzlage oder auch nur die Aussicht auf Frieden kann sicherlich nicht im Interesse der Rüstungsindustrie sein.

Ich setze mich nun in den Vorstandssessel eines Rüstungskonzerns und denke nach. *Eine Entspannungspolitik ist nicht im Interesse unserer Firma. Seit dem sogenannten „Arabischen Frühling" sind Gewalt-*

taten der radikalen islamistischen Gruppierungen wie IS, Taliban, Al-Kaida, Boko Haram etc. enorm gestiegen. Dazu kommen noch bewaffnete ethnische Konflikte, wie z.B. zwischen Hutus und Tutsis dazu. Der Waffenbedarf steigt somit. Gut, dass von der Bundesregierung im März die Lieferung von Kampfhubschraubern nach Saudi-Arabien genehmigt wurde. Es ist gut, dass zwischen Sunniten und Schiiten sowie auch in der Türkei gegen die Kurden militärische Handlungen durchgeführt werden. Alle diese Handlungen in der ganzen Welt einschließlich der Auseinandersetzungen zwischen Israel und Palästina finden in unterschiedlichen Maßen statt. Natürlich gibt es dort überall menschenfeindliche Handlungen. Das ist zwar nicht schön, aber im Interesse meiner Firma muss ich einfach mehr Waffen verkaufen. Man kann diese Gedankengänge weiter verfolgen. An dieser Stelle sei aber kurz zusammenfassend Folgendes gesagt: Das Hauptinteresse der Waffenindustrie ist es, mehr Waffen zu verkaufen. Man müsste also den Hintergrund dieses Zustandes beleuchten. Welche Firma bereibt intensive Lobby-Arbeit? Welche Politiker haben Beraterverträge mit diesen Firmen? Welche Rolle spielt hier die Korruption? Inwieweit und welche Medien sind in ihrem Sinne beeinflussbar?

Eigentlich wäre es nicht schlecht, wenn die Araber und die Israelis wieder einmal ein bisschen Krieg spielen würden. Die paar Tausend, die dabei umkommen, was gehen mich die an?

Die Hauptsache ist, dass ich Waffen verkaufe. Wollen wir doch einmal sehen, welche andere Industrien oder Interessenvertretungen vom Krieg profitieren. Ach, es wird einmal wieder Zeit, dass ich ein paar Generäle zur Werksbesichtigung einlade. Wir müssen unbedingt etwas verkaufen.

4.2 Privatinteressen gegen Interessen der Gemeinschaft und umgekehrt

Wir haben gesehen, dass ein paar Individuen durch die Ansammlung großer wirtschaftlicher Macht einen ungemein starken Einfluss auf die Politik einer Regierung nehmen können, die naturgemäß darauf ausgerichtet ist, die eigenen Interessen und nicht die der Gemeinschaft wahrzunehmen.

Wie weit das Privatinteresse gegen das Interesse der Gemeinschaft gerichtet sein kann, ist abhängig von der Art der Industrie und ihrer wirtschaftlichen Ausdehnung. In diesem Fall kann beispielsweise die Energieindustrie eine Regierung ungleich stärker unter Druck setzen als die Konsumgüterindustrie oder eine Handelsorganisation.

Deshalb wäre es im Interesse der Gemeinschaft, selbst die Kontrolle über die für die Nation lebenswichtigen Industrien auszuüben, anstatt dies ein paar Privatunternehmen zu überlassen, auch wenn dadurch weniger Profite erzielt werden könnten. Denn weniger Profit ist bei weitem besser als eine gegen das Interesse der Allgemeinheit gerichtete Handlung.

Zu den bedeutenden Industrien gehören meiner Ansicht nach zumindest die Rüstungs-, die Energie- und die Schwerindustrie. In welcher Art der Übergang zum Gemeinschaftseigentum stattfinden sollte, lasse ich zur Debatte offen.

Eine Art des Gemeinschaftseigentums leitet beispielsweise eine direkte Kontrolle durch den Staat, also die Verstaatlichung ein. Kurz gefasst würde das heißen: Verstaatlichung der Rüstungs- und Energie- und der Schwerindustrie sowie der wirtschaftlich sehr mächtigen Bankimperien.

Vielleicht werden einige von Ihnen in Atemnot geraten, wenn sie das Wort Verstaatlichung hören. Vergessen Sie aber bitte nicht, dass z.B. die Post und die Bahn nicht nur in den Ostblockländern verstaatlicht waren. Auch der Vorkämpfer der freien Marktwirtschaft, der Freistaat Bayern, ist – laut „Spiegel" – an ca. 50 Wirtschaftsunternehmen maßgebend beteiligt.

Wie weit darf die Verstaatlichung gehen? Hundertprozentige Verstaatlichung sämtlicher Betriebe würde eine weitgehende Unterbindung persönlicher Initiativen mit sich bringen. Das steht aber nicht, wie wir bereits festgestellt haben, in Einklang mit der Förderung des persönlichen Glücks und auch nicht im Interesse der Gemeinschaft.

Die Verstaatlichung kann bis zu der Grenze, an der die Nachteile die Vorteile für die Gesellschaft zu überwiegen beginnen, betrieben werden. Herauszufinden, wo diese Grenze liegt, ist u.a. die Aufgabe der *Wirtschaftspsychologie* sowie der Volkswirtschaftslehre, beides Zweige der Sozialwissenschaften.

Ich persönlich bin der Meinung, dass zumindest alle Wirtschaftszweige, die für die Nation von vitalem Interesse sind, in die öffentliche Hand gehören. Die Kontrolle durch die Öffentlichkeit muss dabei nicht unbedingt in Form einer Verstaatlichung erfolgen.

IV. Verteidigung von Meinungen oder Kritik der religiösen Ethik

Das Thema *Kritik der religiösen Ethik* ist sicherlich eines der heikelsten, ein heißes Eisen. Aus einem einfachen Grund: Ein Großteil meiner Leser ist wahrscheinlich mehr oder weniger religiös gebunden, oder glaubt, religiös zu sein.

Somit besteht durchaus die Gefahr – je nach Grad und Festigkeit des Glaubens –, dass die Kritik an der Religion als Kritik an der eigenen Person aufgefasst werden könnte. Dies ist ganz gewiss nicht meine Absicht, kann es auch nicht sein, denn dadurch wird nichts erreicht. Kritik an den Ansichten einer Person sollte nicht als Kritik an der persönlichen Integrität aufgefasst werden. Halten Sie sich dies bitte ständig vor Augen, auch wenn Ihnen die Kritik an Religion sehr scharf vorkommt.

1. Eigene und fremde Ansichten

Wenn man sich mit einer neuen Denkrichtung befasst, ist es produktiver, zunächst eine wohlwollende und positive Einstellung einzunehmen und sich nicht gleich dagegen zu stemmen, weil diese Einsichten mit den eigenen nicht übereinstimmen, denn dann wird man von der ganzen Sache nur wenig profitieren.

Bei einer gedanklichen Diskussion ist meiner Ansicht nach folgende Einstellung, an die auch ich mich zu halten versuche, richtig und wichtig: Ich sage mir, ich habe im Augenblick diese oder jene feste Meinung und die verteidige ich, weil ich sie für richtig halte. Wenn aber jemand überzeugende Argumente liefert, die nach einer Korrektur meiner Einstellung verlangen, dann muss ich diese vornehmen, auch wenn es psychisch nicht ganz angenehm ist, sich von einer jahrzehntelang gehegten Überzeugung zu trennen.

Dies ist durchaus eine wissenschaftliche Haltung: eine Meinung aufgrund neuer Erkenntnisse, neuer Daten zu ändern.

Man müsste dann bereit sein, die zuvor als selbstverständlich angenommenen Wahrheiten infrage zu stellen. So haben z.B. die Christen in Indien nicht unbedingt einen guten Ruf, wenn man sie moralisch bewertet. Als ich aber als Inder nach Europa kam, musste ich feststellen, dass die europäischen Christen zumeist eigentlich ganz nette und auch im moralischen Sinn gute Menschen sind. Einige meiner besten Freunde sind praktizierende Christen, auch wenn heftige Diskussionen mit ihnen keine Ausnahme darstellen.

2. Weshalb sind Sie ein Christ?

Während Sie das Folgende lesen, sollten Sie sich bitte die Frage vor Augen halten: *Warum sind Sie ein Christ, wenn Sie einer sind, und nicht Hindu oder Schintoist?*

Doch nur durch Ihre Geburt in diesem Teil der Welt, in diesem Teil Europas sind Sie ein Christ? Wenn Sie in Thailand geboren worden wären, wären Sie nun wahrscheinlich ein Buddhist. Wenn Sie in einer atheistischen Familie in China geboren worden wären, wären Sie wahrscheinlich ebenfalls ein Atheist. Die Religion eines Menschen ist – mit sehr wenigen Ausnahmen – die Religion der Gemeinschaft, in der er lebt, was uns beweist, dass ihn der Einfluss seiner Umwelt dazu bestimmt hat, seine Religion anzunehmen.

Man ist zu einer Weltanschauung gekommen, nicht etwa weil sie richtig ist, sondern weil man in sie hineingeboren wurde. Trotzdem haben sich Katholiken und Protestanten mit fanatischer Überzeugung im Dreißigjährigen Krieg gegenseitig umgebracht. Mit einem Fanatismus, der nur aufgrund einer tiefen, absoluten Überzeugung entstehen kann, haben die Kreuzritter die Moslems umgebracht, und bis heute bekämpfen sich in Nordirland Protestanten und Katholiken bis aufs Blut und brechen jeden neuen Waffenstillstand.

Aktuell sind heutzutage weitere interreligiöse Konflikte. Nur um einige Beispiele zu nennen: Islam – in einigen mittelasiatischen Ländern, wurden und werden Christen durch muslimische Radikale verfolgt. Auch in sonst toleranten Staaten wie Indien gibt es vereinzelt Konflikte zwischen Hindus und Muslims. Auch in Malaysia gibt es mit den sonst so toleranten Buddhisten Konflikte mit der muslimischen Minderheit. Muslimische Fanatiker haben die berühmten alten buddhistischen Statuen in Afghanistan gesprengt.

In der heutigen Zeit mit den massiven Flüchtlingsbewegungen werden auch in der Bundesrepublik Anschläge auf Moscheen von Radikalen verübt, welche Unterschlupf in rechtsbelasteten Organisationen wie Pegida und der AfD finden, sogenannten „Christen", um das christlich geprägte Abendland vor dem Islam zu retten. So kann man viele Beispiele erwähnen, von der Diskriminierung der Atheisten durch die Christen nicht zu reden. So wurde die Fernsehsendung des Weltatheistentages 1984 in Deutschland zwar aufgenommen, aber durfte nicht gesendet werden.

Es gibt aber auch ethnische Konflikte wie z.B. Hutu und Tutsi in Ruanda und Burundi. Damals im Jahr 1994 wurden 500.000 bis 1.000.000 Tutsi und moderate Hutu ermordet. Ob diese Konflikte wahre ethnische Konflikte sind, ist fraglich, da diese Einteilung durch die Kolonialmächte vorgenommen wurde. Diese Konflikte existieren aber weiterhin.

Wie kommt es, dass man eine Überzeugung, die einem nur durch die Geburt in der entsprechenden Gemeinschaft zuteil geworden ist, so vehement verteidigt? Warum ist ein Moslem so überzeugt davon, dass der Islam die Religion für die ganze Welt sei? Warum sind die Juden oder Christen so überzeugt, dass nur sie das wahre Licht besitzen, wo sie doch in ihre Religion bloß hineingeboren worden sind?

Ich glaube, die Erklärung ist in erster Linie in unserer frühkindlichen Erziehung zu suchen. Die in dieser Zeit durch das Elternhaus und die unmittelbare Umgebung eingepflanzten Überzeugungen sind viel schwerer zu relativieren als man glaubt.

Wenn Sie bewusst danach suchen, werden Sie auch bei sich viele Tabus finden, die in der frühkindlichen Entwicklung wurzeln und einer späteren, bewussten Analyse nicht standhalten.

So bekommt man zum Beispiel beigebracht, dass man bei der Begrüßung nicht die linke Hand gibt oder Suppe nicht schlürfen darf. Die meisten Leute fragen aber gar nicht erst, warum man dies und jenes einfach nicht tun darf.

Die allzu prüde Sexualerziehung ist ein weiteres Beispiel dafür. Ein Kind sieht sich und die anderen doch wertfrei als Ganzheit und erforscht demgemäß in natürlicher Neugier jeden seiner Körperteile, besonders aber jene, die bei Jungen und Mädchen verschieden sind, da diese Unterschiede dem Kind als Rätsel erscheinen.

Dennoch wurde frühkindliches Interesse an den Geschlechtsorganen in vielen Gesellschaften und vor allem Religionen als schlecht beurteilt. Warum eigentlich? Ein wissenschaftlicher, vorurteilsfreier Standpunkt, sowie eine sachliche Aufklärung anstelle einer geheimnisvollen Tabuisierung hätte hier viel unnötiges Unglück im späteren Sexualleben der Menschen verhindern können.

Und so ist auch ein durch Geburt und Erziehung gegebener religiöser Standpunkt nichts anderes als ein Vorurteil, das uns vom Elternhaus und der Gemeinschaft aufoktroyiert wurde; denn ein Vorurteil ist nur eine ungeprüfte Meinung, die man ohne Einschalten der bewussten Analyse übernommen hat.

3. Im Allgemeinen hat jeder Mensch eine hohe Meinung von sich

Wie kommt es nun, dass der Mensch im späteren Leben den ihm durch seine Geburt zuteil gewordenen Standpunkt als den einzig richtigen verteidigt?

Ich glaube, die Erklärung dafür ist in der Psychologie zu suchen. Man ist immer geneigt, die eigene Meinung nach außen hin zu rationalisieren.

Fragen Sie einen Raucher. Er wird Ihnen immer wieder neue Argumente vorlegen, dass das Rauchen doch nicht schädlich sei; der Opa hat ja auch geraucht und ist 90 geworden und sterben muss man sowieso. Man verschließt seine Augen gegenüber der wissenschaftlich nachgewiesenen schädigenden Wirkung des Rauchens. Auch wenn jedem bewusst ist, dass das Rauchen eine Schwäche ist, so möchte er das doch den anderen und sich selbst gegenüber nicht eingestehen.

Ähnliches erfolgt bei der Einstellung zur Religion. Der Mensch versucht die durch ein Vorurteil bedingte Meinung zu rationalisieren. Aufgrund häufiger Wiederholung und Bekräftigung dieser Meinung – durch ihn selbst und andere Mitglieder der Gemeinschaft – glaubt er dann tatsächlich auch, dass sie richtig sei.

Eine weitere psychologische Barriere ist, dass kein Mensch gerne zugibt, dass er sich geirrt hat. Im Allgemeinen hat jeder Mensch eine hohe Meinung von sich und glaubt, dass er meistens eher recht hat als andere. Und wenn die Möglichkeit besteht, dass er sich beim Weiterdenken eventuell eingestehen muss, dass seine Meinung sich als falsch erweisen könnte, hört er mit dem konsequenten Denken einfach auf. Denn ab dann ist ein konsequentes Denken für ihn unangenehm.

Nehmen wir ein Beispiel. Manchmal fragen sich die Gläubigen, wenn sie sich das große Elend und die Grausamkeit, oder die schweren Krankheiten kleiner Kinder vergegenwärtigen, wie es kommt, dass

Gott so etwas zulässt. Aber meistens hört es bei dieser Fragestellung auf. Sie sagen dann: *Gott wird schon wissen, was er tut, denn er ist allwissend und allmächtig.*

Es ist bequem, den Gedankengang hier zu beenden. Glauben ist oft viel bequemer als Denken. Sobald ein Gedankengang schwierig wird, neigt der gläubige Mensch dazu, Gott einzusetzen und sich somit der Pflicht zu entheben, selbst weiterzudenken.

Führen wir den Gedanken einen Schritt weiter, um zu sehen, wo er enden kann. Die Vorstellung von einem Gott, der Grausamkeit, Ungerechtigkeit und Elend zulässt, gerät alsbald in Konflikt mit den eingepflanzten Vorstellungen vom gütigen und gnädigen Gott. Das stürzt uns in ein Dilemma, das es immer schwieriger und unbequemer macht, eine Antwort zu suchen. Viel unangenehmer ist aber der im Hintergrund lauernde Gedanke zu ertragen, dass man eventuell die Vorstellung vom gütigen Gott revidieren müsste. Wir haben ja gesehen, wie schwer es ist, ein in der Kindheit eingepflanztes Vorurteil in Frage zu stellen.

4. Unbequeme und unangenehme Gedanken für Gläubige

Das konsequente Weiterdenken führt unweigerlich dazu, dass man sich fragt: Gibt es vielleicht gar keinen Gott? Dies ist ein absolut unbequemer und unangenehmer Gedanke für einen Gläubigen, und selbst für den, der sich durch seine intellektuelle Arbeit von vielen anderen, kleineren Glaubensvorurteilen emanzipiert hat. Diesen endgültigen Schritt wagt er kaum, denn dann müsste er viele Änderungen oder gar eine umwälzende Umstrukturierung in seinem Gedankengebäude vornehmen.

Viele Leute haben die in der Kindheit eingepflanzten Vorurteile mit

Erfolg bekämpft; und der Kampf ist sicherlich nicht einfach gewesen. Es gehört Mut dazu, eine tief verwurzelte Überzeugung zu revidieren. Dabei ist es keine Schwäche, eine Meinung zu ändern, wie vielfach angenommen wird. Im Gegenteil – es ist ein Zeichen von geistiger und menschlicher Stärke.

Das Thema dieses Kapitels lautet *Kritik der religiösen Ethik und nicht Kritik der christlichen Ethik*. Wenn ich Religion sage, meine ich nicht nur das Christentum. Sicher werde ich mich mit dem Christentum mehr befassen, weil anzunehmen ist, dass dieses Buch zunächst im sogenannten Abendland gelesen wird, wo bekanntlich die überwiegende Mehrheit der Bevölkerung, die sich als Christen bezeichnen, leben.

Es gibt aber noch viele weitere Religionen auf der Erde. Die größten, heute existierenden sind Hinduismus, Buddhismus, Jainismus, Konfuzianismus, Taoismus, Schintoismus, Zoroastrianismus, Judentum, Christentum und Islam. In ihrer Vielfalt haben die Religionen doch eines gemeinsam, und zwar ihre deduktive, heteronome Ethik. Jede Religion besitzt gewisse ethische oder vielmehr moralische Prinzipien, deren Richtigkeit von einer außerhalb der Gemeinschaft stehenden Kraft abgeleitet wird. Diesen Gedankengang möchte ich einfacher ausdrücken, damit er verständlicher wird.

Grob gesehen hat eine Religion zwei Komponenten:

* den Glauben,
* die Ethik bzw. Morallehre.

Die Morallehre wird durchgesetzt, indem sie von einer höheren Autorität, z.B. von Gott im Judentum, Christentum und Islam oder von zwei abstrakten Kräften, dem Guten und Bösen im Buddhismus, abgeleitet wird. Dabei muss festgestellt werden, dass der Glaube und die Ethik in der Frage der Priorität in verschiedenen Religionen einen unterschiedlichen Stellenwert einnehmen.

Während im Christentum der Glaube Priorität hat, steht er im Hinduismus weit hinter der Ethik. Nehmen wir ein Zitat aus dem Neuen Testament: *Nicht durch Deine Taten wirst Du selig, sondern durch die Gnade Gottes.* Die Bibeljuristen sind sicher schnell mit dem Vorwurf bei der Hand, das Zitat sei aus dem Zusammenhang gerissen und deswegen einseitig bzw. nicht zutreffend. Im Neuen Testament gibt es allerdings genug Zitate, die belegen, dass Gott absolute Priorität eingeräumt wird. *Wer seine Eltern mehr liebt als mich, der ist meiner nicht würdig.* oder *Wer aber wider den Heiligen Geist redet, dem wird weder in dieser noch in der zukünftigen Welt vergeben.*

Im Hinduismus ist es genau umgekehrt. Es gibt im Hinduismus kein Wort für *Religion*. Stattdessen wird das Wort *Dharma* gebraucht, was soviel heißt wie *Pflicht*. Weiter heißt es: *So lange Du Deine Pflicht tust, ist es völlig egal, was Du glaubst.*

Danach ist dem Hindu völlig freigestellt, ob er an einen Gott glaubt, an mehrere Götter glaubt oder an gar keinen Gott. Was Pflicht ist, ist nicht dogmatisch festgelegt, sondern durch überlieferte Erzählungen weitergegeben und wird je nach den gesellschaftlichen Verhältnissen durch Reformer modifiziert und geändert.

Es gibt eine kleine Geschichte, die ich als Kind gehört und gelesen habe, und die veranschaulicht, wie hier der Pflichtbegriff über den Gottesbegriff gestellt wird.

Es gab einmal einen frommen Hindu, der Krishna, einen der Hauptgötter im Hinduismus, verehrte. Er war Maurer von Beruf und nicht gerade wohlhabend. Der Hindu wohnte in einem Zimmer mit seinen alten Eltern. Es war Monsunzeit, und es hatte gerade viel geregnet. Der lehmige Vorplatz seines Hauses war durch den Regen in Matsch verwandelt worden. Wie bei jedem frommen Menschen war es sein höchster Wunsch, dass sein Gott sich ihm offenbare – im Hinduismus ist dies gleichgesetzt mit dem persönlichen Erscheinen des Gottes vor dem Frommen.

Er war gerade dabei, seine Eltern zu füttern und murmelte währenddessen wie immer seine frommen Gebete vor sich hin. Da erschien der Gott persönlich vor ihm. Er aber sagte dem Gott, er sei bei der Pflege seiner Eltern und könne jetzt nicht weg. *Du musst so lange warten, bis ich mit der Elternpflege fertig bin. In dem kleinen Raum ist hier kein Platz. Warte bitte draußen. Nimm diesen Ziegelstein mit und stell dich bitte darauf, weil es draußen matschig ist und Deine Füße nicht schmutzig werden sollen.*

Der Gott Krishna stellte sich auf den Ziegelstein und wartete geduldig, bis sein Anbeter mit der Elternpflege fertig war. Seither heißt Gott Krishna mit seinem zweiten populären Namen Vitthal – *Einer, der auf dem Ziegelstein stand.*

Es gibt mehrere solcher Beispiele. Dieses eine sollte verdeutlichen, dass im Hinduismus die Pflicht den Vorrang vor Gott hat. Die atheistische Anschauung innerhalb des Hinduismus hat sich nicht durchsetzen können. Die überwiegende Mehrzahl hat bei den vielen Göttern Schutz gesucht, wahrscheinlich, weil diese Art von Religion doch die psychologisch bequemere ist. Hier wird *Morallehre* und außerhalb der Ethik stehende Gottheit in unterschiedlicher Weise vermengt, so wie in vielen anderen Religionen auch.

Es gibt noch andere Gemeinsamkeiten zwischen verschiedenen Religionen. In ihrer Entstehung, Entwicklung und dem jeweiligen Verfall nehmen die Religionen nahezu denselben Weg, wie ich im folgenden Kapitel zeigen werde.

V. Entstehung und Verfall der Religionen

Jede Gesellschaft hat eine Anzahl von Moralprinzipien, die ihren Bedürfnissen angepasst sind. Die Gesellschaft ändert sich ständig, hauptsächlich durch die veränderten Produktionsverhältnisse, nicht aber die dogmatisch festgelegte Morallehre. Daran hat wiederum das konservative Establishment besonderes Interesse, da es gelernt hat, aus jener Morallehre Vorteile für sich zu ziehen.

1. Glauben und Denken – Berufung auf eine höchste Autorität

Lange Zeit werden nun vom kirchlichen Establishment Neuerungen unterdrückt, bis das Maß endlich voll ist. Die Gemeinschaft, die die allgemeine Unzufriedenheit und Diskrepanz bemerkt, zeigt eine latente Bereitschaft zur Erneuerung. In diesem Moment des Umbruchs kommt dann z.B. eine so herausragende Persönlichkeit wie Buddha oder Jesus und predigt eine neue Morallehre, eine neue Ethiklehre.

Diese Ethiklehre wird dann unter Berufung auf eine höchste Autorität, z.B. Gott, verbreitet. Als Beweise werden Wundertaten herangezogen.

Das *Denken* ist für die Allgemeinheit schon immer schwer gewesen. *Glauben* hingegen ist so wunderbar bequem, zumal es früher ein Fach wie die Sozialwissenschaften noch nicht gab, mit dem man den Versuch hätte unternehmen können, eine neue Morallehre aufgrund soziologischer Veränderungen zu erklären und zu begründen.

Die Berufung auf eine höhere Autorität zur Durchsetzung einer Morallehre war und ist nichts Neues. Wenn in einer autoritären Familie ein Kind sich nicht ordentlich benahm, wurde eine Verdammung durch die

160

höchste Autorität in der Familie angedroht. Was sagte die Mutter in so einem Fall zu dem unartigen Kind? *Wenn du dich nicht sofort zusammennimmst, sage ich es heute Abend dem Papa!*

In der Familie war der Vater die höchste Autorität, im Staat der König. *Wenn du die Steuern nicht zahlst, wird der König dich einlochen!* Ebenso lehrten die meisten Religionen, ganz einfach ausgedrückt: *Wenn du dich gut benimmst, wird der liebe Gott dich ins Himmelreich holen, wo alle glücklich sind. Wenn nicht, wirst du zum Höllenleben verdammt!*

Bei manchen Religionen werden im Jenseits noch bessere Lebensverhältnisse als in diesem Leben versprochen. Auch die Religionen, oder noch genauer gesagt, die Weltanschauungen, die anfangs atheistisch waren, besorgten sich im Lauf der Zeit diese oder jene Gottheit, um ihre Lehren durchzusetzen. So wurde im atheistischen Buddhismus später Buddha selbst von seinen Anhängern zum Gott *degradiert.*

Im Marxismus-Leninismus werden Autoritäten wie Marx, Engels und Lenin bei jeder Gelegenheit zitiert, um irgendeine These zu rechtfertigen.

Das Zitieren einer Persönlichkeit – sei es Lenin, Jesus oder Buddha – ist allerdings noch lange kein Beweis für die Wahrheit der zitierten Behauptungen. Im Laufe der Geschichte der Menschheit sind viele Religionen, einschließlich der Naturreligionen, des Ahnenglaubens, der Idol-Anbetung oder der atheistischen Weltanschauung, verfallen, verschwunden und verfault. Die Keime des Verfalls waren aber schon bei ihrer Entstehung vorhanden.

Die meisten Religionen hatten ein starres Dogma. Für die Verbreitung der Religionen mag es sicher ein großer Vorteil sein, ein starres Dogma, kombiniert mit der Berufung auf eine Autorität, zu haben. Nie war es aber den Religionsurhebern möglich gewesen, die Wichtigkeit der Tatsache, dass die sich ständig verändernde Gesellschaft auch eine veränderte Morallehre brauchte, zu erkennen.

Wenn es schließlich so weit gekommen war, dass die existierende Gesellschaft wegen der veralteten Gesetze nicht mehr reibungslos funktionierte, wurde eine neue Religion geboren, die dann ihre Dogmen an die neuen sozialen Verhältnisse weitgehend anpasste. Dies ist allein schon dadurch zu beweisen, dass es viel mehr Propheten gegeben hat als Religionen. Alle kamen nämlich gar nicht an beim Volk. Die jüdische Religion hat recht viele Beispiele dafür, und auch da wurde von Wundertaten erzählt. Nur der, der seine Weltanschauung weitgehend auf die Verhältnisse des Volkes, der Gesellschaft, einstellte, war in der Lage, seine Lehre zu verbreiten.

2. Verkündigung, Dogmen, Interpretationen – und Glück nach dem Tod

Nicht nur ein zu starres Dogma, sondern auch die im Laufe der Zeit zunehmenden Fehlinterpretationen der Lehre – also Abweichungen von dem, was der Prophet gemeint hat – durch die religiöse Hierarchie trugen zum Verfall der jeweiligen Religion bei. Außerdem legten die Religionen im Laufe der Zeit mehr Gewicht auf *Glauben*, auf die *Autorität Gottes*, als auf die vom Propheten verkündete Morallehre. Es ist ja auch bequemer und weniger anstrengend, blindlings zu glauben, als die meist unbequeme und strenge Lehre zu befolgen.

Es ist einfacher, in die Kirche zu gehen und zu beten, als sich bis zum bitteren Ende Gedanken darüber zu machen, dass es nach der christlichen Lehre der Nächstenliebe in der Welt keine Kriege geben dürfte, das Profitdenken der kapitalistischen Welt verschwinden müsste und man über die Nachbarn nicht *tratschen* sollte.

In den vergangenen Jahrhunderten war die Gesellschaftsstruktur über größere Zeiträume hinweg gleich geblieben. So konnten manche Religionen sich lange Zeit behaupten. Heute aber ändert sich die

Gesellschaftsstruktur so rasch, dass die verschiedenen Religionen mit ihren dürftigen Versuchen, ihre Lehren der neuen Welt anzupassen, nicht mehr nachkommen.

Je dogmatischer die Religion, desto schwerer wird sie es haben, attraktiv zu sein. Die fundamentalistischen Tendenzen im Islam sind noch stärker ausgeprägt, da hier das Dogma eine größere Rolle spielt. Die katholische Kirche hat es sicherlich schwerer, sich in der modernen Zeit durchzusetzen, als die evangelische. Wie sehr sie auch versuchen, sich der veränderten Welt anzupassen, die Ketten der Dogmen werden es den Religionen nicht erlauben, sich aus der Strömung des Untergangs freizuschwimmen.

Ein Grundfehler haftet allen diesen Religionen an. Sie haben zwar erkannt, dass der Mensch den Wunsch hat, glücklich zu sein, aber nur intuitiv, ohne die wahre Bedeutung zu begreifen.

Die Propheten oder die Reformer, die das Unglück und Elend in der Welt sahen, wollten die Welt verbessern. Sie stellten gewisse Moralgesetze auf und versprachen den Menschen, die diese Gesetze befolgten, Glück nach dem Tode. Buddhisten und Jainas nennen es *Nirvana*, Hinduisten das *Einssein* mit dem Brahman, dem Weltgeist. Das Judentum, der Islam, das Christentum und viele andere sprechen vom *Himmel* als dem höchsten Glück. Sie setzten ihre Morallehren mit der unbewussten Erkenntnis durch, dass der Mensch glücklich sein will.

Dabei konnten sie in ihren Morallehren nicht erklären, warum man ihnen folgen müsse. Deswegen geschah die Durchsetzung der Lehre mithilfe der Berufung auf eine Autorität, z.B. Gott, unter geschickter (doch sicherlich nicht böswilliger) Ausnutzung des menschlichen Wunsches, glücklich zu sein. Die Religionsbegründer haben aber nicht erkannt, dass einerseits der Wunsch, glücklich zu sein, Leitmotiv allen menschlichen Tuns ist, und andererseits man zum *Glücklichsein* den Willen, gut zu sein, besitzen muss; sie haben nicht erkannt, dass dies eine in sich geschlossene Lehre ist und sich ohne Berufung auf eine

Autorität oder eine übernatürliche Kraft erklären lässt. Aufgrund der geographischen, historischen und gesellschaftlichen Begebenheiten haben sich auf unserem Planeten Erde mehrere Religionen entwickelt. Manche sind wieder von der Erdoberfläche verschwunden, manche existieren noch heute.

Wir haben gesehen, dass bei allen Religionen, besonders in deren *Ethik*, einige Gemeinsamkeiten festzustellen sind. Es bestehen aber auch Unterschiede. Die Unterschiede müssen zwangsläufig bestehen, denn sonst bräuchten nicht mehrere Religionen gleichzeitig auf der Erde zu existieren.

Und damit ist ein neues Problem entstanden. Wenn von diesen vielen Religionen jede behauptet, die einzig richtige für die Menschheit (womöglich auch noch für den Kosmos) zu sein, können nicht alle recht haben. Aus Gründen der Logik kann nur eine wahr sein – wenn überhaupt. Jeder, der in diese Religion nur hineingeboren ist, nimmt jedoch für sich in Anspruch, die wahre Religion zu besitzen. Welche der vielen ist nun die wahre Lehre und warum? Welche Kriterien können herangezogen werden, um den Sachverhalt objektiv zu prüfen?

3.   Nur was man selbst glaubt, ist richtig?

Sicher kann man eine passive, pragmatische Haltung einnehmen. Nichts tun und schauen, wie die Sache sich weiterentwickelt. Diese Haltung ist aus zwei verschiedenen Gründen unzulässig und ungesund: Die eine ist die praktische Seite und die andere die theoretische, die aber praktische Konsequenzen hat.

Zur praktischen Seite: Noch vor 100 Jahren glaubten wir, dass weit entfernte Völkergemeinschaften völlig anders seien als wir. Und diese wiederum glaubten das Gleiche von uns. Wir trauten ihnen nicht wegen der augenfälligen kulturellen Unterschiede, und sie glaubten uns eben so wenig. So wie sie zu uns, waren wir zu ihnen: Ausländer, Heiden sind eigenartig und schon deswegen böse. Sie waren unsere potenziellen Feinde. Unsere Einstellung zu ihnen und ihre Einstellung zu uns basierten auf mangelnden und falschen Informationen, falschen Interpretationen oder gar *bösen Vorahnungen*.

Solange die Entfernungen noch nicht so leicht zu überbrücken waren und nur dürftige, z.b. soziale und volkswirtschaftliche Kontakte möglich waren, waren diese Unterschiede nicht von allgemeiner Konsequenz. Durch die zunehmende Technik sind die Entfernungen erheblich geschrumpft. Sie werden in Zukunft sogar noch kleiner werden, und da können wir uns den Luxus des gegenseitigen Missverstehens, des pragmatischen Abwertens nicht erlauben.

Dialoge müssen geführt werden, falsche Meinungen und Urteile müssen korrigiert und eventuell fallengelassen werden. Es muss eine völlig neue Einstellung entwickelt werden, die ein besseres Verständnis zwischen einzelnen Menschen und Gemeinschaften am ehesten gewährleistet.

Nun die theoretische Seite: Wenn wir auf der Suche nach Wahrheit sind, können wir nicht blind behaupten, nur was man selbst glaubt, sei richtig. Dies ist aber leider die Einstellung der Mehrzahl der Menschen in den derzeit existierenden Religionen. Ein großer Teil dieser Religionen versucht, ihre Morallehren mit dem Fingerzeig auf die höchste Autorität, nämlich Gott, aber auch mit aggressiven, machtpolitischen Mitteln aller Art durchzusetzen. Weil ihre Morallehren von der göttlichen Autorität stammen, müssen sie richtig sein. Also ist ihnen jedes Mittel heilig, um sie zu verteidigen, sogar ein sogenannter *Heiliger Krieg*.

Damit stoßen wir auf einen Aspekt, der den maßgeblichen Religionen im Zeitalter des kritischen Verstandes – im Gegensatz zum vergangenen Zeitalter des blinden Glaubens – zunehmend Kopfschmerzen bereitet. Diese drohen in tödliche Migräneanfälle überzugehen.

VI.   Gott in Religionen *und* Gottesbeweise

Alle Religionen bedürfen zur Durchsetzung ihrer Morallehre also einer höheren Autorität, die im Allgemeinen Gott heißt. Der Pferdefuß ist aber, dass die Existenz Gottes weder bewiesen noch beweisbar ist.

Eine Hypothese bleibt eine Hypothese, solange sie nicht bewiesen ist. Und man kann seine Handlung nicht auf eine reine Hypothese aufbauen. Wenn man aber trotzdem von jemandem verlangt, seine Handlungen auf einer Hypothese aufzubauen: Auf welche Hypothese darf man sie dann gründen? Hinsichtlich der höheren Autorität gibt es genügend divergierende Hypothesen und man kann sich leicht einige andere ausdenken, um die Absurdität der eben erstellten Behauptung zu verdeutlichen.

1.   (Hypothese) Gibt es eine allmächtige Kraft, die Gott heißt?

Es gibt eine allmächtige Kraft, die Gott heißt. Sie hat uns erschaffen und sie sagt uns, wie wir uns zu verhalten haben. Wenn wir ihr Wohlgefallen erringen, nimmt sie uns zu sich, dorthin, wo unendlicher Friede und ewiges Glück herrschen. Wenn sie uns aber nicht wohlgesonnen ist, dann verdammt sie uns in die ewige Hölle, wo wir für immer *Pein und Unglück erleiden müssen. Folge: Wir, Gottes Stellvertreter auf Erden, sagen euch Mitgliedern der Menschheit, euch Gotteskindern, wie ihr euch verhalten sollt, damit Gott an euch Wohlgefallen findet.*

2. (Hypothese) Besteht der Kosmos seit ewigen Zeiten?

Der Kosmos besteht seit ewiger Zeit. Entstehungsphasen wechseln sich mit Vernichtungsphasen ab. In der Vernichtungsphase wird alles vernichtet, was im Laufe von Jahrmillionen entstanden ist, einschließlich Milliarden und Abermilliarden intelligenter, hochentwickelter Arten auf verschiedenen Planeten und Galaxien. Aber in einem dieser Zyklen gelang es einer bestimmten Art, die einzelnen Seelen ihrer Mitglieder in einem mächtigen Geist zu vereinen. Dieser Geist, in all seiner Herrlichkeit, ist für eine so junge und unausgegorene Art wie der des *Homo sapiens* völlig unfassbar.

Dieser Geist löste sich von der Materie und konnte so die Vernichtungsphase überleben. Er ging dann daran, die neu entstehenden Arten zu beobachten. Den Besten unter ihnen wollte er helfen, ihren Geist so weit zu entwickeln, dass er ihn dann später in seinen eigenen Geist aufnehmen konnte. Denn dadurch wird sein Geist noch größer und mächtiger. Ihm standen aber unendlich viele Spielarten von Lebewesen zur Auswahl, und er wollte nur die besten zu sich nehmen.

Ich als sein Prophet sage euch, was ihr zu tun habt, damit ihr in seinen Geist aufgenommen werden könnt. Entwickelt die Raumfahrt, damit wir Kontakt zu anderen Lebewesen aufnehmen können. Dann können wir unseren Geist mit dem der anderen vermischen, um unser Angebot für den großen Geist attraktiver zu machen. Ich sage euch also, das erste Gebot ist, entwickelt die Raumfahrt. Nur so wird der starke Geist übrigbleiben!

Man könnte den Gedanken noch weiter spinnen. Doch der hypothetische Charakter ist besonders in den letzten Sätzen deutlich geworden. Da die ersten Gedanken als durchaus möglich erscheinen, blieb ihr hypothetischer Charakter versteckt. Aber die letzten Gedanken widersprechen so entschieden unseren Gewohnheiten, dass dadurch der rein hypothetische Charakter für uns sichtbar wird. Ich hätte noch mehrere Beispiele, die in unterschiedlicher Weise den hypothetischen Charakter der Gottesannahme offenbaren. Ich will jedoch nur noch eines erwähnen, damit dieser Teil der Ausführungen nicht zu lang wird.

3. (Hypothese) Gibt es nur eine hochentwickelte Spezies in der Welt? Nehmen wir an, es gibt noch eine woanders

Nehmen wir an: Es gibt eine hochentwickelte Spezies auf einem anderen Planeten, eine mit einer großen Anzahl von menschenähnlichen Mitgliedern. In einer Schule für höchste Funktionäre des *Beamtenstaates* findet eine Prüfung statt. Diejenigen, die bestehen, werden als Gouverneure eingesetzt.

Um seine Regierungsfähigkeit zu prüfen, erhält jeder Prüfling folgende Aufgabe: Mithilfe eines für uns unvorstellbar hochentwickelten Computers, der an hundert tentakelartigen Händen angeschlossen ist, soll er in einem Computerprogramm zuerst Leben entstehen lassen, und dann durch die Evolution Lebewesen entwickeln, die ihm ähneln. Dann soll er durch seine Geschicklichkeit eine Gemeinschaft organisieren, die der seinigen ähnelt.

Nun muss er, um seine *Regierungsfähigkeit* zu beweisen, die Gemeinschaft dieser Wesen so organisieren und regieren, dass sie einwandfrei funktioniert. Wenn er seine Prüfung beendet hat, wird das ganze Programm gelöscht. *Oh, ihr unwissenden Blinden, diese zu Versuchszwecken erschaffenen Wesen sind wir!*

Diese Erkenntnis ist mir durch einen Kurzschluss in der Computerelektronik zuteilgeworden. Ich weiß jetzt, wir sind nur Marionetten in Händen eines Prüflings und nicht die Lieblingswesen eines Gottes. Wir werden eines Tages auf einen Schlag ausgelöscht werden. Da hilft weder beten noch helfen gute Taten. *Gebt auf, Leute – das Leben hat keinen Sinn!*

Das war mein letztes Beispiel: Ich könnte natürlich noch ein weiteres konstruieren, in dem Glaubenskomponenten vorhanden sind, die den christlichen und islamischen sehr ähneln und diesen Religionen auch in ihren moralischen Inhalten gleichen.

Aber ich könnte in die Moral einige kleine Abweichungen einbauen. Auf welche von all diesen Hypothesen soll man nun seine Handlung bauen, wenn keine sich beweisen lässt?

4. Welche ist die wahre Religion unter den Religionen?

Alle Religionen behaupten, die wahre Religion zu sein. Aus dem einfachen Grund der Logik ist klar, dass höchstens eine davon wahr sein kann, da sie im Widerspruch zueinander stehen. Wie wollen wir dann entscheiden, welche die wahre Religion ist? Manchmal wird behauptet, dass die Einstellung verschiedener Religionen sich in den Grundfragen deckt. Stimmt diese Feststellung? Wir wollen diesen Sachverhalt etwas näher betrachten.

Ich möchte Ihnen hierzu die Zehn Gebote des Buddhismus, des Islam und der Papuas vorstellen, die bekanntlich auch eine Religion haben, die Jahrhunderte überdauert hat.

Zugleich möchte ich Ihnen die Zehn Gebote des Alten Testaments zum Vergleich in Erinnerung rufen.

Beginnen wir mit den Zehn Geboten (2. Mo. 20; 1–17).

Gott sprach zu Moses: *Ich bin der Herr, dein Gott, der dich aus dem Lande Ägypten, dem Haus der Knechtschaft, geführt hat. Du sollst keine anderen Götter neben mir haben! Du sollst dir kein Schnitzbild machen, noch irgendein Abbild von dem, was droben im Himmel oder auf der Erde unten oder im Wasser unter der Erde ist! Bete sie nicht an und diene ihnen nicht; denn ich, der Herr, dein Gott, bin ein eifersüchtiger Gott, der die Missetat der Väter verfolgt bis ins dritte und vierte Glied an den Kindern derer, die mich hassen. Und tue Barmherzigkeit an vielen Tausenden, die mich lieben und meine Gebote halten.*

Du sollst den Namen des Herrn, deines Gottes, nicht unnütz aussprechen; denn der Herr lässt denjenigen nicht ungestraft, der seinen Namen unnütz ausspricht.

Gedenke des Sabbats, um ihn heiligzuhalten. Sechs Tage lang sollst du arbeiten und alle deine Geschäfte verrichten. Doch der siebte Tag ist ein Ruhetag für den Herrn, deinen Gott. Du sollst an ihm keinerlei Arbeit tun, weder du selbst, noch dein Sohn, noch deine Tochter, noch dein Knecht, noch deine Magd, noch dein Vieh, noch ein Fremdling, der sich in deinen Toren befindet. Denn in sechs Tagen hat der Herr den Himmel, die Erde, das Meer und alles, was in ihnen ist, erschaffen; doch am siebten Tag ruhte er. Darum segnete der Herr den Sabbat und erklärte ihn für heilig.

Ehre deinen Vater und deine Mutter, damit du lange lebst in dem Land, das der Herr, dein Gott, dir gibt!

- *Du sollst nicht töten.*
- *Du sollst nicht ehebrechen.*
- *Du sollst nicht stehlen.*
- *Du sollst gegen deinen Nächsten kein falsches Zeugnis abgeben.*
- *Du sollst nicht das Haus deines Nächsten begehren,*
- *Du sollst nicht begehren die Frau deines Nächsten und auch nicht seinen Knecht, seine Magd, sein Rind, seinen Esel und nichts von dem, was deinem Nächsten gehört.*

An dieser Stelle möchte ich in Erinnerung bringen, dass nicht nur das Neue Testament für jeden Christen Gültigkeit besitzt, sondern auch diese Zehn Gebote aus dem Alten Testament, die Moses auf den Gesetzestafeln empfing. Aus dem Neuen Testament habe ich 10 Gebote herausgesucht, die mir in diesem Zusammenhang wichtig erschienen.

- *Du sollst lieben Gott, den Herrn (Mt. 22; 37).*
- *Seine Barmherzigkeit währt von Geschlecht zu Geschlecht bei denen, die ihn fürchten (Lk. 1; 50).*
- *Liebet eure Feinde (Mt. 5; 44).*
- *Richtet nicht, damit ihr nicht gerichtet werdet (Mt. 7; 1).*
- *Es ist dem Manne gut, dass er kein Weib berührt (1. Ko. 7; 1).*
- *Wer eine Frau ansieht ihrer zu begehren, der hat schon mit ihr die Ehe gebrochen (Mt. 5; 28).*
  Wie allen Gemeinden der Heiligen lasset die Frauen schweigen in der Gemeinde; denn es soll nicht zugelassen werden, dass sie reden, sondern sie sollen sich unterordnen (1. Ko. 14; 35).
- *Wer zu seinem Bruder auch nur sage du Narr sei der Hölle mit ihrem Feuer verfallen (Mt. 5; 22).*
- *Sorget nicht um euer Leben, was ihr essen und trinken werdet, auch nicht um euren Leib (Mt. 6; 25).*
- *Ihr Sklaven! Seid gehorsam eurem leiblichen Herrn mit Furcht und Zittern (Es. 6; 5).*

Der Islam, der ja auch das Alte Testament anerkennt, ruht auf fünf Säulen und vielen weiteren Geboten des Koran. Diese fünf Säulen sind:

- *Es gibt keinen andern Gott als Allah, und Mohammed ist sein Prophet.*
- *Der Dienst an Allah wird durch tägliches Gebet zu bestimmten fünf Tages- und Nachtzeiten mit Gebetsrichtung gegen Mekka verrichtet.*

- *Einhalten der Fastenvorschriften, regelmäßig von Sonnenaufgang bis Sonnenuntergang im Fastenmonat Ramadan, auch als Buß-übung in besonderen Fällen.*
- *Durchführung der Hadsch, der großen Pilgerfahrt, einmal im Leben.*
- *Abgabe der Zakat, der Armensteuer.*

Die weiteren Gebote lauten:

- *Verbot des Verzehrs von Alkohol, Schweinefleisch und Verendetem.*
- *Heiliges Gebot ist die Befolgung des Aufrufs zum Religionskrieg.*
- *Achtung vor dem Leben der Mitmenschen.*
- *Treue und Anständigkeit im Einhalten von Verträgen und im Handelsleben.*
- *Einschränkung der Polygamie auf vier Frauen.*
- *Güte und Dankbarkeit den Eltern gegenüber.*
- *Hilfestellung für Stammes- und Glaubensgenossen.*
- *Sittlicher Lebenswandel.*
- *Pflichttreue.*
- *Verbot des Selbstmordes.*

Es gibt noch weitere, aber ich glaube, die wichtigsten Gebote habe ich erwähnt. Es besteht natürlich durchaus die Möglichkeit, dass ein korankundiger Moslem mit dieser Kurzfassung nicht einverstanden ist.

Das gleiche gilt auch für den achtfachen Weg des Buddhismus, mit den nachfolgenden fünf, zusammengefassten Geboten des richtigen Verhaltens:

- *Richtiger Glaube: Das bedeutet, die Wahrheit ist der richtige Führer der Menschen.*
- *Richtige Entscheidung. Das bedeutet: Immer besonnen und ruhig*

sein, und niemals einem lebendigen Wesen Leid zufügen.

- *Richtige Redeweise. Das heißt: Nie lügen, nicht eine harte Sprache anwenden, üble Nachrede vermeiden.*
- *Richtige Beschäftigung. Das heißt: Schlechte Beschäftigungen, wie Handeln mit gestohlenen Gütern, Betrug vermeiden.*
- *Richtiges Verhalten. Das heißt: Nicht töten, nicht stehlen, nie etwas tun, wofür man sich schämen muss.*
- *Richtige Kontemplation. Das heißt: Sich nie aufregen, seine Gedanken nie durch Freude oder Trauer beherrschen lassen.*
- *Richtige Mühe. Das heißt: Immer tun, was gut ist, und vom Bösen fernbleiben.*
- *Richtige Konzentration. Diese erreicht man, wenn man die anderen Gesetze befolgt und einen Zustand des absoluten Friedens erreicht hat.*

Darauf folgen die fünf Gebote:

- Nicht töten.
- Nicht stehlen.
- Nicht lügen.
- Nicht ehebrechen.
- Sich nicht berauschen.

Die Gebote der Papua sind natürlich nicht nur zehn an der Zahl, aber der Einfachheit halber zähle ich hier nur die wesentlichen Gebote auf:

- Du sollst dich fürchten! Am Tag sollst du dich fürchten! Am Tag sollst du dich besonders vor den Geisterplätzen, Geisterhöhlen, Geisterwassern und überhaupt vor allem, was mit Geistern zusammenhängt, fürchten. Noch viel mehr sollst du dich aber in der Nacht fürchten, wo die Geister umgehen.

- Du sollst niemals und in keiner Weise den Pfad der Ahnen verlassen, sondern alles genauso halten und weiterführen, wie es von ihnen überliefert worden ist.
- Du sollst dich vor den Zauberern hüten. Lasse nie einen Speiserest liegen. Spucke nur ins Feuer oder ins Wasser. Vor allen Dingen aber musst du für jeden Menschen, der aus deiner Verwandtschaft stirbt, jemanden aus der Sippe des Zauberers totschlagen.
- Du sollst dich vor allem Fremden, insbesondere vor jedem fremden Menschen hüten, denn jeder Fremde ist ein Feind, der dir gefährlich werden kann. Freund ist nur der Sippengenosse.
- Du sollst die Alten und Großen, die Häuptlinge und Krieger ehren und ihnen nie widersprechen, denn sie haben die Macht, dir zu schaden.
- Du sollst deinem Sippengenossen in jeder Lage und in jedem Fall helfen und für ihn Partei ergreifen, ob er recht oder unrecht hat; aber deinem Feind und jedem Fremden sollst du jederzeit und in jeder Weise schaden.
- Alles, was dir gehört, was du erwirbst oder erbeutest, sollst du mit deinen Sippengenossen teilen und nichts für dich allein behalten.
- Du sollst stets deiner Sippe Nutzen im Auge haben, denn es kommt auch dir zugute. Als Glied deiner Sippe bist du für sie verantwortlich und haftbar, wie auch deine Sippe für dich verantwortlich und haftbar ist.
- Du sollst dir dein Weib durch Kauf ehrlich erwerben oder es von den Feinden rauben, nicht aber es deinen Sippengenossen entführen, denn daraus folgt Sippenstreit und Blutvergießen.
- Du Mann, wenn dir deine Frau nicht folgt oder dir nichts zu essen kocht, dann schlage sie; denn ihr Sinn steht gewiss nach einem anderen Mann. Du Frau, folge deinem Mann und koche ihm stets das Essen, sonst schlägt er dich, und es kommt zu Unfrieden und Sippenstreit.

Ich habe diesen papuanischen Moralkodex aus einem Lehrbuch für Ethik für die einheimische christliche Bevölkerung entnommen und hege den starken Verdacht, dass hier eine sehr einseitige Berichterstattung vorliegt, die dazu dienen soll, die christliche Ethik durch Vergleiche mit anderen Moralkodizes höherwertig erscheinen zu lassen. Falls dies der Fall ist, möge mir der besser informierte Anthropologe verzeihen.

Es würde zu weit führen, jetzt aus den vorgestellten Moralkodizes der vier verschiedenen Religionen Gemeinsamkeiten und Unterschiede aufzuzeigen. Die Unterschiede sind nicht unwesentlich und sicherlich leicht erkennbar.

5.   Sittenkodizes und die Folgen bei ihrer Nichterfüllung

Die Sittenkodizes sind zu verschiedenen Zeiten und in den verschiedenen Teilen der Welt so unterschiedlich gewesen, wie man es fast nicht für möglich halten sollte.

Die Azteken betrachteten es als schmerzliche Pflicht, bei feierlichen Gelegenheiten Menschenfleisch zu essen; sie glaubten, bei Nichterfüllung dieser Pflicht würde das Licht der Sonne erlöschen.

Die Kopfjäger von Borneo durften nur heiraten, wenn sie eine bestimmte Anzahl von Köpfen als Morgengabe darbrachten; ein junger Mann, der das versäumte, verfiel der Verachtung, die man in Amerika einem Schwächling gegenüber empfindet.

Konfuzius entschied, dass ein Mensch, dessen Eltern noch lebten, sich mangelnder Sohnesliebe schuldig machte, wenn er einen einträglichen Regierungsposten ablehnte, denn er habe sein Gehalt und seine Nebeneinnahmen dazu zu verwenden, Vater und Mutter einen behaglichen Lebensabend zu bereiten.

Der Hammurabi dekreditierte, dass, wenn die Tochter eines angesehenen Mannes während der Schwangerschaft an den Folgen von Schlägen stürbe, die Tochter desjenigen, der ihr die Schläge versetzt hatte, hinzurichten sei.

Das jüdische Gesetz befahl, eine Frau, die beim Ehebruch ertappt wurde, zu steinigen.

Angesichts dieser stark unterschiedlichen Moralkodizes vermögen wir nicht zu sagen, dass gewisse Arten von Handlungen gerecht, andere dagegen ungerecht seien, wenn wir nicht ein Kriterium ausfindig machen, aufgrund dessen manche Kodizes besser sind als andere.

Von Natur aus hat jeder, der über seine Heimat nicht hinausgekommen ist, die Neigung, diese Fragen sehr einfach zu entscheiden: Der Kodex seines Landes ist der richtige, und wenn andere Kodizes von ihm abweichen, so sind sie zu verwerfen. Dieser Standpunkt ist besonders einfach zu vertreten, wenn die Vermutung besteht, dass der eigene Kodex übernatürlichen Ursprungs ist.

Berufen sich aber mehrere unterschiedliche Kodizes – und hier kommt der springende Punkt – gleichzeitig auf einen erhabenen Ursprung, dann kann der Philosoph sich schwerlich für einen von ihnen entscheiden.

Alle Religionen – mit Ausnahme des Buddhismus, der eine atheistische Religion ist – berufen sich, um ihren Moralkodex zu rechtfertigen, auf eine höhere Autorität, die im Allgemeinen Gott heißt. Die grundlegende Frage ist demnach nicht, was Gott gesagt hat, da dies ja in verschiedenen Religionen verschieden ist, sondern, ob es überhaupt einen Gott gibt.

Gibt es Beweise für die Existenz eines Gottes oder sogar für mehrere Götter, wie sie z.B. im Hinduismus vorkommen? Ist die Existenz Gottes beweisbar?

6. Gottesbeweise

Bevor wir uns mit Gottesbeweisen befassen, möchte ich noch Folgendes erwähnen: Der Glaube an Gott ist an sich kein Widerspruch zu der von mir vorgestellten, ethischen Grundthese.

Ich denke, auch die *Gottesgläubigen* werden von der Grundthese profitieren, wenn sie sich mit offenem Verstand mit ihr befassen, ohne dass sie emotional mit ihrem Glauben in Konflikt geraten.

Nur wenn wir die Detailfragen behandeln, können Konfliktpunkte nicht ausgeschlossen werden. Wird eine neue ethische These vorgestellt, muss sie zwangsläufig etwas anders sein als die bisherigen, einschließlich der religiösen, marxistischen und der verschiedener anderer Philosophen; denn sonst wäre sie nicht neu. Damit ist eine kritische Auseinandersetzung mit den anderen Theorien unvermeidlich, wenn wir dem Wahrheitsgehalt der einzelnen Theorien nachgehen wollen.

Sicherlich ist eine produktive Diskussion mit demjenigen nicht möglich, der trotz der neuen Erkenntnisse nicht bereit ist, sich von seiner vorherigen Meinung zu trennen. Zwangsläufig wird derjenige, der seine bisherige Einstellung aufgrund neuester Erkenntnisse ständig neu gebildet hat, eher bereit sein, diese erneut zu ändern, als derjenige, dem eine Überzeugung durch seine zufällige Geburt in der entsprechenden Gemeinschaft zuteilgeworden ist, in der er diese Überzeugung sekundär rationalisiert hat.

6.1 Nimmt Gott auf unser tägliches Leben Einfluss?

Wenn wir eine ethische These diskutieren, ist die Frage der Existenz Gottes nicht so wichtig wie die Frage, ob dieser Gott auf unser tägliches Leben Einfluss ausübt. Inwiefern ist Gott ethisch relevant? Besteht Grund zu der Annahme, dass Gott aktiv in das zwischenmensch-

liche Verhalten eingreift? Besteht ein berechtigter Grund zu der Annahme, dass dieser oder jener Moralkodex von Gott gegeben ist und
wir uns danach richten sollten?

Der Gott aller Religionen ist ein handelnder Gott, der in unser tägliches Leben eingreift. Einige emanzipierte Gläubige stellen sich Gott
als den Verursacher des Urknalls vor. Er hat den Kosmos geschaffen
und alles nimmt jetzt ohne ihn seinen Lauf. Wäre das der Fall, dann
könnte er aber für uns ethisch nicht relevant sein, dann hätte er uns
nicht, wie die verschiedenen Offenbarungen uns weismachen wollen,
ständig – oder überhaupt – Verhaltensregeln für den Umgang mit unseren Mitmenschen gegeben, und täte dies auch jetzt nicht.

6.2 Lässt sich die Existenz Gottes durch die Vernunft beweisen?

Wie bekannt sein dürfte, hat die katholische Kirche zum Dogma er-
hoben, dass sich die Existenz Gottes durch die Vernunft beweisen lässt.
Das Dogma ist zwar etwas eigenartig, aber es ist immerhin eines ihrer
Dogmen. Die Kirche musste es einführen, als Freidenker immer öfter
behaupteten, es gebe diese und jene Argumente, welche die reine Vernunft gegen die Existenz Gottes vorbringen könnte.

Diese Beweise und Gründe wurden sehr ausführlich dargelegt, und
die katholische Kirche erkannte, dass sie dem ein Ende setzen musste.
Daher behauptete sie, die Existenz Gottes lasse sich durch die menschliche Vernunft beweisen. Um diese Behauptung zu begründen, musste
sie Argumente vorbringen, die sie für stichhaltig hielt: Ein wissenschaftlich denkender Mensch – muss ich gestehen – kann das nebenbei
gesagt nur belächeln. Natürlich gibt es eine Anzahl von solchen Argu-
menten. Wir müssen uns aber mit den wichtigsten begnügen.

Beweis der ersten Ursache: Es wird behauptet, dass alles, was wir auf dieser Welt sehen, eine Ursache hat und dass man zu einer ersten Ursache gelangen muss, wenn man die Kette der Ursachen immer weiter zurückverfolgt. Diese erste Ursache nennt man Gott.

Der Trugschluss im Argument ist eigentlich offensichtlich. Wenn alles eine Ursache haben muss, dann muss auch Gott eine Ursache haben. Wenn es etwas geben kann, das keine Ursache hat, kann das ebenso gut die Welt wie Gott sein.

Außerdem ist das Kausalitätsgesetz überhaupt fragwürdig. Es gibt keinen Grund anzunehmen, dass die Welt oder der Kosmos einen Anfang hatte. Die Idee, alles müsse einen Anfang haben, entspricht der Armut unserer Vorstellungskraft.

6.3   Die Frage, was vorher war?

Nach den neuesten Erkenntnissen sind Raum, Zeit und Materie aus einer Singularität (Einzigartigkeit) entstanden, wohlgemerkt auch die Zeit. Wenn es vor der Singularität keine Zeit gab, dann ist die Frage, was vorher war, gar nicht zulässig.

Es mag schwerfallen, solche Gedankengänge zu verdauen. Aber wie steht es mit der Form der Erde? Sie ist rund. Wo ist dann der Anfang der Oberfläche und wo endet sie? Wenn man den Menschen vor ein paar Jahrhunderten, als man noch dachte, die Erde sei eine flache Scheibe, gesagt hätte, dass die Erdoberfläche weder Anfang noch Ende hat, dann hätte er uns einen Vogel gezeigt und uns ins Irrenhaus gesteckt. Jetzt, da wir mit dem Gedanken, dass die Erde rund ist, wohl vertraut sind, ist es für uns absolut logisch, dass die Erdoberfläche weder Anfang noch Ende haben kann.

Vor dem Zeitalter der Relativitätstheorie wäre es uns schwergefallen uns vorzustellen, dass der Zeitfluss nicht im ganzen Kosmos gleichmäßig ist. Der Zeitfluss wird durch die Reisegeschwindigkeit, ja auch durch die Gravitation beeinflusst. Im Kosmos vergeht die Zeit also an manchen Stellen schnell, an anderen wiederum langsam. Vielleicht steht sie auch irgendwo still!

Wenn wir uns mit der letzten kosmologischen Theorie über Raum, Zeit und Materie mehr vertraut machen würden, könnten wir uns sicher leicht vorstellen, dass die Frage, was vor der Singularität war, eine überflüssige Frage ist.

Der Beweis durch das Naturgesetz: Dieses Argument war am Anfang der Neuzeit populär, hat jetzt aber an Bedeutung verloren. Es war im ganzen 18. Jahrhundert, besonders unter dem Einfluss von Sir Isaac Newton und seiner Weltentstehungslehre, sehr beliebt. Man beobachtete, dass sich die Planeten nach dem Gravitationsgesetz um die Sonne bewegen, und glaubte, Gott habe ihnen befohlen, sich gerade auf diese Art zu bewegen, und das sei der Grund für ihr Verhalten. Dies ist höchstens eine subjektive Überzeugung, aber doch sicherlich kein Beweis für die Existenz Gottes!

6.4   Der teleologische Gottesbeweis

Sie kennen sicherlich folgende Argumentation: Die ganze Welt ist genau so beschaffen, dass wir darin leben können; wenn sie nur ein wenig anders wäre, könnten wir darin nicht leben. Das ist das Argument der zweckmäßigen Weltordnung.

Manchmal nimmt es eine etwas eigenartige Form an. So wird zum Beispiel behauptet, Kaninchen hätten weiße Schwänze, damit man sie leicht abschießen könne! Ich weiß nicht, wie sich die Kaninchen zu dieser Auffassung stellen. Es ist ein Argument, das sich leicht parodieren lässt. So ist auch Voltaire zu verstehen, wenn er sagte, die Nase sei offenbar so beschaffen, dass darauf eine Brille passe.

Es hat sich gezeigt, dass solche Parodien nicht annähernd so weit daneben treffen, wie es im 18. Jahrhundert den Anschein haben mochte. Seit Darwin verstehen wir viel besser, warum Lebewesen ihrer Umwelt angepasst sind. Nicht die Umwelt wurde geschaffen, damit sie für Lebewesen geeignet ist, sondern die Lebewesen entwickelten sich so, dass sie in dieser Umwelt überleben konnten und können. Das ist die Grundlage der Anpassung, und darin ist keinerlei übernatürliche Absicht erkennbar.

6.5   Die moralischen Gottesbeweise

Wir kennen die drei bekannten Vernunftbeweise für die Existenz Gottes, die alle von Kant in der *Kritik der reinen Vernunft* entkräftet wurden. Aber kaum hatte er sie abgetan, erfand er einen neuen, einen moralischen Beweis, und dieser überzeugte ihn vollkommen.

Wie viele andere Menschen auch, war er in intellektuellen Fragen skeptisch, aber in Dingen der Moral glaubte er bedingungslos an die Maximen, die er auf dem Schoß seiner Mutter in sich aufgenommen hatte. Das veranschaulicht nur, was die Psychoanalytiker so sehr betonen, nämlich wie unendlich stärker wir von unseren frühkindlichen Prägungen beeinflusst werden als von denen späterer Altersstufen.

Für Kant ist Gott eine moralische Gewissheit. Es ist erstaunlich, dass bei dieser hervorragenden, intellektuellen Persönlichkeit die Logik völlig versagt, wenn es um die Glaubensfrage geht. Wie also argumentiert Kant?

Der Mensch ist einerseits zum moralischen Wandel verpflichtet (wieso steht das bei ihm schon fest?). Der Mensch wird andererseits niemals das höchste Gut – die Einheit von Tugend und Glückseligkeit – erlangen. Die Einheit von Tugend und Glück muss aber möglich sein. Also ist sie nur möglich, wenn es Gott und die Unsterblichkeit der Seele gibt.

Man könnte die einzelnen Gedanken nun der Reihe nach analysieren. Für unsere Zwecke reicht es aber, wenn ich auf den logischen Kurzschluss im dritten Gesetz von Kant hinweise.

Wenn Kant meint, die Einheit von Tugend und Glückseligkeit müsse möglich sein, dann kommen hier nur sein Wunschdenken und seine persönlichen Überzeugungen zum Ausdruck.

Es besteht kein gerechtfertigter Grund zu der Annahme, dass dies mit an Sicherheit grenzender Wahrscheinlichkeit wahr ist. Das gleiche gilt für die Aussage, die Einheit von Tugend und Glückseligkeit sei nur möglich, wenn es Gott und die Unsterblichkeit der Seele gibt.

Wir wollen jetzt Kant verlassen und uns dem letzten Argument zuwenden, das als Beweis für die Existenz Gottes ins Feld geführt wird.

6.6   Gottesbeweis durch Streben nach Gerechtigkeit

Dies ist ein sehr eigenartiges moralisches Argument, nämlich die Behauptung, die Existenz Gottes sei nötig, um Gerechtigkeit in diese Welt zu bringen. In dem Teil des Universums, den wir kennen, herrscht große Ungerechtigkeit. Oft leiden die Guten, während es den *Bösen*, den weniger moralisch Handelnden, gut geht. Wenn jedoch im Universum als Ganzem Gerechtigkeit herrschen soll, muss man annehmen, dass ein zukünftiges Leben den Ausgleich zum jetzigen, irdischen Leben herstellen wird.

So wird also behauptet, es müsse einen Gott geben und es müsse Himmel und Hölle geben, damit auf die Dauer Gerechtigkeit herrschen könne. Das ist ein sehr merkwürdiges Argument. Wollte man die Angelegenheit vom wissenschaftlichen Standpunkt aus betrachten, so müsste man sagen: Schließlich kenne ich nur diese Welt. Ich weiß nicht, wie das übrige Universum beschaffen ist.

Aber soweit man überhaupt mit der Wahrscheinlichkeit argumentieren kann, muss man annehmen, dass diese Welt ein repräsentatives Beispiel für das Universum ist, und dass, wenn es hier Ungerechtigkeit gibt, sie höchstwahrscheinlich auch anderswo vorhanden sein wird.

Zur besseren Veranschaulichung ein Beispiel: Nehmen wir an, Sie bekommen eine Kiste Trauben, und beim Öffnen stellen Sie fest, dass die ganze oberste Lage der Trauben verdorben ist. Sie würden daraus nicht ohne Weiteres schließen, die unteren müssten dafür gut sein, damit es sich ausgleicht. Sie würden vielmehr annehmen, die ganze Kiste sei verdorben. In dieser Art würde ein wissenschaftlich denkender Mensch auch in unserer Frage urteilen. Er würde sagen: Hier in dieser Welt finden wir sehr viel Ungerechtigkeit. Das ist ein Grund anzunehmen, dass nicht die Gerechtigkeit die Welt regiert; es liefert uns eher ein moralisches Argument gegen Gott als für Gott.

Die meisten Menschen glauben lediglich an Gott, weil man es sie von frühester Kindheit an gelehrt hat, und das allein ist der Hauptgrund. Wie wir anfangs gesehen haben, gelingt es nur wenigen Menschen, sich von den in der Kindheit geprägten Überzeugungen zu befreien.

Der zweitstärkste Beweggrund ist wohl der Wunsch nach Sicherheit, nach einer Art Gefühl, dass es einen großen Bruder gibt, der sich um uns kümmert und bei dem wir unsere Sorgen und Schuldgefühle abladen können. Diese Sehnsucht trägt wesentlich dazu bei, das Verlangen der Menschen nach einem *Glauben an Gott* zu entfachen.

Als ganz kleines Kind suchte man bei der Mutter Schutz und Trost, wenn man Angst hatte. Mit dem Erwachsenwerden entfiel dieser Schutz. Aber die Gewohnheit, bei Ärger Schutz und Trost zu suchen, blieb. Also schuf der Mensch in seiner Vorstellung Gott.

Obwohl Gott nicht bewiesen und wahrscheinlich auch nicht beweisbar ist, glauben viele Leute aus den eben erwähnten zwei Gründen an Gott und ihre jeweilige Religion. Es gibt aber noch viele andere

Motive für Gottes- und Religionsgläubigkeit. Welches sind diese Gründe? Hier sind einige gängige Gründe aufgeführt:

- In der Religion muss etwas Göttliches im Spiel gewesen sein. Viele Wundertaten, wie sie in den religiösen Büchern erwähnt werden, beweisen es.
- An irgendetwas muss man doch glauben. Ich kann mir nicht vorstellen, dass jemand keinen Glauben hat.
- Gott muss existieren, weil nur ein Schöpfer soviel Wunderbares und Schönes, wie z.B. Blumen, Bäume, Tiere, usw. erschaffen haben kann.
- Religion gibt Halt und Trost.
- Religion braucht man, um sich korrekt zu verhalten.
- Diese Religion gibt es schon so lange, da muss doch etwas Wahres dran sein.
- So viele Menschen glauben an diese oder jene Religion. Die können sich doch nicht alle irren.
- Viele Naturwissenschaftler sind doch gleichzeitig auch gottgläubig.

Alle diese Punkte sind wichtig, weil der Durchschnittsgläubige sie häufig anführt. Sie sind zum größten Teil Ergebnisse der sekundären Rationalisierungsversuche eines ohne Einschaltung des Verstandes angenommenen Glaubensstandpunktes.

Diese Denkweise hindert jedoch daran, sich von den festgefahrenen, alten Denkstrukturen zu emanzipieren. Und deswegen bedarf sie auch entsprechender Betrachtung im Rahmen dieser Ausführungen.

6.7   Der Glaube an Wunder

Der Glaube an Wunder und Wundertaten ist in der christlichen Bevölkerung fester verwurzelt, als ein emanzipierter Christ es sich eingestehen möchte. Wenn die Glaubhaftigkeit einer Religion durch Wundertaten bekräftigt werden soll, dann haben alle Religionen recht – einschließlich des Animismus, der Wundertaten in Hülle und Fülle vorhanden sein lässt.

Auch in der Spätantike – sowohl im jüdischen wie im hellenistischen Raum – wimmelte es von Wundertätern, Gottessöhnen und Heilanden. Jungfrauengeburten, Totenauferweckungen, Himmelfahrten. Wundersame Beruhigung von Stürmen und wunderbare Massenspeisungen waren an der Tagesordnung und wurden sogar von den Gegnern der jeweiligen Kulte geglaubt.

Wenn aber mehrere divergierende Religionen anhand derselben Wunder den übernatürlichen Ursprung ihrer Lehre beweisen wollen und dabei miteinander in Konflikt geraten, dann kann aus Gründen der Logik höchstens eine recht haben oder überhaupt keine. Auf die Beweiskraft von Wundertaten kann man sich also nicht verlassen, wenn man den eigenen Glauben als den wahren Glauben präsentieren will.

6.8   Der Glaube, glauben zu müssen oder nicht anders zu können

Ein wichtiger Punkt ist, dass sehr viele Menschen einfach annehmen, an irgendetwas müsse man doch glauben. Sie gehen sogar so weit und sagen: *Ich glaube Ihnen nicht, wenn Sie behaupten, dass Sie nicht an Gottes Existenz glauben. In Wirklichkeit glauben Sie ja doch!*

Ich glaube, es steckt eine unbewusste Arroganz in solchen Aussagen, deren sich das aussagende Individuum sicherlich nicht bewusst ist. Ich will Ihnen ein Beispiel geben: Ich treffe jemanden in einem Zugabteil. Er sagt mir, er komme jetzt aus München und fahre nach Hamburg. Indem ich nicht widerspreche, impliziere ich, dass ich ihm glaube. Dann erzähle ich ihm: *Ich komme aus Wien und fahre nach Paris.* Er erwidert daraufhin: *Das glaube ich Ihnen nicht.*

Daraus kann ich ja nur schlussfolgern, dass er meint, ich würde entweder lügen oder ich wäre so dumm, dass ich nicht wüsste, wo ich in den Zug eingestiegen bin und wo ich aussteigen möchte. Dass er selbst sich irren könnte, zieht er erst gar nicht in Betracht.

Im Allgemeinen glauben meine Gesprächspartner nicht, dass ich lüge. Sie glauben wahrscheinlich auch nicht, dass ich dumm bin, wenn ich ihnen sage, dass ich nicht glaube, obwohl ein gewisser Anflug der Annahme, ich veriete dadurch eine Art Unwissenheit, unüberhörbar ist. Ist somit vielleicht der Grund nicht bei mir zu suchen, sondern bei meinem Gesprächspartner?

Zuerst sollten wir uns aber über den Inhalt des Wortes *glauben* im Klaren sein. Wie gebrauchen wir das Wort *glauben*?

Ich glaube z.B., dass es wehtut, wenn ein Dorn mich sticht. Oder ich glaube, dass ich, um von München nach Hamburg zu fahren, die nördliche Richtung einschlagen muss. Auch glaube ich, dass die Erde rund ist. Oder ich glaube vielleicht, dass ein sozialkapitalistisches System für die Menschheit gut ist.

Aber mein Gegenüber meint im Allgemeinen nicht diese Art von Glauben. Er meint einen Glauben, wie er ihn hat. Den Glauben an eine übernatürliche Kraft, die in unser Leben auf irgendeine Art und Weise eingreift, und die mit dem Verstand nicht greifbar ist.

Deswegen sagt mir mein Gesprächspartner oft, *Verstand alleine ist mir zu wenig, ich brauche ein bisschen mehr als das.* Das Wort *Ich* wird sodann durch das Wort *Mensch* ausgetauscht. Und nun sagt er: *Der Mensch braucht ein bisschen mehr als Verstand, und das ist der Glaube. Da du auch ein Mensch bist, musst du auch an etwas Überna-*

türliches glauben. Der Kurzschluss, dass das Wort *Ich* durch das Wort *Mensch* ersetzt wurde, kommt meinem Gesprächspartner im Allgemeinen gar nicht in den Sinn. Dies ist der eine Punkt. In vielen Fällen, wenn wir behaupten: *so und so ist es!*, meinen wir eigentlich nur: *ich glaube, so und so ist es!*

Wenn jemand sagt, Kommunisten seien schlecht, oder Kapitalisten seien schlecht, dann meint er im Grunde: *Ich glaube, dass die Kommunisten oder Kapitalisten schlecht sind.*

Die persönliche Einstellung als allgemeine Wahrheit hinzustellen – dieser Kurzschluss ist den meisten Menschen gar nicht bewusst. Die Gefahr des Fehlschlusses ist umso größer, wenn der Bruder, die Schwester und die Dorfbewohner die gleichen Überzeugungen teilen.

Jemand, der aus seiner eigenen Gemeinschaft nie herausgekommen ist und die anderen Standpunkte nie kennengelernt hat, ist im Glauben aufgewachsen, dass die eigene Einstellung eine allgemeine Gesetzmäßigkeit darstellt, und darin wird er auch sterben, ohne die große weite Welt der vielfältigen, gegensätzlichen Gedanken je kennengelernt zu haben.

Eigene Ansichten als Grundlage der allgemeinen Gesetzgebung, als Grundlage der allgemeingültigen Einstellungen zu betrachten, ist nicht nur falsch, sondern auch gefährlich, sobald eine mächtige Person oder eine Gruppe von Personen diese Ansicht vertritt.

Wie oft höre ich folgende Frage: *Wie feiern Sie Weihnachten in Indien?* Nun, ich antworte im Allgemeinen: *Weihnachten ist ein christliches Fest und das Christentum ist in Indien nicht sehr weit verbreitet, deswegen wird Weihnachten von den meisten Indern überhaupt nicht gefeiert.* Wenn ich unausgeglichen bin, dann antworte ich oft: *Die Inder sind Heiden. Heiden feiern keine Weihnacht.* Dann sind die Leute schockiert. Manchmal habe ich das Gefühl, dass dieser Schock sie mehr zum Nachdenken zwingt. Schon das Wort *Heiden* hat für viele einen negativen Beigeschmack.

Diese Einstellung ist sicherlich auf die Bibel zurückzuführen, wo die Heiden als schlechte Menschen eingestuft werden. Alle Laster konnten damals anscheinend leicht und bequem auf die Heiden projiziert werden. Nach diesem Feind-Klischee, dem die stereotype Aufteilung der Menschen in gute und böse Individuen zugrunde liegt, sind die Gottlosen ohne Weiteres der sexuellen Unzucht verfallen. Weiter sind sie, wie es im Römerbrief (Rö. 1; 29–31) steht, erfüllt mit jeglicher Art von Ungerechtigkeit, Schlechtigkeit, Habsucht und Bosheit, voller Neid, Mord, Hader, Betrug und Tücke. Sie sind Ohrenbläser, Verleumder, *Gottesfeinde*, Frevler, hochmütig, Prahler, erfinderisch im Bösen, ungehorsam gegen ihre Eltern, unvernünftig, treulos, lieblos und unbarmherzig.

Im Allgemeinen aber mache ich auf meine Umgebung keinen negativen Eindruck, wenn ich sage, ich sei ein Heide. Die Gesprächsteilnehmer sind allerdings meist zum Nachdenken gezwungen.

Viele christliche Gläubige, die nun wissen, dass ich kein Christ bin, fragen mich, welchen Glauben ich dann habe. Hier ist wieder die selbstverständliche Annahme erstaunlich, dass auch ich, so wie sie selbst, einen irrationalen Glauben haben müsste. Wie kommen sie zu einer solchen Einstellung? Die Erklärung ist sicherlich in der Psychologie zu suchen. Ich denke, im Allgemeinen freut man sich, seine eigene Meinung bestätigt zu sehen.

Wenn das Gegenüber schon kein Christ ist, so ist es zumindest gläubig, nur hat es eben eine andere Religion. Das ist doch immer noch besser als gar keine zu haben, überhaupt nicht an Gott zu glauben. Dieser Teil ist für sie unangenehm und sehr schwer zu verdauen. Und wenn ich ihnen dann erzähle, dass der Buddhismus eine atheistische Religion ist, dann verdrängen sie meistens rasch diese Tatsache, weil sie nicht in ihr Konzept passt.

6.9 Ich kann mir nicht vorstellen, dass man nicht an Gott oder an eine übernatürliche Kraft glaubt!

Es gibt noch eine zweite psychologische Erklärung, wenn man behauptet: *Ich kann mir nicht vorstellen, dass man nicht an Gott oder an eine übernatürliche Kraft glaubt!*

Schuld ist das mangelnde Vorstellungsvermögen. Jemand, der aus seiner engen Gemeinschaft nie herausgekommen ist, in der alle den gleichen Glauben haben, wird sich schwer tun, sich etwas Unbekanntes vorzustellen.

Ich will Ihnen ein Beispiel geben: Wenn ich den Leuten erzähle, dass in der Gegend, aus der ich komme, kein Fisch, kein Fleisch und keine Eier gegessen werden, dann fragen viele: *Ja, was isst man denn überhaupt? Ich kann mir nicht vorstellen, dass es ohne Fleisch, Fisch oder Eier ein ordentliches Essen gibt.*

Ich entgegne ihnen dann, dass die indische Küche so reichhaltig und vielfältig ist, dass die deutsche Küche dagegen richtig armselig erscheint. Das können sie sich nicht vorstellen. Und wenn ich dann noch erzähle, Bier gebe es in Indien auch nicht, wundern sich manche Menschen, dass man da überhaupt leben könne.

Letzten Endes beruht in diesem Fall die mangelnde Vorstellungskraft auf den von Kindheit an einseitigen Essgewohnheiten. Und bei den Denkgewohnheiten ist es nicht anders.

Dann gibt es noch eine weitere Erklärung für das Beibehalten des eben erwähnten Standpunktes. Eine feststehende Tatsache stellt man nicht gerne infrage. In der Kindheit ist einem eingehämmert worden, es gibt einen Gott. Ein denkender Gläubiger wird vielleicht alles Mögliche infrage stellen, wie z.B. ob es einen persönlichen Gott gibt oder nicht, ob es eine jungfräuliche Geburt geben kann oder nicht, usw. Aber er wird nicht Gott selbst hinterfragen. Er wird sich kaum die Frage stellen, ob es überhaupt einen Gott gibt. Anstatt diese folgenschwere Frage zu verfolgen, versucht er, seine Denkkraft in folgender Weise einzusetzen:

Gott gibt es bestimmt – in der einen oder anderen Form. Er ist aber nicht beweisbar – also mit dem Verstand nicht erfassbar. Aber, da es ihn ja bekanntlich gibt, muss er indirekt zu erfassen sein – und damit hat die Fantasie freien Lauf. Da kommt man dann zur Transzendenz, Metaphysik, dem Erleben einer Offenbarung oder Errettung und vielem anderen mehr. Diese Art von Denken, die grundlegende Prämisse nicht infrage stellen zu wollen, und den Verstand nur in Detailfragen einzusetzen, ist auch bei anderen Religionen zu finden, so z.B. im Hinduismus.

Ich kenne einige hochgelehrte Theologen, die die Göttin Kali verehren. Sie verbringen ihr Leben damit, zu diskutieren, ob die Göttin den Dämon wahrhaftig getötet hat, oder ob alles nur symbolisch gemeint ist. Auf der Grundlage der vorliegenden, dreitausend Jahre alten Schriften versuchen sie herauszufinden, was ein Gelehrter gemeint haben könnte, als er dies oder jenes in den damals gebräuchlichen blumigen Sprachformen untersuchte. Und so geht es seit Hunderten von Jahren, ohne zu einem konkreten Ergebnis zu führen. Für jemanden, der keinen Anhaltspunkt für die Annahme sieht, dass es die Göttin Kali je gegeben habe, sind diese pseudowissenschaftlichen Detaildiskussionen völlig überflüssig.

Einen parallelen Fall gibt es im Abendland, wenn Wissenschaftler in Rom anhand eines Grabtuches die Physiognomie Jesu festzulegen versuchen. Da werden die modernsten wissenschaftlichen Methoden und Apparate eingesetzt, um festzustellen, wie lang seine Nase war. Aber welchen Stellenwert haben diese Untersuchungen, wenn wir über die grundlegende Frage, ob dieses Tuch tatsächlich das Grabtuch von Jesus war, nichts wissen?

Zusammenfassend kann man über diesen Punkt sagen, dass, wenn einer meint, an irgendetwas müsse man doch glauben (hier: Glaube als ein irrationaler Glaube), dann beruht dies auf der Neigung, den eigenen Glauben und den Glauben seiner Schwester, der Tante und des Dorfes, aus dem er kommt, als Grundlage der Denkweise aller Menschen zu interpretieren.

6.10 Gott muss es geben, weil es so viel Wunderbares, Wohlgeordnetes und zugleich Ästhetisches auf der Erde gibt

Damit wollen wir zum nächsten Punkt übergehen: Gott muss es geben, weil es so viel Wunderbares, Wohlgeordnetes und zugleich Ästhetisches, wie z.B. Blumen, auf der Erde gibt. Die Flüsse und die Berge, die verschiedenartigen Lebewesen und das Leben überhaupt können doch nicht durch Zufall entstanden sein. Es muss einen Schöpfer geben. So wichtige Lebewesen wie die Menschen können erst recht nicht durch Zufall entstanden sein. Außerdem kann doch nach dem Tode nicht alles zu Ende sein. Es muss doch einen Schöpfer geben, der den Menschen – die Krönung aller Lebewesen – zu einem höheren Zweck geschaffen hat.

Hier habe ich mehrere Fakten angesprochen, die aber zu demselben Themenkreis gehören. Wenden wir uns zunächst der ersten Annahme zu:

Es gibt so viel Wunderbares auf der Welt. Es gibt so viele Dinge, die wir gar nicht erklären können. Es gibt vieles, was wir mit dem Verstand nicht fassen können. Deshalb muss doch eine höhere Macht, im Allgemeinen Gott genannt, dahinter stecken.

Muss alles, was wir als wunderbar empfinden und uns als unerklärbar erscheint, die Annahme erlauben, dass dahinter eine übernatürliche Kraft steckt?

Bei einer unerklärbaren Tatsache, wie z.B. parapsychologischen Phänomenen, gehören zwei Substrate zusammen, die in Betracht gezogen werden. Erstens die Tatsache selbst und zweitens das Lebewesen, das diese Tatsache als unerklärbar empfindet. Es ist die Wechselbeziehung zwischen beiden Aspekten, die hier zur Debatte steht.

Wenn Sie ein winzig kleines Radio vor einen Neandertaler stellen würden, fände er es unerklärbar, wo die Stimme herkommt. Und aller Wahrscheinlichkeit nach würde er hier etwas Übernatürliches vermuten. Ein Radiotechniker des 20. Jahrhunderts würde mit einem Achselzucken sagen: *Was ist schon dabei?* Er wird exakt erklären können, wie die Stimme im Radio entsteht. Wir sind nichts anderes als die Neandertaler der Zukunft.

Vieles, wovor wir in Ehrfurcht erstarren, wird der zukünftige *Homo superior* erklären können. Vielleicht entsteht eines Tages ein Lebewesen, das uns durch eine neue Eigenschaft so überlegen ist, wie wir durch die Eigenschaft des Verstandes den Tieren überlegen sind. Wir können dann mit unserer bescheidenen Fähigkeit *Verstand* diesen Übermenschen nicht begreifen, so wie die Ameise oder der Gorilla uns auch nicht begreifen kann.

Er stellt dann andere Fragen, die für unseren Verstand nicht erfassbar sind. Die menschliche Art ist noch eine sehr junge Art, und die Perspektiven der Zukunft sind atemberaubend.

Die langfristigen Perspektiven der Weiterentwicklung des *Homo sapiens* sind aufgrund der uns zur Verfügung stehenden Kenntnisse und Erkenntnisse nicht vorhersagbar und bleiben daher zum größten Teil im spekulativen und fantastischen Bereich. Halten wir uns lieber an das, was uns zur Verfügung steht.

Die Geschichte der Menschheit beweist, dass es keinen berechtigten Grund gibt, bei (noch) nicht erklärten Phänomenen und ihrer Unerklärbarkeit eine übernatürliche Ursache anzunehmen. In der Tat galt alles, was heute erklärt oder erklärbar ist, irgendwann in der Vergangenheit einmal als unerklärbar und deshalb als mystisch, magisch oder oft Angst auslösend.

6.11   Unerklärliche Naturphänomene und Naturgötter

Im Zeitalter der *Morgenröte der Menschheit* fürchtete der Steinzeitmensch die Flammen, als er im Wald Feuer ausbrechen sah. Das Phänomen Feuer war für ihn unbegreiflich. Prompt machte er aus dem lodernden Feuer einen Feuergott und verknüpfte ihn sogar mit dem Moral-Kodex seiner Gemeinschaft. Bis einer daher kam und mit wissenschaftlichen Methoden bewies, dass da gar nichts Besonderes dahintersteckte, sondern man selbst mit einfachen Mitteln Feuer erzeugen konnte, wann immer man wollte.

Mit zunehmendem Wissen mussten dann die Götter des Feuers, Wassers und Donners aus der Vorstellungswelt des Menschen weichen, um anderen Göttern Platz zu machen. Es würde zu weit führen, hier genauer darauf einzugehen, wie sich aus dem polytheistischen Konzept durch Zunahme an Wissen das monotheistische Konzept entwickelte und weiter, wie aus dem bislang recht persönlichen Gott ein unpersönlicher, schwer zu begreifender Gott wurde.

Die Tatsache bleibt, dass mit zunehmendem Wissen, mit zunehmender Klärung der zuvor als unerklärbar deklarierten Tatsachen, der Gott zunächst aus dem Wald über die Wolken verbannt wurde und dann zuletzt im unbegreiflichen Nichts des Weltraums Zuflucht suchen musste. Immer haben die Glaubensinstitutionen, die ihre Macht auf Unerklärbarkeit aufbauen, dem Wissen Widerstand entgegengesetzt, bis sie widerwillig nachgeben mussten.

Noch heute glaubt eine sehr alte hinduistische Sekte, dass der Mensch gar nicht auf dem Mond gelandet sei. Die Amerikaner würden lügen. Denn der Mond sei doch ein Gott. Da könne doch der Mensch gar nicht landen. Es kann nicht sein, was nicht sein darf. Noch heute zweifeln Teile konservativer, amerikanischer Christen an Darwins Evolutionstheorie. Sie verteilen Schriften mit einem Affenabbild und fragen, ob man bereit sei zu glauben, dass die Menschen von so hässlichen Affen abstammen – nicht vielmehr von einem edlen Schöpfer!

6.12   Unterdrückung von Wissen durch Religion

Die Geschichte der christlichen Kirche ist zum Teil auch eine Geschichte der Unterdrückung des neuen Wissens und der Verfolgung von Wissenschaftlern, obwohl diese Tatsache von den meisten Gläubigen bagatellisiert oder ignoriert wird.

Alle wahrhaft *entgötternden* Erkenntnisse und Bewegungen wurden bekämpft. Giordano Bruno musste im Jahre 1600 auf dem Scheiterhaufen sterben, Galilei wurde 1633 gezwungen, auf Knien und im Büßerhemd seiner Lehre vom heliozentrischen Weltbild, die der biblischen Kosmologie widersprach, abzuschwören. Sämtliche Bücher, die das neue Weltbild lehrten, allen voran das von Kopernikus, wurden auf den Index gesetzt.

Der Widerstand gegen alle Bestrebungen, das sogenannte Unerklärbare zu erklären, ist nicht nur geschichtliche Vergangenheit. Noch 1925 wurde im nordamerikanischen Staat Tennessee der sogenannte *Affenprozess* geführt, in dem ein Lehrer verurteilt wurde, weil er in der Schule die Evolutionstheorie gelehrt hatte.

Ein fortdauernder Widerstand gegen die Wissenschaft ist zwangsläufig geblieben. Die Wissenschaftler sind mit der Synthetisierung der Aminosäuren aus dem Gemisch von Ammoniak und Methan einer Erklärung der Entstehung des organischen Lebens einen wesentlichen Schritt näher gerückt.

Und welche Polemik hört man gegenüber diesem Wissenschaftszweig! Wenn man herausfinden würde, wie Leben entsteht, und selbst lebendige Substanz erzeugen könnte, nähme man Gott erneut einen Zuständigkeitsbereich weg.

Zusammenfassend kann man sagen, dass eine wunderbare und noch nicht erklärbare Tatsache keine Rückschlüsse auf das Vorhandensein einer übernatürlichen Kraft erlaubt. Die Geschichte ist voller Gegenbeweise, und es gibt keinen triftigen Grund anzunehmen, dass es in der Zukunft anders aussehen wird.

6.13 Wer hat den Menschen erschaffen und zu welchem Zweck?

Der zweite Aspekt dieses Fragekomplexes war: Wir Menschen, die höchsten Wesen auf der Erde, können doch nicht ohne Zweck geschaffen worden sein. Also muss es einen Schöpfer geben.

Im unendlichen Kosmos gibt es nach der Wahrscheinlichkeitsrechnung mehrere der Erde ähnliche Planeten, die wesentlich älter sind als unsere Erde. Dass es dort noch höher entwickelte Wesen gibt als hier, ist nicht unwahrscheinlich.

Und auf der Erde selbst ist die menschliche Art auch erst jüngeren Datums. Wenn man die Geschichte des Lebens mit der Länge des Empire State Buildings gleichsetzt, dann entspricht die Geschichte der Menschheit der Höhe einer flach auf das Empire State Building gelegten Briefmarke! Wir sind nur eines der vorläufigen Endprodukte der Evolution und es gibt keinen Anhaltspunkt für die Annahme, dass die Evolution mit uns abgeschlossen sei. Vom Standpunkt eines Wesens der Zukunft aus sind wir Primitivlinge.

Die Menschheit, so wie sie jetzt ist, ist nur ein unbedeutender, flüchtiger Augenblick in der Geschichte des Kosmos. Wir haben keinen Grund für die hochmütige Annahme, dass wir besonders wichtige Wesen und die *Lieblingskinder Gottes* seien, und dass er uns deshalb besondere Aufmerksamkeit widme.

Hier ist es besser, uns unserer bescheidenen Rolle im Kosmos bewusst zu werden. Die Tatsache, dass wir hier auf der Erde entstanden sind, erlaubt also nicht den Schluss, dass es einen Schöpfer geben muss, der uns geschaffen hat. Alles, was man sagen kann, ist, dass der *Homo sapiens* eines der vorläufigen Endprodukte – und wenn man sieht, was wir aus dieser Welt gemacht haben, nicht einmal ein sehr großartiges der Evolution ist. Mehr nicht!

6.14 Religion und Gottesglaube geben dem Menschen Halt und Trost

Religion und Gottesglaube geben Halt und Trost – deswegen glaube ich. Hier muss man fairerweise zugeben, dass die trostspendende Funktion der Religion sehr oft augenfällig hilfreich ist. Wenn z.B. eine ältere Frau, die lebenslang an Gott geglaubt hat, im Sterben liegt und Trost und Halt im Gottesglauben findet, gefasst ist und betet, dann wäre es nicht richtig, zu versuchen, ihr diesen Glauben zu nehmen. Was man jedoch bedenken sollte, ist Folgendes: Die Suche nach Zuflucht, Trost und Halt hindert uns oft daran, nach echten Lösungen zu suchen.

Es gibt Leute, die Trost im Alkohol und in Drogen finden, oder aber in der Religion. Wenn einmal ein Steinchen in den Schuh gerät, dann kann man einen Stock, eine Krücke zu Hilfe nehmen; so fällt das Gehen wieder leichter. Richtiger wäre es, der Ursache des Leidens nachzugehen und den Stein aus dem Schuh zu entfernen, dann braucht man in der Krücke keinen Halt zu suchen.

Das war ein banales Beispiel, das nur ein Prinzip veranschaulichen soll. Nehmen wir ein anderes, konkretes Beispiel: Wie ist es, wenn jemand stirbt, der einem sehr nahe steht, wie z.B. Vater oder Mutter? Man kann natürlich Trost und Halt in der Religion suchen. Was aber soll einer tun, der nicht Trost in der Religion suchen kann, aus dem ganz einfachen Grund, weil er an keine Religion glaubt? Er muss sich fragen: *Habe ich ein Problem, das sehr viel Leid verursacht? Wo liegt die Lösung? Gibt es überhaupt eine Lösung?*

Er könnte im konkreten Fall folgendermaßen vorgehen: *Was ist das eigentliche Problem? Nicht der Tod meines Vaters an sich, sondern das Leid, das mir durch seinen Tod entstanden ist. Wie überstehe ich das?*

Ich stelle erst einmal fest, dass mir durch dieses einschneidende Ereignis Leid entstanden ist. Daher ist es verständlich, dass ich Kummer empfinde, und es ist nicht klug, dagegen anzukämpfen. Es ist klüger, ihn auf ein Minimum zu reduzieren. Denn anstatt vor dem Problem zu flüchten, vergegenwärtige ich mir die Ursache meines Kummers und sage mir: *Irgendwann einmal müssen alle Menschen sterben. Früher oder später wäre mein Vater also auf jeden Fall gestorben. Und vom kosmischen Standpunkt aus ist dies kein maßgebendes Ereignis.*

Dass *mein Vater* gestorben ist, oder selbst wenn er nicht einmal geboren worden wäre, ist vom kosmischen Standpunkt aus unbedeutend. Leid ist unvermeidbar, aber es wäre nicht weise zu versuchen, den letzten Tropfen Gram bis hin zur Selbstzerfleischung aus dem Ereignis herauspressen zu wollen. Ein kluger Mensch quält sich nicht immer wieder mit unnützen Gedanken, denn dadurch ändert er die Situation nicht, sondern er wird nur zu einer Belastung für seine Umwelt.

6.15 Bringt Gott die Menschen wirklich zusammen?

Gott als antihumanistischer Begriff oder als antihumanistische Institution: Wenn man Trost und Halt sucht, so kann man sich an seine Mitmenschen wenden, sich in sein *stilles Kämmerlein* einschließen oder in die Kirche gehen, um sich an Gott zu wenden. Wenn es die Institution Gott nicht gäbe, würden sich die Menschen zwangsläufig an ihre Mitmenschen wenden.

Der Halt und die Zusammengehörigkeit zwischen den Menschen wäre umso größer. Wenn man sich aber, statt an seine Mitmenschen, an einen nicht greifbaren Gott wendet, isoliert man sich eventuell von seinen Mitmenschen. Die Institution Gott verhindert (zumindest teilweise) das Zuwenden zu den anderen. Insofern ist Gott eine antihumanistische Institution, ein in die Isolation führender Irrweg.

6.16 Ohne Religion keine Ehre und keine Moral?

Religion braucht man, um aufrecht und moralisch einwandfrei zu handeln. Ohne Religion würde die Menschheit sich ins Verderben stürzen.

Der Trugschluss in dieser Annahme ist meiner Ansicht nach so deutlich in der Entwicklungsgeschichte der Religionen zu erkennen, dass ich den Denkfehler nur kurz ansprechen will und nicht lange bei diesem Punkt verweilen muss.

Neue Religionen entstanden, weil die Menschheit oder die jeweilige Gemeinschaft, vereinfacht ausgedrückt, *verdorben* war. Eine Religion bestand zwar schon vorher in dieser Gemeinschaft, jedoch schützte diese sie nicht davor, ins Verderben zu gehen.

Wenn man Religion braucht, um human zu sein, dann müssten demnach die Atheisten grundschlecht sein. Ich glaube, wenn man sich mit dem Lebenswandel einzelner Atheisten beschäftigen würde, könnte dieses Vorurteil nicht aufrechterhalten werden. Im Gegenteil, es gibt genügend Beispiele von Leuten, die sich zum Christentum bekennen und trotzdem amoralisch handeln – vielleicht gerade deshalb, weil sie sich durch die Hilfsmittel *Beichte-Sühne-Ablass* von ihrer Schuld *befreien* können.

6.17 Religion ist von Dauer – ist sie wirklich von Dauer?

Diese Religion hat schon so lange Zeit überdauert, da muss doch etwas Wahres dran sein. Inwiefern ist ein solcher Standpunkt haltbar?

- Hat die Dauer einer Religion etwas mit ihrem Wahrheitsgehalt zu tun? Hinduismus, Buddhismus, Jainismus, Konfuzianismus und Judentum sind wesentlich älteren Datums als das Christentum. Die Schlussfolgerung überlasse ich Ihnen.
- Können beim längeren Bestehen einer Religion für deren Fortbestand andere Faktoren als das Ausmaß des Wahrheitsgehalts eine Rolle gespielt haben?

Hierzu kann ich erwähnen: In einer sich kaum verändernden Gemeinschaft besteht kein Bedarf nach einer neuen Religion. In einer solchen Situation der stabilen Gesellschaftsform stellt man die bestehenden Normen kaum infrage. Und vor der industriellen Revolution war die damalige Gesellschaftsstruktur in ihrer Organisationsform durch die gleichbleibenden Produktionsverhältnisse relativ stabil.

Ein wesentlicher Fakt dabei ist jedoch meiner Ansicht nach, dass es der Kirche gelang, über Jahrhunderte hinweg – und zum Teil noch bis heute – die Rechtlosen einzulullen und den Unterdrückern ein gutes Gewissen zu verschaffen. Jede Frage nach der Richtigkeit der Dogmen wurde von vornherein unterdrückt und, falls sie doch auftrat, als Gotteslästerung verfolgt.

Es wurden und werden die konkreten gesellschaftlichen Gewaltverhältnisse, als *„gemäß dem Willen Gottes!"* verankert, bei den Katholiken meist vermittelt durch eine Lehre vom Naturrecht – *Das ist von Natur aus so!* – oder bei den Protestanten durch eine Lehre von der Schöpfungsordnung. Fast zwei Jahrtausende lang konnten beispielsweise die Monarchie (Kaiser von Gottes Gnaden!) oder die Sklaverei auf diese Weise religiös gerechtfertigt werden.

Brach und bricht trotzdem einmal die Unzufriedenheit der Menschen mit ihrer Lage hervor, etwa anlässlich eines Krieges oder einer Hungersnot, so bietet der Schöpfungsglaube auch hier noch einen Ausweg.

Die Theologen sagen dann: *Gottes Gedanken sind unerforschlich, seine Wege sind unergründlich. Wer darf sich vermessen, ihn zu richten? Du darfst nicht zweifeln, mein liebes Kind! Wer weiß, wofür ER das als Strafe gesandt hat?*

Jedem Aufbegehren und jeder Kritik kann so *unfehlbar* der Mund gestopft werden.

Aus dem oben Gesagten geht hervor, dass der Charakter der Religion so geformt ist, dass der Mensch gar nicht auf die Idee kommt, infrage zu stellen, was die Religion ihn lehrt. Und wenn einer fragt, dann kann er bequem wegen Gotteslästerung oder heutzutage wegen Abirrens vom rechten Glaubensweg gemaßregelt werden. Dies ist sicherlich eine der Ursachen, warum das Christentum sich so lange halten konnte.

6.18   Die vielen Gläubigen können sich doch nicht irren

So viele Menschen glauben an diese oder jene Religion. Sie können sich doch nicht alle irren!

Kann eine Mehrheit sich nicht irren? Die Geschichte ist voll von Gegenbeispielen. Eines davon ist das Dritte Reich. In der Tat war jede neue Religion, jede neue Weltanschauung in der Minderheit, als sie entstand, um dann später die Unterstützung der breiten Masse für sich zu beanspruchen.

Während diese neue Religion oder Weltanschauung noch eine winzige Minderheit repräsentierte, vertrat die überwiegende Mehrheit eine andere Meinung. Hatte also diese vorher bestehende Mehrheit recht gehabt? Ich glaube, der logische Kurzschluss in der Annahme, eine Religion müsse schon deshalb wahr sein, weil so viele Leute daran glauben, ist dermaßen offensichtlich, dass wir hier nicht länger verweilen müssen.

Oft genug haben sich Mehrheiten ja auch bei der Auswahl ihrer politischen Führer geirrt, wie sich später herausstellte.

6.19 Wissenschaftler und andere gescheite Menschen sind doch auch gläubig

Weiter wird als Beweis angeführt, dass auch viele Wissenschaftler gottgläubig sind. In der Glaubensdiskussion wird oft gefragt: Warum befürworten in der heutigen Zeit auffällig viele Wissenschaftler den unerklärbaren und irrationalen Glauben?

Wie komme ich dazu, ausgerechnet in einer solchen Epoche für eine wissenschaftliche Ethik zu plädieren, wo der Denkstrom der Wissenschaftler doch zum Teil in eine andere Richtung fließt? Ich meine, diese Frage ist sehr wichtig und bedarf einer ausführlichen Diskussion.

Zunächst sollten wir festhalten, dass im 16. und 17. Jahrhundert, im Zeitalter der wissenschaftlichen Revolution, im Zeitalter von Kopernikus, Galilei und Newton, praktisch alle Wissenschaftler gottgläubig waren. Seither hat die Zahl der gläubigen Wissenschaftler ständig abgenommen. Wenn auch die damaligen Wissenschaftler bisher unerklärliche Phänomene, die als Werk Gottes angesehen wurden, wissenschaftlich aufklärten, so stellten sie doch, wenn sie in ihrer Forschung nicht weiterkamen, letztendlich wieder Gott als die alles auslösende Ursache hin.

Sie nahmen ihrem Gott zwar zunehmend Zuständigkeitsbereiche weg, aber seine Existenz als solche war für sie unantastbar. Für den großen Wissenschaftler Newton stand Gott nicht mehr im mystischen Wald, sondern fest hinter dem Atom.

In seinem Werk „Optik" schreibt er:

Ich halte es für wahrscheinlich, dass Gott am Anfang die Materie als feste, harte, massive, undurchdringliche, bewegliche Partikel, die Atome schuf, und der Größe und Gestalt und mit solchen Eigenschaften und in solchem Verhältnis zum Raum, wie sie dem Zweck am dienlichsten waren, für den er sie erschaffen hatte, und dass diese einfachen Partikel als Festkörper unvergleichlich härter sind als irgendwelche porösen Körper, die aus ersteren aufgebaut sind, sogar so hart, dass sie nie verschleißen oder zerbrechen. Keine gewöhnliche Kraft vermag zu trennen, was Gott selbst am ersten Schöpfungstag schuf.

Newton nahm an, dass ein Atom das kleinste Partikel der Materie sei, also endete für ihn die Forschung beim Atom. Und hinter dem Atom stand für ihn nur noch Gott. Nun sind die Wissenschaftler seither ein bisschen weitergekommen und haben festgestellt, dass die Atome weder die kleinsten Partikel der Materie noch feste Körper sind. Heute weiß man, ein Atom ist ein ziemlich poröser Körper, bestehend aus einem kleinen Kern, um den in relativ großer Entfernung Elektronen kreisen.

Die Quantentheorie wiederum bewies, dass selbst die subatomaren Teilchen – die Protonen, Neutronen und Elektronen – keine festen Körper im klassischen Sinn, sondern von doppelter Natur sind. Je nachdem von welcher Forschungsrichtung man an sie herangeht, erscheinen sie entweder als feste, kleine Teilchen oder aber als elektromagnetische Schwingungen.

Diese Doppelnatur zeigt z.B. auch das Licht, dessen Bestandteile Einstein *Quanten* nannte. Der allgegenwärtige Gott des Urmenschen wurde nun aufgrund der Arbeit der Forscher einerseits hinter die Quanten und Quarks, andererseits hinter das pulsierende Universum verbannt. Die Verhaltensweise vieler großer Wissenschaftler jedoch – sobald sie die Grenzen ihrer Forschung erreichen – ist gleich geblieben: Hinter dieser Grenze erblicken sie Gott.

Logischer wäre es, aus der Vergangenheit eine Lehre zu ziehen. Alles, was heute durch die Forschung erklärt ist, galt irgendwann einmal als unerklärlich, lag also im Zuständigkeitsbereich einer übernatürlichen Kraft. Daraus sollte man lernen und den Schluss ziehen, dass das, was uns heute noch rätselhaft erscheint, möglicherweise auch eines Tages rational erklärbar sein wird – zumindest zu einem großen Teil.

Deswegen muss ich immer weiter forschen und darf ich nicht annehmen, dass jetzt die absolute Grenze der Forschung erreicht ist und Gott oder eine andere übernatürliche Kraft hinter allem Ungeklärten steckt. Selbst wenn ich persönlich nicht mehr weiterkomme, wird es wahrscheinlich in der Zukunft jemanden geben, der das schafft.

So logisch dies auch klingt, suchten doch in ihrem eigenen Fach so großartige Wissenschaftler wie Newton, Einstein oder Niels Bohr Zuflucht bei Gott, wenn sie an ihre Leistungsgrenze stießen.

Dabei spielt es keine Rolle, dass Bohr statt des christlichen Gottes die abstrakten Kräfte Yin und Yang des chinesischen Glaubens für das verantwortlich machte, was für ihn nicht mehr erklärbar war.

Alle diese Forscher suchten, sobald sie nicht mehr weiter wussten und sprachlos dastanden, Zuflucht bei dem, was ihnen in der Kindheit von Familie und Gesellschaft beigebracht worden war. Wenn ein Wissenschaftler anfängt, von einer übernatürlichen Kraft in seinem eigenen Fachgebiet zu reden, ist dies kein Indiz dafür, dass es eine solche Kraft tatsächlich gibt, sondern vielmehr dafür, dass er den Zenit seiner Kreativität und innovativen Kraft auf diesem Gebiet überschritten hat. Ist dies der Fall, sollte er sich am besten in den Ruhestand versetzen lassen, damit andere, junge Kräfte mit frischem Elan dort weitermachen können, wo er seine Grenzen erreicht hat.

Ein Nobelpreisträger, der auf seinem Gebiet Großes geleistet hat, ist glaubwürdig, wenn er eine sein Fachgebiet betreffende Aussage macht. Aber seine Äußerungen, die außerhalb dieses Gebiets liegen, haben im Prinzip denselben Stellenwert wie die von Herrn Schmidt, Müller oder Mayer.

Autoritätsgläubigkeit ist hier fehl am Platze. Eine Äußerung muss nicht deshalb schon stimmen, weil sie von einer großen Persönlichkeit kommt. Wenn Adenauer sagt, die Kommunisten seien schlecht, wenn Lenin behauptet, die Kapitalisten seien schlecht, wenn Jesus sagt, die Atheisten seien schlecht, wenn Churchill behauptet, die Deutschen seien schlecht, oder wenn einer der Apostel meint, Frauen seien minderwertige Wesen, die zuhören sollen, wenn der Mann redet, und ihm untertan sein sollten – so könnte all dies potenziell richtig oder unrichtig sein, aber sicher nicht deshalb, weil eine große Persönlichkeit es gesagt hat.

6.20 Autoritätsgläubigkeit mindert den Druck für eigenverantwortliches Handeln

Autoritätsgläubigkeit ist im Zeitalter von Demokratie und Quellenoffenheit mit Blindheit gleichzusetzen. Man muss die Dinge selbst unter die Lupe nehmen.

Wenn zwei Delegierte der Ärztekammer einem philippinischen Wunderheiler eine Blinddarmentfernung ohne Operation bestätigen, wenn man die Veröffentlichungen einiger Mediziner über das Leben nach dem Tode liest oder die Ausführungen des Physikers Fritjof Capra über Yin und Yang in der Physik, sowie seine daraus abgeleitete Schlussfolgerung, dass eines Tages notwendigerweise die Frauen ganz allein die Weltherrschaft übernehmen werden, so stellt man fest, dass diese Leute das logische Denken vergessen und bisweilen den gesunden Menschenverstand beleidigen. Sollte es tatsächlich stimmen, dass zurzeit bei einigen Physikern ein Anstieg in den Bekenntnissen zu einem irrationalen Glauben zu beobachten ist, so darf man folgende Faktoren bei der Beurteilung dieser Erscheinung nicht außer Acht lassen:

Bei der an *Horoskope glaubenden Masse* ist die Bereitschaft, tendenziell übersinnliche Literatur zu verschlingen, stark ausgeprägt. Darum werden solche Bücher auch mit dem entsprechenden publizistischen Aufwand dem Publikum vorgestellt. Auch bei den Leuten, die nicht an Horoskope glauben, jedoch in vielen Kleinigkeiten des täglichen Lebens abergläubisch sind, wird diese Art von Literatur besser ankommen als eine nüchterne, rationale.

Überhaupt erweckt das Selbstverständliche bei den Menschen weniger Interesse als etwas, das einem ungewöhnlich vorkommt und vielleicht einen Schauer über den Rücken jagt. So zeigen Menschen z.B. mehr Interesse, wenn sie in einem Reisebericht über Indien von heiligen Kühen und Schlangenbeschwörern sowie dem Kastenwesen lesen, als wenn über eine Steigerung des Bruttosozialprodukts berichtet wird.

Die meisten Mitglieder der hiesigen Gemeinschaft haben eine religiöse Erziehung der einen oder anderen Art erfahren. Die Bereitschaft, eine Bestätigung der eigenen Meinung über das Übernatürliche zu akzeptieren, ist entsprechend größer, als die, eine Widerlegung derselben hinzunehmen.

Sie alle freuen sich, dass nun auch Wissenschaftler ihre Meinung bestätigen. Sie werden es nun erst recht nicht infrage stellen wollen, wenn einige dieser Wissenschaftler den Schöpfer als Urgrund allen Seins hinstellen. Ebenso wenig werden sie wahrhaben wollen, dass es nur ein kleiner Bruchteil der Wissenschaftler ist, die diese Meinung kundtun.

Wenn also einige Bücher von diesen Wissenschaftlern aufgrund der psychologischen Beschaffenheit der potenziellen Käufer hierzulande in höheren Auflagen auf dem Markt erscheinen als die nüchternen populärwissenschaftlichen Bücher, so lässt das noch lange nicht die Schlussfolgerung zu, dass sich die gesamte Wissenschaft – im Hinblick auf das Übersinnliche – im Umdenken befindet.

Ich schließe damit das Kapitel der unklar definierten, unbestimmten Argumente, die für die Annahme bzw. Beibehaltung einer Religion und des Gottesglaubens sprechen sollten, ab.

VII. Kritik am Christentum

Wer auch immer bisher das Christentum kritisierte, musste sich den Vorwurf gefallen lassen, er kritisiere das *falsche* Christentum. Das *wahre* Christentum sei *ganz anders* und von der Kritik nicht betroffen; und was das wahre Christentum ist, bestimmt der jeweilige Standpunkt. Das sagen alle Interpreten. Woran soll sich der Nicht-Christ also halten? Will er gerecht sein, darf er keine der Gruppen ignorieren.

1. Ist eine greifbare Kritik am Christentum möglich?

So wird er sich mit allen beschäftigen und erkennen: Das Christentum existiert nicht, sondern eine Fülle von *Christentümern*. Eine greifbare Kritik am Christentum ist also nicht möglich, weil es *das* Christentum nicht gibt und nie gab. Es gibt genauso wenig einen einheitlichen christlichen Gottesbegriff, wie die christliche Einstellung zum Krieg.

Alles Christliche ist bereits vielfach innerchristlich umstritten. Muss also, wer das Christentum als Ganzes kritisieren will, sämtliche *Christentümer* einzeln widerlegen?

Das glaube ich wiederum nicht, denn trotz dieser Vielfalt gibt es eine gewisse Verbindung.

- Herrscht heute nicht doch ein gewisses Einverständnis zwischen den Glaubensvätern?
- Existiert nicht doch ein einigender Zusammenhalt in der Struktur der Gedanken und Lebensäußerungen?

Und so wie die verschiedenen *Christentümer* etwas gemeinsam haben, so besitzen auch die verschiedenen Glaubensrichtungen einige

Gemeinsamkeiten. Deswegen kann man sie sehr wohl – wenn man sie kritisieren will – zu einem Ganzen zusammenfassen.

Emanzipierte Christen bringen, wenn sie mit der Tatsache konfrontiert werden, dass Gott nicht bewiesen werden kann und auch nicht beweisbar ist, oft folgendes Argument vor:

Christus war eine große Persönlichkeit, deren Existenz historisch bewiesen ist; und ich glaube an die Aussagen dieser überdurchschnittlichen Persönlichkeit.

Es besteht hier durchaus die Möglichkeit, dass durch meine Ausführungen die Emotionen derer aufgewühlt werden, die anderer Meinung sind, besonders wenn ich Themen anschneide, die für sie *tabu* sind. Ich möchte daher diesen Punkt möglichst objektiv besprechen.

In diesem Zusammenhang ergeben sich vier Fragen:

- *Ist es bewiesen, dass Christus eine historische Persönlichkeit war?*
- *Wenn wir annehmen, dass Christus tatsächlich existiert hat, hat er dann auch wirklich das gesagt, was die Bibel ihm in den Mund legt?*
- *War Christus eine große Persönlichkeit?*
- *Müssen alle Aussagen wahr sein, nur weil sie von einer großen Persönlichkeit stammen?*

2. Ist die Existenz von Christus bewiesen?

Zur ersten Frage: *Ist die Existenz von Christus bewiesen?* Die meisten von uns sind wahrscheinlich so überzeugt von der Annahme des historischen Jesus, dass sie erstaunt wären, wenn sie wüssten, wie viele Gegenstimmen – sogar innerhalb des christlich-theologischen Lagers – existieren. So fragt beispielsweise der protestantische Bremer Pastor Hermann Raschke, ob nicht die Annahme möglich sei, dass ein anfänglicher Mythos nachträglich zu einer historischen Gestalt verdichtet wurde. Diese Diskussion ist also keineswegs abgeschlossen. Sehr interessant ist der Artikel in GEO vom April 2016, von Fred Langer, „Ein anderer Christus". Er hat genau recherchiert, warum die Angaben über Jesus in der Bibel nicht stimmen können; und ob er nicht doch nachträglich erfunden wurde! (Siehe auch „Das Jesus-Puzzle" von Earl Doherty, ISBN 978-3-933037-26-8)

Nun, nehmen wir einmal an, dass Jesus von Nazareth tatsächlich gelebt hat. Stammen dann die Aussagen, die ihm in den Mund gelegt wurden, wirklich von ihm? Zu dieser Frage sind heiße Diskussionen im Gange und werden wahrscheinlich noch so lange weitergeführt werden, wie das Christentum selbst.

Die Hauptschwierigkeit liegt darin, dass Jesus selbst keinerlei schriftliche Aufzeichnungen hinterlassen hat. Alles, was wir über ihn wissen, kann nur aus den Berichten seiner Anhänger stammen. Das erste Evangelium, das Markus-Evangelium, wurde allerdings erst 40 Jahre nach dem Tod von Jesus geschrieben! Man weiß, wie viele Ungenauigkeiten sich in einer Zeitspanne von 40 Jahren ansammeln können, wenn alles nur mündlich überliefert wird. Selbst in unserem modernen Zeitalter, das alles dokumentarisch festhält, meinen viele, dass den Juden in der berüchtigten Zeit des sogenannten *Tausendjährigen Reiches* nichts angetan worden sei!

Vor zweitausend Jahren hat Jesus einen wenig verbreiteten aramäischen Dialekt gesprochen. Das erschwert natürlich zusätzlich eine genaue Wiedergabe seiner Aussagen. Ohne weiter in Details zu gehen, stellen wir fest, dass es schwierig ist, zu belegen, was Jesus tatsächlich gesagt hat und was nicht.

Und wenn wir nicht wissen, was diese große Persönlichkeit genau gesagt hat, wird derjenige, der sich wegen dessen großer Ausstrahlung ans Christentum gebunden fühlt, sich schwer tun, zu entscheiden, an welche Aussagen er sich halten soll und an welche nicht.

3. War Christus historisch betrachtet eine große Persönlichkeit?

Nun zur dritten Frage: *War Christus historisch gesehen eine große Persönlichkeit?*

Ich selbst glaube, dass er – so wie er uns geschildert wird, sollte es ihn je gegeben haben – ein großer Reformer war. Dies aber nicht mehr als andere Reformer.

Wie viele andere bedeutende Persönlichkeiten der Geschichte hat auch er seine Schwachstellen gehabt. Ich meine allerdings, dass er uns eine gute Leitlinie gab, als er sagte: *Ihr sollt dem Bösen nicht widerstehen, sondern, wenn dich jemand auf deine rechte Wange schlägt, so halte ihm auch die andere hin!* Oder: *Wer dich um etwas bittet, dem gib, und wer von dir borgen will, von dem wende dich nicht ab!* Oder: *Willst du vollkommen sein, so gehe hin und verkaufe alles, was du hast, und gib den Erlös den Armen!*

Alle diese Verhaltensregeln sind großartig und menschenfreundlich gedacht. Jedoch habe ich den Eindruck, dass gerade diese Maximen in der heutigen christlichen Welt keine oder nur eine geringe Wirksamkeit haben.

Es gibt noch mehrere Punkte, mit denen man vom ethischen Standpunkt aus nicht einverstanden sein kann. Bertrand Russell schreibt: *Christus hatte nach meiner Ansicht einen sehr schweren Charakterfehler gehabt, nämlich, dass er an die Hölle glaubte. Ich meinerseits finde nicht, dass jemand, der wirklich zutiefst menschenfreundlich ist, an eine ewig während Strafe glauben kann.*

Auch zu dem Feigenbaum, den er verdorren ließ, war Jesus nicht sehr nett. Was konnte der Feigenbaum dafür, dass er außerhalb der Saison keine Früchte trug? Zu den Gadarener Säuen war er wohl auch nicht sehr freundlich, als er den Teufel in sie hineinfahren ließ. Er hätte den Teufel auch anderweitig vertreiben können. Das sind zwar Kleinigkeiten, aber Buddha und Sokrates waren da weiser und nicht von so aufbrausendem Temperament.

Nehmen wir noch eine andere Stelle der Bibel als Beispiel. Bekanntlich sprach Jesus gerne in Gleichnissen.

Als er mit seinen Begleitern und den zwölf Aposteln allein war, fragten sie ihn nach dem Sinn seiner Gleichnisse. Da sagte er zu ihnen: *Euch ist das Geheimnis des Reiches Gottes anvertraut, denen aber, die draußen sind, wird alles in Gleichnissen gesagt; denn sehen sollen sie, sehen, aber nicht erkennen; hören sollen sie, hören, aber nicht verstehen, damit sie sich nicht bekennen und ihnen nicht vergeben wird.* (Mk. 4, 10–12; Mt. 13, 10–15).

Stellen Sie sich vor, es gibt einen ganz berühmten Professor. Die Studenten kommen von weit her, um seine Vorlesungen zu besuchen. In seinen Vorlesungen spricht er hochgestochen und sehr kompliziert, sodass man den Sinn seiner Ausführungen kaum versteht. Er hat aber zwölf Lieblingsstudenten, denen er alles in sehr einfacher und verständlicher Sprache erklärt. Diese zwölf Studenten fragen ihn dann, warum er sich in seinen Vorlesungen so unverständlich ausdrückt. Er erklärt ihnen daraufhin, dass sie das Examen bestehen sollen, die aber, die die Vorlesungen besuchen, sollen ihm zwar zuhören, aber nichts verstehen, und dann im Examen durchfallen!

Sicherlich war Jesus, falls es ihn gab, im Großen und Ganzen eine eindrucksvolle Persönlichkeit, doch kommen wir nun zur Kernfrage: Ist es vernünftig, an Aussagen zu glauben, nur weil sie von einer bedeutenden Persönlichkeit stammen?

Marx, Adenauer, Buddha und Lenin waren auch große Persönlichkeiten. Sind deren Aussagen deswegen immer richtig gewesen? Anders gefragt: Sind alle ihre Aussagen richtig? Wenn nicht alle, welche dann? Der blinde Glaube an Autoritäten hat in der Weltgeschichte sehr viel Schaden angerichtet. So hatten beispielsweise die Aussagen des Aristoteles einen solch herausragenden Stellenwert, dass der arme Galileo Galilei gar nicht dagegen ankam.

4.   Es steht geschrieben

Auch heute ist der Glaube an Autoritätspersonen sehr groß. Wenn man sagt, *Es steht geschrieben* …, dann hat man bereits seine Autoritätsgläubigkeit bekundet. Die Gewohnheit, ständig irgendwelche Leute zu zitieren, ist auch ein Ausdruck dessen. Das Zitieren als Beweismittel für die Wahrheit dessen, was man gesagt hat, einzusetzen, ist absurd. Um diese Absurdität zu illustrieren, antworte ich meinen zitatgläubigen Gesprächspartnern gerne: *Du bist ein Räuber!* Da das Zitat von Schiller stammt, muss es ja stimmen.

Die religiöse Ethik ist eine heteronome Ethik, eine fremdbestimmte, abhängige Ethik, d.h. in diesem Fall, sie wird von den religiösen Dogmen abgeleitet. Die große Gefahr liegt dabei in der Interpretation der Prämissen und Dogmen. Die Geschichte des Abendlandes ist voller Beispiele dafür. Jeder interpretiert die Bibel so, wie er möchte, und natürlich auch so, wie es dem herrschenden Zeitgeist entspricht, und jeder hält dann seine Meinung für richtig.

Im Namen der *richtigen* Interpretationen haben sich die Christen gegenseitig verfolgt und umgebracht. Im Namen der Bibel wurden Hexenverbrennungen, Inquisitionen, Kreuzzüge, der Dreißigjährige Krieg und die Verfolgung von Naturwissenschaftlern durchgeführt und die Sklaverei legitimiert. Im Namen derselben Bibel verdammen heute die meisten Menschen diese Gräueltaten.

5. Individualistische bzw. individuelle Interpretation des Christentums

Nicht nur die große Gemeinschaft der Menschen und Oberhäupter der Religion interpretieren das Christentum *nach Gutdünken*, nein, auch das Individuum tut das. Einerseits möchte man Christ sein, andererseits weiß man, dass das Christentum, wie es in der Bibel steht, heute so nicht mehr durchführbar ist.

Um nur ein einziges Beispiel zu nennen: Ein echter Christ dürfte sich nicht scheiden lassen. Von der Pille und dem Streben nach Reichtum und Profit gar nicht zu reden.

Man entschuldigt sich dann mit dem lapidaren Satz: *Das darf man nicht so eng sehen, die Zeiten haben sich geändert.* Darf jemand, der sich Christ nennt, sich die Rosinen aus dem Kuchen herauspicken, also nur die Regeln befolgen, die ihm passen? Wenn ja, nach welchen Kriterien? Die Richtlinien, die in der Bibel festgelegt sind, stammen *alle* von Gott, nicht nur ein paar von diesen. Darf man dann nur ein paar Regeln aussuchen, die einem gerade ins Konzept passen, und sich trotzdem noch Christ nennen?

Die Sache wird dadurch kompliziert, dass die meisten Menschen die Bibel kaum kennen. Über 99 % der Menschen, die ich gefragt habe, kennen nicht mal das erste Gebot! Allenfalls kennen sie den ersten Satz: *Ich bin der Herr, dein Gott.*

Einen ganz wichtigen Satz aus dem ersten Gebot kennen sie aber nicht, nämlich: (…) *denn der Herr, dein Gott, der die Missetat der Väter bis in die dritte und vierte Generation heimsucht an den Kindern derer, die mich hassen!*

Wenn ich also etwas verbrochen habe, werden meine Kinder und Kindeskinder, bis in die vierte Generation, dafür bestraft! Wenn mein Vater also im Dritten Reich Menschen gefoltert hat, dürfen noch meine Enkel dafür aufgehängt werden! Wie passt dieses Gebot in das Konzept vom stets gütigen, allmächtigen und alles vergebenden Gott? Als Humanist wäre es sogar meine Pflicht, so einen bösartigen Charakter, auch wenn er noch so mächtig ist, zu bekämpfen.

Eines der apologetischen Argumente ist: Die Bibel wurde vor zweitausend Jahren für die damalige Gesellschaft geschrieben. Deswegen passt manches heutzutage nicht mehr.

Das ist sicher richtig. Aber Gottes Wort hat – laut Bibel – Gültigkeit für alle Ewigkeit. Und wenn man konsequent denkt, dann müsste man entweder das Gotteswort befolgen, so wie es in der Bibel steht, oder den Anspruch, ein Christ zu sein, aufgeben.

Unter den Intellektuellen und Pseudo-Intellektuellen gibt es hunderttausend verschiedene Variationen von Gottesvorstellungen. Ein persönlicher Gott aus der Bibel? Nein, an so etwas glauben sie doch nicht. Nein, Gott ist anders.

Nur um ein Beispiel zu nennen: *Für mich ist Gott eine Kraft, die in mir, in dir und in jedem Baum und Stein steckt!* Und so basteln sie für sich eine Gottesvorstellung und eine von Religion zusammen.

Im Prinzip macht es ja auch nichts aus, wenn jeder so ein Fantasieprodukt aufbaut, für das er keine Verantwortung übernimmt und wofür es keine Beweise gibt. Aber kann man sein Handeln danach richten? Wenn ja, nach welcher Vorstellung?

6.   Privatreligion – meine Privatsache?

Es wird oft argumentiert: *Es ist meine Privatsache, nach welcher Vorstellung ich handle.* Dies stimmt nur zum Teil. Wenn ich Kartoffeln mag statt Reis, so ist das sicher meine Privatsache. Es ist aber anders, wenn ich Schwangerschaftsabbruch als Mord betrachte oder nicht. Wenn ich nämlich dann eine Partei wähle, die für oder gegen Schwangerschaftsabbruch ist, habe ich bereits eine Handlung vollzogen, die

Einfluss auf die Gemeinschaft hat. Wie ist das einzuordnen: Wenn eine aufgeklärte und intelligente Frau meint, sie würde bei sich nie einen Schwangerschaftsabbruch durchführen lassen, weil dies für sie Mord ist, und wenn eine andere Frau abtreiben lassen wolle, so sei dies ihre Sache. Man müsse tolerant sein!

Wenn man aber woanders einen Mord zulässt, ist dies dann eine moralische Einstellung? Dieses Beispiel sollte nur verdeutlichen, dass man sich zwar eine Privatreligion zurechtbasteln kann, aber nicht meinen darf, dies sei nur Privatsache und gehe niemanden etwas an.

Diese Art von Privatreligion ist sicherlich davon abhängig, welche religiöse Erziehung man als Kind erfahren hat. Beim Zurechtzimmern einer solchen Privatreligion wird natürlich in europäischen Breiten in der Regel die Bibel in verschiedenen Interpretationen zu Hilfe genommen.

7. Eine autonome induktive Ethik?

Was wir brauchen, ist nicht eine heteronome, fremdbestimmte, von einem Gott abhängige und deduktive Ethik, die immer die Gefahr der unterschiedlichen Interpretation in sich birgt, sondern eine auf eigenen Füßen stehende, autonome und induktive Ethik.

Meine These soll ein Versuch in dieser Richtung sein. Diese Ausführungen waren primär nicht so sehr an Strenggläubige gerichtet, die von vornherein nicht bereit sein können, ihre angenommene Prämisse der produktiven Diskussion zugänglich zu machen, sondern eher an diejenigen, die – obwohl sie in diesen Kulturkreis hineingeboren wurden und deswegen in irgendeiner Art und Weise, bewusst oder unbewusst durch die Religion beeinflusst wurden – bereit sind, mit offenem Geist an neue Gedanken heranzugehen.

Der Widerstand vieler Gläubiger, ihre grundlegende Prämisse infrage zu stellen, ist mir völlig verständlich. Denn, was ist ein Theologe ohne Gott oder ein Chirurg ohne Messer? Ohne Messer muss der Chirurg seinen Beruf aufgeben, und ohne Christus und Gott muss ein christlicher Theologe den seinigen auch aufgeben.

Wie gesagt, diese Haltung ist mir verständlich, aber deswegen halte ich sie noch nicht für richtig, genauso wie ich es verstehe, wenn ein Hindu eine Kuh für heilig hält, aber diese Haltung ich nicht für richtig erachte. Jede weitere Argumentation hier bringt uns nicht weiter. Wenn der Verstand ausgeklammert wird, ist ein Argument ohne Wirkung, so wie bei einer ausgeschalteten Kochplatte die besten Kochversuche nicht zu einem Ergebnis führen können.

8.   Kritik der islamischen Ethik

In den letzten Jahren sind in der westlichen Welt „Probleme" mit dem Islam ziemlich in den Vordergrund gerückt. Seit dem Angriff auf das World Trade Center im Jahre 2001 in New York sind Menschen verstärkt zum Thema Islam sensibilisiert. Die „Probleme" bestanden allerdings schon früher. Jetzt kommen die IS- (Terrorgruppe Islamischer Staat) und Boko-Haram-Bewegungen hinzu. In deren Heimatländern bzw. in deren Aktionsbereichen mussten und müssen tausende Menschen leiden. Boko Haram entführte z. B. hunderte junge Frauen und vergewaltigte viele von ihnen. Etliche wurden sogar zwangsverheiratet. Der IS tötete mit seinem Krieg Tausende. Der IS zerstörte unwiederbringliche Kulturgüter, unzählige Häuser (Wohnstätten) und verursachte einen nie da gewesenen Flüchtlingsstrom nach Europa. Dabei ertranken Tausende der Flüchtlinge im Mittelmeer. Auch Al Kaida und die Taliban brachten unendliches Leid über eine große Anzahl Menschen.

Es ist im Rahmen dieses Buches nicht möglich, ausführlich auf den

Islam als Ganzes einzugehen. Ein kurzer Hinweis zu dessen heiligen Büchern (Koran, Hadith, Sunna), zur Rechtsprechung, der Scharia, und auf ein paar Stellen im Koran hinzuweisen – die kein ethisch denkender Humanist akzeptieren kann – dürfte zum Thema ausreichen. Koran und Hadith sind die sakralen Bücher des Islam. Die Scharia befasst sich mit der islamischen Rechtsprechung.

Der Koran gilt als Allahs Wort, dass durch einen Boten Allahs, den Analphabeten Mohammed, der Menschheit vermittelt wurde. Der Koran, folglich Gottes Wort, ist absolut und ewig gültig, unantastbar und ist „Wort für Wort" zu befolgen.

Hadith und Sunna beschreiben, wie Mohammed gelebt hat (und welche Folgerungen für den Muslime daraus zu ziehen sind). Alle Handlungen Mohammeds sollen göttlich inspiriert und legitimiert sein. So steht es mehrmals im Koran. Im Buch Hadith ist es ähnlich: Es enthält Überlegungen, Aussprüche und Handlungen des Propheten sowie Handlungen Dritter, die Mohammed stillschweigend geduldet hat.

An dieser Stelle ein Zitat: „Sure 4, Vers. 14: Wer aber gegen Allah und seinen Gesandten rebelliert und seine Gebote übertritt, den führt er ein in ein Feuer, um ewig darinnen zu verweilen." Die Sunna hat eine unantastbare Autorität, wenn es um die Rechtsprechung geht. Hierzu möchte ich vier Kapitel erwähnen:

Kapitel 1: In diesem geht es um die Erlaubnis, eine Razzia gegen Ungläubige zu unternehmen, ohne vorher ein Ultimatum gestellt zu haben.

Kapital 9: In diesem geht es um Erlaubnis, bei Überfällen Frauen und Kinder zu töten, falls dies nicht schon vorher absichtlich geschah.Kapitel 20: In diesem geht es um die Vertreibung der Juden und Christen bzw. aller Ungläubigen aus dem Hejaz (auch Al-Hedschas genannt), ursprünglich aus der historischen und politischen Landschaft bzw. dem Wirkungsbereich des Islam (heute vordringlich eine Region im Westen des jetzigen Saudi-Arabien) bis nur noch Muslime übrig sind.

Kapitel 22: Hier geht es um Handlungsanweisungen für den Jihad, den Heiligen Krieg.

Zur Scharia:

In vielen islamischen Ländern Arabiens, aber auch in vielen Ländern Afrikas und Südostasiens, gilt das Scharia-Recht als die alleinige Rechtsprechung. Sudan, Nigeria, Saudi-Arabien, Iran und Pakistan sind Musterbeispiele dafür. Auspeitschungen ohne Eingreifen der Regierungen sind keine Ausnahme.

Unter diesen inhumanen Umständen ist es schier unverständlich, warum der Westen beispielsweise mit dem Wahhabiten-Land Saudi Arabien, wo Frauen sich bis zur Unkenntlichkeit verhüllen müssen und z. B. aus religiösen Gründen nicht Auto fahren dürfen, militärisch, wirtschaftlich und kulturell so eng kooperiert. Wir wissen von drastischen Strafen für Ehebruch und Diebstahl. Wir wissen von öffentlichen Hinrichtungen, die dort die Regel sind. Am 25.5.2015 war in der „Augsburger Zeitung" zu erfahren, dass die Regierung in Riad per Anzeige 8 Henker suchte. Deren Aufgabe sollte die Ausführung der Scharia sein. Auf Unzucht, Mord, „Vom Glauben abfallen", bewaffneten Raub und Drogenhandel steht die Todesstrafe. Den Dieben sollen die Gliedmaße amputiert werden. Zwischen Januar und Mai 2015 wurden bereits 84 Menschen öffentlich hingerichtet.

In der Islamischen Rechtsprechung wird der Mann privilegiert. Er darf bis zu 4 Frauen heiraten. In vielen islamischen Ländern reicht es für eine Scheidung vollkommen aus, wenn der Mann „Ich verstoße dich!" ausspricht. Hier, wie in manch einer anderen Religion, haben die Frauen wenige Rechte und schon gar keine Gleichberechtigung; auch in Fragen des Erbrechts- und Kindschaftsrechts sind Männer bevorzugt.

Anstelle einer hier nicht angebrachten, ausführlichen Darlegung des Korans, möchte ich ein paar Suren zitieren. Sicherlich kann der Leser sich selbst ein Bild von inhumanen Aussagen machen.

I. Suren aus dem Koran: Wie soll sich ein Muslim gegenüber Ungläubigen verhalten?

2.172: Doch die Ungläubigen sind den Tieren gleich…

7.138: Zerstört alles, was Pharao und sein Volk geschaffen haben, auch alle ihre „Hohen Bauten".

16.106: Die, welche nicht an Zeichen Allahs glauben, sind alle Lügner.

25.53: Gehorche nicht den Ungläubigen.

29.87: Leiste den Ungläubigen keinen Beistand.

II. Frauenunterwerfung:

2.222: Eine gläubige Sklavin ist besser als eine freie Götzendienerin, auch wenn sie dir gefällt.

2.223: Die Weiber sind eure Äcker, geht auf euren Acker, wie und wann ihr wollt.

4.35: Männer sollen vor Frauen bevorzugt werden, weil Allah auch die einen vor den anderen mit Vorzügen begabte und auch jene diese erhalten. Rechtschaffende Frauen sollen gehorsam, treu und verschwiegen sein. Denjenigen Frauen aber, von denen ihr fürchtet, dass sie euch durch ihr Betragen erzürnen, gebt Verweise, enthaltet euch ihrer, sperrt sie in Gemächer und züchtigt sie.

III. Strafen und Drohungen:

3.117: Den Ungläubigen wird Allah nicht helfen, weder mit Vermögen noch mit Kindern. Sie werden Bewohner des Höllenfeuers und ewig darin bleiben.

3.158: Wenn ihr auch für die Religion Allahs getötet werdet oder sonstwie dabei sterbt, so sind Gnade und Barmherzigkeit Allahs besser als alle Schätze, die ihr hier sammelt.

4.75: Wer für die Religion Allahs kämpft, mag er umkommen oder siegen, wir geben ihm großen Lohn.

4.89: Schließt daher kein Freundschaftsbündnis mit den Ungläubigen als bis sie Allahs Weg einschlagen. Weichen sie aber ab, so ergreift sie und tötet sie, wo ihr sie auch finden mögt, und nehmt keine Freundschaft und Unterstützung von ihnen an.

4.102: Die Ungläubigen sind eure offenen Feinde.

5.52: O Gläubige, nennt weder Juden noch Christen zu Freunden.

9. 23: O Gläubige, erkennt weder euren Vater noch Bruder als Freunde an, wenn sie den Unglauben dem Glauben vorziehen.

9.39: Wenn ihr nicht zum Kampf auszieht, wird euch Allah mit schwerer Strafe belegen.

9.41 Kämpft mit Gut und Blut für die Religion Allahs.

17.34: Ist aber jemand ungerechterweise getötet worden, so geben wir seinen Verwandten die Macht, ihn zu rächen.

60.5: … auf immer sei zwischen uns Feindschaft und Hass, wenigstens solange, bis ihr an einen einzigen Gott glaubt.

Interessant ist der Vergleich der Zahlen mit den Zeilen. Laut Martin Münchs Aufstellung beinhaltet der Koran 11336 Stellen für Gewalt, Drohung und Strafe und gerade mal überschaubare 176 Stellen für Güte und Freundlichkeit.

Charakter der Zeilen	Zeilenzahl
Güte und Freundlichkeit	176
Drohungen und Strafe	3990
Umgang mit den Ungläubigen	3399
Unterwerfungspflicht	3947

Im Grunde genommen neigen alle monotheistischen Religionen zur Intoleranz. Sie sind dogmatisch. Dogmen dürfen nicht in Frage gestellt werden: Die Wahrheit von Jahwe, Gott oder Allah sei für Ewigkeit wahr. Es gilt endgültig, dass es nur einen Gott gibt, und die Gläubigen meinen zu wissen, was dieser Gott will. Im Islam wird behauptet, Allah hat Mohammed die „ultimative" Wahrheit mitgeteilt. Alle anderen Religionen irren sich also in diesem Punkt. Polytheistische Religionen scheinen allerdings toleranter als die monotheistischen: Sie glauben, es gäbe viele, ja tausende Götter. Einer mehr oder weniger schade ja nicht.

Die Darstellung des Islam in diesem Buch soll nicht den Eindruck erwecken, dass der Islam verderblicher als das Christentum sei. Auch die Bibel ist gegenüber Andersgläubigen nicht toleranter als der Koran.

Diese Ausführungen sind nicht dazu angetan, eine Überlegenheit der christlichen Lehre über die islamische zu propagieren. Wenn man das Alte Testament (sagen wir mal, den letzten Absatz des ersten Gebots) liest, dann weiß man, wie der Hase läuft. Im Alten Testament und im Neuen kann man massenweise Drohungen und Strafen finden. Die meisten Christen haben aber die Bibel gar nicht gelesen. Diese Tatsache wird in Franz Buggles Buch „Denn sie wissen nicht was sie glauben" hervorragend behandelt. Es gibt weitere, ähnliche Bücher, die dieses Thema kenntnisreich und sehr verständlich verarbeiten.

Nebenbei sei bemerkt, dass auch die Mehrzahl der Muslime friedlich leben will.

Die Muslime, aber auch Angehörige anderer Religionen, sind quasi zufällig Gläubige dieser Religionen befinden sich nur durch ihre Geburt am jeweiligen Ort und im jeweiligen Kulturkreis. Wenn Sie in einem kleinen schiitischen Dorf im Iran geboren wären, wären Sie aller Wahrscheinlichkeit nach auch ein Schiit.

Hehre Stellen im Koran und Hadith sind vorhanden. Die Stellen der Intoleranz gegenüber Andersgläubigen, Frauen, Sklaven usw. überwiegen aber und haben schädliche Wirkung in der Praxis für einen großen Teil der Menschheit.

Im Islam gibt es verschiedene, in sich widersprüchliche Aussagen. Davon sind einige für Auslegungen sehr undeutlich gehalten. Teilgruppen des Islam können sie auslegen, wie sie wollen (so wie das im Christentum auch häufig geschieht). Ich nenne an dieser Stelle einige der Untergruppierungen im Islam: Wahhabiten, Hanafiten, Alewiten, Drusen, Ahmediya, Imamiten, Zaiditen, Fatimiden, Ismailiten, Muhmadiya, Aga Khan, Suleyman, Bohra, Dawidi Wora usw.

Die Unterschiede in der Interpretierung der Heiligen Bücher ist so groß, dass Sunniten und Schiiten seit Jahrhunderten eine kriegerische, oft tödliche Auseinandersetzung miteinander führen, (ähnlich wie Katholiken und Protestanten in Irland), obwohl sich die meisten Muslime nach Frieden sehnen.

Bevor ich meine Meinung über die Religionen an sich äußere, möchte ich mich kurz mit den anderen Weltreligionen wie Hinduismus, Buddhismus und Jainismus befassen.

9.   Hinduismus, Buddhismus und Jainismus

Diese Themen behandle ich nur kurz, weil der Großteil der Leserschaft, vergleichsweise zur Beschäftigung mit Islam und Christentum, sie wahrscheinlich nicht unbedingt als sehr aktuell empfinden wird.

Hinduismus ist ein Sammelsurium von Weltanschauungen, die in sich widersprüchlich und dogmatisch nicht vorgegeben sind.

Nehmen wir ein Beispiel: Sexualität und Ehe. Mahatma Gandhi empfahl sexuelle Enthaltsamkeit. Rajnish empfahl die freie sexuelle Entfaltung.

Auf alten Tempeln sind Skulpturen zu sehen, die Geschlechtsakte darstellen. Es gibt religiöse Gruppen, die sexuelle Akte als Wiedervereinigung des göttlichen Prinzips „männlich" (Purusha) und „weiblich" (Shakti) interpretieren. Diese Gruppen veranstalten entsprechende sexuelle Zeremonien, an denen mehrere Personen gleichzeitig teilnehmen.

Im Epos Mahabharata ist zu lesen, dass „Gottesinkarnation" Krishna mehr als tausend Frauen heiratete. Er hatte sogar auch davor freie sexuelle Beziehungen zu den Dorffrauen, von denen viele verheiratet gewesen sein dürften. Im Epos Ramayana hat Gott Rama sich für Monogamie entschieden. Er heiratete nur eine Frau.

Das Wort Religion bedeutet für Hindus Dharma. Mit Dharma ist Pflicht gemeint. Daraus folgernd heißt das Grundprinzip im Hinduismus: Solange du deine Pflicht gegenüber den Mitmenschen wahrnimmst, ist es völlig egal, ob du an tausende Götter, an einen Gott oder an keinem Gott glaubst. So ist auch atheistische Weltanschauung im Hinduismus kein Widerspruch.

Es gab und gibt angesehene, weise Menschen, die Atheisten waren und sind. So bezeichnet die „Inkarnation Gottes Krishna" Kapil Muni als einen der weisesten Heiligen. Kapil Muni war jedoch ein Atheist. Hindus betrachten Buddhismus und Jainismus als Teil des Hinduismus. Buddhismus und Jainismus sind jedoch atheistische Weltanschauungen.

Es gibt ethisch nicht haltbare Einstellungen im Hinduismus, z. B. das Kastensystem. Da werden die „Unberührbaren", also die der untersten Kaste, schlechter behandelt als die der ersten 3 Kasten. Das Kastensystem ist im modernen Indien zwar schwächer geworden, aber nach wie vor noch stark genug, um als apart zu gelten, besonders in den ärmeren Ländern Indiens, wie z.B. in Bihar und Orissa. Die Großgrundbesitzer dort wollen nämlich die „Diskriminierten", die unterste Kaste, als billige Arbeitskräfte behalten. Es sei hier erwähnt, dass Mahatma Gandhi die Unberührbaren als „Harijan" also Gotteskinder bezeichnete und so für die Aufwertung der Angehörigen dieser untersten Kaste sorgte. Die Regierung setzte sich durch Stärkung der Minderheit der Harijans, z.B. bei Vergabe von Studienplätzen (40-%-Regelung) per Gesetz, für mehr Gerechtigkeit bei den Kasten ein.

Hinduistischer Fundamentalismus: Das moderne Indien beherbergt auch fundamentalistische Hindu-Parteien wie BJP und RSS, die als ihr Ziel definieren, Indien progressiv umformen zu wollen. Zwei

Beispiele seien hier kurz erwähnt: Die Mogulen hatten im Geburtsort des Gottes Rama, Ayodhya, einen für Rama erbauten Tempel zerstört und an dieser Stelle eine Mosche erbaut. Die radikalen Hindu wollten in der Folge die Mosche zerstören und den Rama-Tempel wieder aufbauen. Es gab gewalttätige Auseinsetzungen zwischen Hindus und Moslems, wobei viele Menschen starben. Ein Zug von Hindu-Pilgern nach Ayodhya wurde von fanatischen Muslimen gestürmt. Daraufhin töteten radikale Hindus wahllos viele friedliche Muslime in der Hauptstadt des Landes Gujarat, Ahmedabad. Der damalige Premierminister Gujarats, der zu einer Hindu-Partei gehörte, unternahm nichts, um diese brutalen Zwistigkeiten zu stoppen.

Es gibt in Indien eine kleine, radikale Gruppe, die Muslime zwingen wollen, zum Hinduismus zu konvertieren, auch gegen deren Willen. Diese fundamentalistisch eingestellten Hindus wollen die säkulare Republik Indien in eine Nation mit hinduistischer Staatsreligion umwandeln.

Humanistisch gedacht, kann man froh sein, dass sie in Indien keine große Unterstützung bei der Bevölkerung fanden und finden.

Zu **Buddhismus und Jainismus** einige Vorbemerkungen:

1. Buddhismus und Jainismus sind atheistische Weltanschauungen. Der Begriff Gott kommt in ihren Anschauungen nicht vor.
2. Hindus betrachten diese zwei Religionen allerdings als einen Teil des Hinduismus.
3. Im Namen des Buddhismus sind offensichtlich nie Kriege geführt worden. Der Konflikt in Sri Lanka ist ein ethnischer Konflikt.

Buddha war der Auffassung, das Leben sei nur Leiden. Man wird immer wieder und wieder geboren. Durch die richtige Lebensweise wird man nach vielen Geburten aus diesem „Leidenskarussell" befreit. Man wird ins Nirwana eingehen, folglich sich in das Nichts auflösen.

Die Jains sind gegen Tötung jedweden Lebewesens und deswegen für Gewaltlosigkeit, für das Prinzip „Ahimsa", was auch Mahatma Gandhi propagierte und praktizierte. Es gibt keinen einzigen Soldaten, der ein Jain ist. Manche Jains, besonders die Mönche tragen Mundschutz, um herumfliegende kleine Lebewesen nicht einzuatmen und damit zu töten.

Hier kommt meine Kritik (hauptsächlich in Form von Fragen).

1. Besteht unser Leben nur aus Leiden? Gibt es überhaupt keinen Moment, in dem wir glücklich sind – hier und jetzt in diesem Leben? Sollten wir den natürlichen Wunsch, glücklich sein, glücklich sein zu wollen, nicht anstreben?
2. Pflanzen sind auch Lebewesen. Darf man sie essen? Soll man Malaria nicht bekämpfen? Malaria-Erreger und Mücken sind doch auch Lebewesen! Darf man bei bakterieller Entzündung keine Antibiotika verwenden?

So kann man viele Fragen stellen, wenn es um ethisch relevante Fragestellungen wie z.B. das „Glück" geht.

Zusammenfassung der Kritik an religiöser Ethik (Thesen)

1. Polytheistische Religionen sind in der Regel toleranter als monotheistische.
2. Der Begriff Gott wurde vor etwa 10.000 Jahren in der 125.000 jährigen Geschichte des Spezies Homo sapiens eingeführt.
3. Alle religiös implizierten „Heiligen Bücher" sind laufend umgeändert worden. Diese Bücher, per se Lehrbücher, enthalten keine klipp und klar vorgegebenen Handlungsanweisungen. Deswegen können sie nach Lust und Laune interpretiert werden. Im Namen Gottes hat man früher „Hexen" gefoltert und verbrannt (laut

Karlheinz Deschner in Europa 9 Millionen). Weil diejenigen, die gerade das Sagen hatten, aus widersprüchlichen Inhalten dieser „lehrenden Bücher" Texte aussuchten, die zweckmäßig in die Zeit (zu Macht und gesellschaftlichen Veränderungen) passten, gab es viele unterschiedliche Strömungen, Weltsichten, Sekten und teils fanatische Gruppierungen in Religionen – und viel Unheil, Ungerechtigkeiten, Verirrungen. Und die gibt es auch heute noch.

Weitere Erkenntnisse

1. Religionen haben sich über lange Zeit behaupten können. Die meisten sind dann doch untergegangen.

2. Dogmatisch festgelegte Religionen verschwinden eher, außer man folgt deren Lehrinhalten im Zuge gesellschaftlicher Veränderungen nicht wortgetreu (penetrant, pedantisch).

3. Da gesellschaftliche Veränderungen immer schneller stattfinden, werden die noch bestehenden Religionen schneller verschwinden, schneller als man denkt.

4. Dogmatische Religionen, die vor 2000 oder mehr Jahren entstanden, sind für damalige Gesellschaften geschrieben worden. Man darf als Beispiel Inhalte wie „biblische Sexualmoral" erwähnen. Wie viele Gläubige fühlen sich noch an solche Inhalte gebunden?

5. Religiös suggerierte Autoritätsgläubigkeit wird zunehmend schwächer. Der Mensch heute fragt häufiger nach dem „Wieso" und „Warum"? Früher begann ein Pfarrer seine Predigt mit den Worten „Es steht geschrieben …"„. Jeder Widerspruch gegen die Vorgaben der Bibel war ausgeschlossen, ja irrelevant. „Du sollst glauben, mein Sohn, nicht hinterfragen!"

6. Ein aufgeklärter, ethisch denkender und handelnder Mensch sollte sich Toleranz gegenüber religiös motivierter Intoleranz nicht erlauben. Wenn in Sudan wegen angeblichen Ehebruchs eine Frau gesteinigt wird, kann man wohl nicht sagen: „Ich habe 'meinen' Glau-

ben, du 'deinen'. Jeder soll nach 'seinem' Glauben selig werden, denn ich bin ja tolerant."

7. Solange es Religionen gibt, gleich welcher Art, wird und kann es keinen Frieden unter den Menschen geben. Solange man nicht hinterfragt, woher die Vorschriften und Lehren kommen, solange es noch unaufgeklärte Menschen gibt, die an eine irgendwo im Weltall existierende Macht fanatisch glauben, müssen weiter Menschen und Tiere sinnlos sterben. Wir hätten dank Aufklärung die Möglichkeit, ethisch-moralische Wesen zu sein, die unseren wunderschönen, blauen Planeten als Paradies im Jetzt erheben dürfen, in dem sich der Mensch nicht vor dem Menschen fürchten muss.

8. Religionen sind Fossilien und gehören der Vergangenheit an. Unsere Verfassung garantiert Religionsfreiheit. Die beste Religionsfreiheit ist die Freiheit von Religion, egal von welcher.

Da nicht nur die Religion, sondern in ebenso starkem Ausmaß diverse politische Ideologien der letzten Jahrhunderte unser ethisches Denken geformt haben, komme ich nicht umhin, zumindest eine der mächtigsten Ideologien der Neuzeit einer kritischen Betrachtung zu unterziehen und ihre Tauglichkeit im Sinne meiner These zu prüfen. Ich meine damit die marxistische Lehre und ihre Ethik.

VIII. Zu den Grundlagen marxistischer Ethik

Im vorigen Jahrhundert hat die zweite Hälfte der Achtzigerjahre so manche stürmische Entwicklung in den osteuropäischen Ländern gebracht. Der Marxismus-Leninismus musste schwere Rückschläge materieller, aber auch ideologischer Natur einstecken. Er hat allerdings immer noch erheblichen Einfluss auf die Denkgewohnheiten und die Denkstruktur der dort lebenden Menschen.

1.   Einfluss marxistischer und leninistischer Denkweisen

Nahezu alle Balkanländer und die Staaten der ehemaligen UdSSR haben noch keine festumrissene neue Staatsideologie geformt.

In den sogenannten westlichen Ländern ist die marxistische Linke in Hibernation, in künstlichen Winterschlaf gegangen.

Die kommunistische Partei ist aber trotzdem eine nicht zu verachtende Kraft. In West-Bengalen (33 Millionen Einwohner) haben bis in die jüngste Zeit (1977–2011) die demokratisch gewählten Kommunisten regiert. Ähnlich war auch der Fall in Kerala. Vietnam mit seinen 93 Millionen Einwohnern wird seit 1976 von den Kommunisten regiert. Kuba ist mit Fidel und Raul Castro rot. China brauche ich wohl nicht zu erwähnen! Für die Völker armer Länder ist der legendäre marxistische Kämpfer Che Guevara immer noch ein Idol.

Wenn sich der Kapitalismus in den Industrieländern mit der gleichen sozialen Rücksichtslosigkeit weiterentwickelt, ist es durchaus denkbar, dass die marxistische Ideologie wieder an Boden gewinnt.

Wir sind ständig mit dieser Ideologie konfrontiert. Ernsthaft denkende Menschen kommen also nicht umhin, sich damit zu beschäftigen. Auch wenn man mit dem Marxismus nicht einverstanden ist, muss man zugeben, dass Marx eine große Persönlichkeit und stark von humanistischen Gedanken geprägt war.

Nun, was man heute unter dem Begriff *Marxismus* versteht, ist nicht alles Marx allein zuzuschreiben. Selbst zu Marx' Lebzeiten hatte u.a. Engels einen wesentlichen Beitrag zur Gestaltung der marxistischen Ideologie geleistet. Seither ist der Marxismus in östlichen wie westlichen Ländern weiterentwickelt worden, und schon heute gibt es im Marxismus fast so viele Schulen wie Kirchen im Christentum.

2.   Fortschritte durch Marxismus?

Auch Leute, die dem Marxismus kritisch gegenüberstehen, sollten fairerweise zugeben, dass ihm sehr viele gesellschaftliche Fortschritte zu verdanken sind. Die heftige Kritik von Marx an den unmenschlichen Arbeitsbedingungen für Kinder und auch an erwachsenen Arbeitnehmern hat bewirkt, dass die Bedingungen jetzt – nicht zuletzt durch die Arbeit der Gewerkschaften – wesentlich verbessert wurden.

Auch der Kampf der Kolonialvölker gegen die imperialistischen Kolonialherren hat einen ausschlaggebenden Impuls durch den Marxismus erhalten, beispielsweise durch die Existenz von Staaten wie der Sowjetunion, die auf marxistischer Ideologie aufbauten und selbst den kapitalistischen Herrscherländern erfolgreich die Stirn boten.

Dies alles soll uns aber nicht hindern, Kritik am Marxismus zu üben, wo es notwendig und richtig erscheint. Ich möchte an dieser Stelle betonen, dass es mir im Rahmen dieses Buches nicht darum geht, Kritik am gesamten Marxismus zu üben, sondern nur an der marxistischen Ethik.

3. Marxistische Philosophie

Bevor wir aber die marxistische Ethik in Angriff nehmen, müssen wir uns zunächst mit der marxistischen Philosophie befassen. In diesem Zusammenhang sind für uns die folgenden Kapitel am wichtigsten:

- Der dialektische Materialismus
- Der historische Materialismus
- Die marxistische Geschichtsphilosophie
- Die marxistische Anthropologie

Diejenigen, die sich mit Marxismus noch nicht befasst haben, mögen bitte nicht erschrecken, wenn sie so viele fremde Begriffe hören, und die Experten unter ihnen mögen mir verzeihen, wenn ihnen diese Einteilung zu einfach erscheint, oder wenn sie kritisieren, dass ich einige andere wichtige Gebiete des Marxismus, wie z.B. die Politik – einschließlich der Begriffe des Staates, der Nation, des Kommunismus' usw. – nicht einmal erwähne. Ich möchte versuchen, die genannten Themen der marxistischen Philosophie in ganz einfacher Form vorzustellen, die jedem verständlich ist.

3.1 Zum Begriff Wissenschaftlichkeit im Marxismus

Der Marxismus erhebt bekanntlich den Anspruch, eine wissenschaftliche Ideologie zu sein. Marxistische Arbeiten wimmeln von Begriffen wie *Wissenschaftlicher Sozialismus, Historische Notwendigkeit, Objektive Wahrheit*. Auch für die Ethik, die auf diese Philosophie aufgebaut ist oder zumindest in engerer Beziehung zu ihr steht, wird Wissenschaftlichkeit in Anspruch genommen.

Wir wollen uns jetzt die einzelnen Begriffe vornehmen und versuchen festzustellen, ob die Ansprüche der Marxisten auf Wissenschaftlichkeit aufrechterhalten werden können.

3.2   Zum dialektischen Materialismus

Zunächst sollten wir festhalten, dass der dialektische Materialismus nicht das Werk von Marx, sondern das von Engels ist. Der Name *Dialektischer Materialismus* stammt allerdings von Plechanow, nicht von Engels. Aber dies nur nebenbei.

Für unsere Zwecke reicht es, zu wissen, dass der dialektische Materialismus ein Grundpfeiler des Marxismus ist. Er ruht seinerseits wieder auf zwei Säulen,

- dem Materialismus an sich,
- dem darauf basierenden *dialektischen Materialismus*.

Der Materialismus an sich ist keine Erfindung von Engels. Verschiedene Philosophen haben diese Richtung schon in früheren Zeiten vertreten, so z.B. Descartes, Locke, Bacon oder Hobbes. Auch in der Philosophie der Brahmanen vor 3.000 Jahren gab es diese Denkrichtung bereits.

Was hat uns nun, unabhängig davon, Engels über die Materie und den Materialismus zu sagen? In seinem *Anti-Dühring* schreibt er: *Die Einheit der Welt besteht nicht in ihrem Sein, obwohl ihr Sein eine Voraussetzung ihrer Einheit ist, da sie doch zuerst sein muss, ehe sie eins sein kann. Das Sein ist ja überhaupt eine offene Frage von der Grenze an, wo unser Gesichtskreis aufhört. Die wirkliche Einheit der Welt besteht in ihrer Materialität und diese ist bewiesen, nicht durch ein paar Taschenspielerphrasen, sondern durch eine lange und langwierige Entwicklung der Philosophie und der Naturwissenschaft. Fragt man aber weiter, was denn Denken und Bewusstsein sind, und woher sie stammen, so findet man, dass es Produkte des menschlichen Gehirns sind, und dass der Mensch selbst ein Naturprodukt ist, das sich in und mit seiner Umgebung entwickelt hat; wobei es sich dann von selbst versteht, dass die Erzeugnisse des menschlichen Gehirns, die in letzter Instanz ja auch Naturprodukte sind, dem übrigen Natur-Zusammenhang nicht widersprechen.*

Also lässt sich zusammenfassend sagen: Die Welt besteht aus Materie, der Mensch auch, ebenso wie die Eigenschaften *Denken* und *Bewusstsein*, welche spezifische Eigenschaften des menschlichen Gehirns sind, das ja gleichfalls aus Materie besteht.

Also steht dies im Gegensatz zur idealistischen Philosophie, in der dem Denken, dem Geist, Priorität gegeben wird. *Am Anfang war das Wort.* Das heißt: In der materialistischen Philosophie besitzt die Materie die Priorität.

Als Anhänger des philosophischen Materialismus bin ich mit dieser Auslegung einverstanden. Sicher werden etliche meiner Leserinnen und Leser eher Anhänger des Idealismus sein.

Ihnen möchte ich Folgendes zu bedenken geben: Viele der Eigenschaften, die früher dem sogenannten Geist zugeschrieben wurden, sind inzwischen durch die Wissenschaft als an Materie gebunden, als Eigenschaften des Gehirns, entlarvt worden. So hat man z.B. Mutterliebe, Hass oder Erinnerungsvermögen jetzt in bestimmten Gehirnzentren lokalisiert, und die Wissenschaftler sind dabei, die dafür zuständigen Hormone und chemischen Stoffe zu analysieren und zu reproduzieren.

Zurück zu Engels und seinen weiteren Aussagen über die Materie. Mit seiner Betrachtung über Bewegung als Daseinsweise der Materie nähert er sich dem dialektischen Materialismus:

Die Bewegung ist die Daseinsweise der Materie. Nie und nirgends hat es Materie ohne Bewegung gegeben oder kann es sie geben. Alle

Ruhe, alles Gleichgewicht ist nur relativ, hat nur Sinn in Beziehung auf diese oder jene bestimmte Bewegungsform. Materie ohne Bewegung ist ebenso undenkbar wie die Bewegung ohne Materie. Bewegung ist daher ebenso unerschaffbar und unzerstörbar wie die Materie selbst.

Bewegung und Materie sind also für Engels untrennbar miteinander verbunden. Er legt hier sehr großen Wert auf den Begriff *Bewegung*, der einen wichtigen Teil seiner Dialektik darstellt, denn die Lehre von der Bewegung ist eines der zentralen Gesetze der Dialektik.

Allerdings verwickelt sich Engels in Ungereimtheiten, wenn er sagt: *Solange wir Dinge als ruhende und leblose, jedes für sich neben- und nacheinander betrachten, stoßen wir allerdings auf keine Widersprüche an ihnen. Aber ganz anders, sobald wir die Dinge in ihrer Bewegung, ihrer Veränderung, ihrem Leben, in ihrer wechselseitigen Einwirkung aufeinander betrachten, da geraten wir sofort in Widersprüche. Die Bewegung selbst ist ein Widerspruch; sogar schon einfache Ortsbewegung kann sich nur dadurch vollziehen, dass ein Körper in einem und demselben Zeitmoment an einem Ort und zugleich an einem anderen Ort, an einem und demselben Ort und nicht an ihm ist. Und die fortwährende Setzung und gleichzeitige Lösung dieses Widerspruches ist eben die Bewegung. (...) Das Leben besteht gerade darin, dass ein Wesen in jedem Augenblick dasselbe und doch ein anderes ist. Das Leben ist also ebenfalls ein in den Dingen und Vorgängen selbst vorhandener, sich stets setzender und lösender Widerspruch; und sobald der Widerspruch aufhört, hört auch das Leben auf, der Tod tritt ein.*

Dies alles kann man nicht einfach so im Raum stehen lassen. Hier sind keine Erkenntnisse, sondern Annahmen und – nach meiner Ansicht – logische Kurzschlüsse enthalten. Zuerst seine Annahme vom Widerspruch der Bewegung. Er sagt, eine einfache Ortsbewegung kann sich nur dadurch vollziehen, dass ein Körper in ein und demselben Augenblick an ein und demselben Ort und nicht an ihm ist. Ist das eine Erkenntnis? Wenn ja, womit wird sie bewiesen? Ich würde eher sagen, dass ein Körper sich nicht in einem Moment an zwei verschiedenen Orten befinden kann.

Auf der eben erwähnten ersten Annahme basiert sein zweites Postulat: *Das Leben besteht gerade darin, dass ein Wesen in jedem Augenblick dasselbe und doch ein anderes ist.*

Stimmt das? Ich möchte in diesem Zusammenhang eine nette Anekdote erzählen, die nebenbei noch illustriert, wie auch Wissenschaftler, wenn es nicht um ihr eigenes Fach geht, sich in nicht zu begründende Annahmen verstricken können.

Ich habe einen *Facharzt für Chirurgie* in Edinburgh erworben. Man muss dafür ein Examen bestehen. Der Prüfer war ein eminent erfahrener Professor der Physiologie. Ein hervorragender Mann in seinem Fach, der jetzt nur noch Vorworte für Lehrbücher schreibt. In der mündlichen Prüfung fragte er mich zuerst, wo ich studiert hätte. Ich antwortete wahrheitsgemäß, in der Bundesrepublik Deutschland. Da sagte er: *„Wer hat gesagt: Der Mensch ist nicht das, was er ist?"*

Ich war perplex. Ich dachte, ich sollte in Physiologie geprüft werden und nicht in Philosophie. Ich gestand dann relativ kleinlaut: *„Ich weiß es nicht!"* Er sagte daraufhin: *„Es war Goethe."* Daraufhin meinte ich: *„Aha!"*, und dann sagte ich gar nicht so kleinlaut: *„Na und?"* Der Professor erwiderte: *„Wieso na und? Er hat doch recht, oder?"* Ich entgegnete ihm: *„Nein, hat er nicht, auch wenn er Goethe hieß, denn der Mensch ist halt, was er ist."*

Und wir diskutierten weiter, bis er dann als Beweis für diese Behauptung sagte: *„Sie machen eine Visite. Ein Patient liegt im Bett, ist nicht mal gelb und hat Hepatitis. Sie denken also, der ist gar nicht leberkrank, aber in der Tat hat er Hepatitis. Er ist also nicht das, was er ist."*

(Ich muss dazu sagen, dass nicht alle Hepatitis-Kranken eine Gelbfärbung aufweisen.) Ich daraufhin: *„Wenn wir, durch welche Ursachen auch immer, nicht in der Lage sind, zu erkennen, dass der Patient le-*

berkrank ist, ändert sich nichts an der Tatsache, dass der Leberkranke leberkrank ist. Da haben Sie und Herr Goethe sich geirrt. Der Mensch ist, was er ist."

Nun, ich bestand die Prüfung trotzdem. Engels macht den gleichen Fehler. Jedenfalls sind für seine Behauptung, dass ein lebendiges Wesen in jedem Moment dasselbe und doch anders ist, keine annehmbaren Argumente vorhanden. Die Behauptung gehört für mich schon eher in den Bereich der Metaphysik.

Nun zu einem weiteren Gesetz der Dialektik. Um später die Entwicklung der Gemeinschaft in Sprüngen wissenschaftlich zu untermauern, wurde das Gesetz des Umschlagens von der Quantität in die Qualität formuliert.

Engels gibt zunächst folgendes Beispiel aus der unbelebten Materie: *Das Wasser geht unter Normalluftdruck bei 0 °C aus dem flüssigen in den festen und bei 100 °C aus dem flüssigen in den gasförmigen Zustand über. Hier also, an den beiden Wendepunkten, verursacht die bloße quantitative Veränderung der Temperatur eine qualitative Veränderung des Zustandes des Wassers.*

Ein moderner Physiker würde sich wahrscheinlich zu diesem Thema ganz anders äußern. Wenn wir auch, oberflächlich gesehen, den qualitativen Sprung zugeben, ist dies noch lange kein Grund, daraus eine Verallgemeinerung, ein Gesetz, abzuleiten. Wir könnten nämlich dagegenhalten: In der Physik verursacht nicht jede quantitative Veränderung eine Veränderung der Qualität und nicht jede qualitative Veränderung bedarf einer quantitativen. Diese These reicht somit nicht zur Verallgemeinerung, d.h. zur Bildung eines dialektischen Gesetzes.

Zum Schluss gilt es noch, das Gesetz der *Negation der Negation* zu überprüfen. Um die deterministische Entwicklung der Gesellschaft in Sprüngen von der Urgesellschaft über den Feudalismus, den Kapitalismus bis hin zum Kommunismus wissenschaftlich zu untermauern, benötigt Engels das Gesetz der *Negation der Negation*.

Die Beispiele und die Argumente, die er hier vorbringt, sind aber für mich von solcher Einfachheit – um das Wort primitiv nicht zu benutzen – dass die Logik sich beleidigt zurückzieht.

Bezeichnend ist das berühmte Beispiel vom Gerstenkorn, in dem er das Folgende schreibt: *Findet ein Gerstenkorn die für es normalen Bedingungen vor, fällt es auf günstigen Boden, so geht unter dem Einfluss der Wärme und der Feuchtigkeit eine eigene Veränderung mit ihm vor, es keimt; das Korn vergeht als solches, wird negiert, an seine Stelle tritt die aus ihm entstandene Pflanze, die Negation des Korns. Aber was ist der normale Lebenslauf dieser Pflanze? Sie wächst, blüht, wird befruchtet und produziert schließlich wieder Gerstenkörner, und sobald diese gereift, stirbt der Halm ab, wird seinerseits negiert. Als Resultat dieser Negation haben wir wieder das anfängliche Gerstenkorn, aber nicht einfach, sondern in zehn-, zwanzig-, dreißigfacher Zahl. (Ähnlich wie beim Gerstenkorn vollzieht sich dieser Prozess bei den meisten Insekten, usw.)*

Die Unzulänglichkeiten der Entwicklung dieses Gedankenganges sind offensichtlich. Aber da dieses Beispiel am Anfang der Ausführungen über die *Negation der Negation* steht und immer wieder zitiert wird, lohnt es sich vielleicht doch, sich etwas länger damit aufzuhalten.

Meine Einwände sind: Die Pflanze ist nicht die Negation des Korns, weil jeder Same eine Miniaturpflanze ist. Man kann unter dem Mikroskop oft fertige Blätter, den Stamm und die Wurzeln erkennen. Der Übergang vom Samen zur Pflanze verläuft stetig, langsam und nicht sprunghaft – und er ist schon gar keine Negation.

Eine Pflanze muss sich nicht negieren – absterben – um Samen zu produzieren. Sehr viele Pflanzen und Bäume leben mehr als nur einen Reproduktionszyklus lang.

Warum ist die Negation eines Samens die Pflanze? Dann könnte keine neue Pflanze entstehen. Oder ist es auch eine Negation, wenn ich den Samen durch Verbrennung in Asche und Energie verwandle? Oder ist letzten Endes die Negation des Samenkorns ein Korn aus Antimaterie?

Wie die *Negation der Negation* in diesem Falle auch definiert werden soll, die von Engels angenommene ist jedenfalls nicht plausibel und reicht infolgedessen nicht aus, erkenntnistheoretisch den Anspruch auf ein Gesetz, basierend auf der *Negation der Negation*, zu erheben.

Engels scheint es allerdings logisch und deshalb will er das Gesetz von der *Negation der Negation* als empirische Erkenntnis aus der Geschichte der Menschheit herleiten und als Beweisführung für die historische Notwendigkeit des Kommunismus anwenden.

Alle Kulturvölker fangen an mit dem Gemeinschaftseigentum am Boden. Bei allen Völkern, die über eine gewisse ursprüngliche Stufe hinausgehen, wird dies Gemeineigentum im Laufe der Entwicklung des Ackerbaus eine Fessel für die Produktion. Es wird aufgehoben, negiert, nach kürzeren oder längeren Zwischenstufen in Privateigentum verwandelt. Aber auf höherer, durch das Privateigentum am Boden selbst herbeigeführter Entwicklungsstufe des Ackerbaus wird umgekehrt das Privateigentum eine Fessel für die Produktion – wie dies heute der Fall ist, sowohl mit dem kleinen wie mit dem großen Grundbesitz. Die Forderung, es ebenfalls zu negieren, es wieder in Gemeineigentum zu verwandeln, tritt mit Notwendigkeit hervor.

Ich bin aber überzeugt, dass die Mehrzahl der Historiker mit Engels' Auslegung der Geschichte nicht einverstanden sind. Wurde in der *Urgemeinschaft* Privateigentum deswegen eingeführt, weil Gemeineigentum des Bodens zu einer Fessel für die Produktion geworden war? Je weiter ein Ereignis in der Geschichte zurückliegt, desto schwieriger ist eine Beweisführung. Vielleicht war es tatsächlich so, wie es Engels schildert. Aber trotzdem kann man höchstens sagen, dass dies das Postulat von Engels ist. Ein Beweis liegt meiner Ansicht nach nicht vor. Je näher wir an die jetzige Geschichte herankommen, desto transparenter wird die Sache.

Engels meint, dass das Privateigentum heute eine Fessel für die Produktion geworden sei. Dies hat er für seine Zeit festgestellt. Aber die damalige Form von Privateigentum besteht heute noch, also ist auch die heutige Zeit betroffen. Vielleicht kann er das Privateigentum – und die damit verbundene, unterschiedliche Verteilung der Reichtümer – aus ethischen Gründen verurteilen. Aber dies als empirische Erkenntnis darzustellen, um darauf die Forderung zu gründen, dass das Gemeineigentum jetzt eine Notwendigkeit sei, ist nicht gerechtfertigt. Wenn man bedenkt, dass die Großgrundbesitzer in den USA sehr wohl in der Lage sind, unter Einsatz von modernen, chemischen Forschungen und mechanischen Erfindungen wesentlich höhere Erträge zu erzielen, als die Kolchosen in der ehemaligen Sowjetunion, dann ist man eher geneigt, vom Gegenteil überzeugt zu sein.

Sicher kann man einwenden, dass die Verhältnisse in der Sowjetunion und den USA nicht ohne weiteres vergleichbar sind, weil die Sowjetunion wirtschaftlich eine schlechtere Ausgangsposition hatte und zwei Weltkriege auf eigenem Boden durchmachen musste usw. Aber seit dem Zweiten Weltkrieg sind immerhin schon 70 Jahre vergangen.

Natürlich braucht man einige Zeit, um sich von den Wunden des Krieges zu erholen, aber auch später schnitt die Agrarproduktion der UdSSR im Vergleich mit der in den USA schlechter ab. Die Sowjetunion musste immer noch Getreide importieren, während z.B. Indien es schon seit mehreren Jahren exportierte.

Und man kann wohl als Tatsache annehmen, dass die Kolchose-Bauern mit der ihnen genehmigten Privatproduktion, trotz sehr vieler Einschränkungen, pro Kopf mehr erwirtschafteten als die in der staatlichen Kolchose. Man mag einwenden, Engels konnte die heutigen Verhältnisse damals noch nicht kennen. Aber erstens waren Marx und Engels überzeugt, dass große Veränderungen unmittelbar bevorstünden, und zweitens ist seine These auch heute noch offizieller Bestandteil der herrschenden marxistischen Ideologie (trotz der Widerlegung durch die Ergebnisse in der Praxis).

Deswegen darf man sie auch entsprechend kritisieren. Bis jetzt hat sich die Engels'sche Extrapolation in der Geschichte nicht bestätigt, und sie kann nicht als empirische Erkenntnis akzeptiert werden, sondern höchstens als eine Annahme, eine Überzeugung oder als ein Glaube gelten.

Ein weiterer Kritikpunkt, der an dieser Stelle nur erwähnt sei, ist, dass die dialektische Entwicklung beim Kommunismus ihr Ende findet. Man darf wohl fragen, warum nach dem Kommunismus nicht wieder eine Gesellschaft mit Privateigentum folgen soll, schon allein dem Gesetz der *Negation der Negation* zuliebe?

Auf der Basis der von ihm gegebenen Beispiele zieht Engels letztlich die Schlussfolgerung, dass die *Negation der Negation* ein äußerst allgemeines und eben deswegen äußerst weitreichendes und wichtiges Entwicklungsgesetz der Natur, der Geschichte und des Denkens ist.

Ich habe während meiner Analysen in seinen Ausführungen keine empirisch-erkenntnistheoretische Grundlage gefunden, die eine so weitreichende Verallgemeinerung über die Wirksamkeit seines Gesetzes rechtfertigen würde.

Noch unverständlicher ist für mich das Gedankengebäude, das Engels hinsichtlich der *Negation in der Dialektik* entwickelt hat.

Negieren in der Dialektik heißt nicht einfach, nein zu sagen, oder ein Ding für nicht bestehend zu erklären oder es in beliebiger Weise zu zerstören.

Schon Spinoza hat gesagt: *Jede Begrenzung oder Bestimmung ist zugleich Negation. Und ferner ist die Art der Negation hier bestimmt, erstens durch die allgemeine und zweitens durch die besondere Natur des Prozesses. Ich soll nicht nur negieren, sondern auch die Negation wieder aufheben. Ich muss also die erste Negation so einrichten, dass die zweite bleibt oder wird. Wie? Je nach der besonderen Natur jeden-falls. Vermahle ich ein Gerstenkorn, zertrete ich ein Insekt, so habe ich den ersten Akt vollzogen, aber den zweiten unmöglich gemacht. Jede Art von Dingen hat also ihre eigentümliche Art, so negiert zu werden, dass eine Entwicklung dabei herauskommt und ebenso jede Art von Vorstellungen und Begriffen.*

In der oben erwähnten Passage sind so viele Ungereimtheiten enthalten, dass man ewig darüber diskutieren könnte. Um nur ein paar herauszugreifen: Engels übernimmt hier die Aussage von Spinoza, dass jede Begrenzung zugleich die Negation ist.

Nun, es kann sein, dass Herr Spinoza und Herr Engels dieser Meinung waren. Aber dadurch wird die ganze Dialektik ziemlich verwässert. Jede Begrenzung ist bereits Negation! Wenn der Staat für Privateigentum Steuern erhebt, die dann der Allgemeinheit zugutekommen, ist das dann bereits eine Negation des Privateigentums?

Und was ist denn die Negation dieser Negation? Wenn dies der Fall wäre, dann gäbe es keine These und Antithese mehr. Es gäbe hunderttausend Thesen und Antithesen. Die ganze Dialektik ist dann hinfällig.

Engels sagt weiter: *Ich muss also die erste Negation so einrichten, dass die zweite möglich bleibt oder wird.* Warum muss er oder die Geschichte oder sonst noch jemand dies so einrichten? Nur dem Gesetz der Negation zuliebe, in der Interpretationsform von Spinoza und Engels?

Die von Engels angegebenen Gesetze der Dialektik, wie z.B. die Lehre von der Bewegung, das Umschlagen von Quantität in Qualität und vor allem die Negation der Negation, sind keine Naturgesetze, sondern vielmehr seine persönlichen Überzeugungen, keine wissenschaftlichen Erkenntnisse, auf die man eine historische Notwendigkeit des wissenschaftlichen Sozialismus oder Kommunismus gründen kann.

Sicher gibt es gegensätzliche Kräfte, die zur Entwicklung einer Sa-

240

che etwas beitragen. Aber sie sind doch nicht die einzigen treibenden Kräfte der Bewegung, der Geschichte. Dieser Anspruch auf alleinige Zuständigkeit ist eine nicht haltbare Verallgemeinerung in Form des dialektischen Materialismus.

Für das Verständnis und die Kritik der marxistischen Philosophie erscheint mir der dialektische Materialismus am wichtigsten, denn er bildet den Kern des Marxismus, auch wenn viele Marxisten ihn völlig ignorieren wollen. Und wenn der dialektische Materialismus nicht wissenschaftlich ist, dann kann demzufolge auch ein darauf aufgebauter Sozialismus und Kommunismus nicht wissenschaftlich begründet werden.

3.3   Zum historischen Materialismus

Zur marxistischen Philosophie gehört des Weiteren auch der historische Materialismus. Ihn ausführlich in unserem Rahmen zu behandeln, wäre ein zu umfangreiches Unterfangen, aber die wichtigsten Punkte sollten wir doch erörtern.

Obwohl die Bezeichnung historischer Materialismus von Engels stammt, ist Karl Marx der eigentliche Urheber dieser Lehre. Es handelt sich eher um eine soziologische Theorie, die im Marxismus nur deshalb zur Philosophie gerechnet wird, weil es zu Zeiten von Marx die Soziologie als Spezialgebiet noch nicht gab.

Der historische Materialismus ist eine Lehre, die an und für sich mit der Theorie des Klassenkampfes logisch kaum zusammenhängt. Sie spielt allerdings als eher abstrakte Theorie eine Rolle und soll die Lehre von den Klassen und dem Klassenkampf wenigstens teilweise erklären.

Das Grundprinzip bildet dabei der folgende Satz von Karl Marx: *Es ist nicht das Bewusstsein der Menschen, das ihr Sein, sondern umge-*

kehrt ihr gesellschaftliches Sein, das ihr Bewusstsein bestimmt. Das gesellschaftliche Sein wird desgleichen von der Produktionsweise der materiellen Güter bestimmt.

Im Marxismus wird zwar zugegeben, dass die biologischen, geographischen, klimatischen, demographischen und anderen materiellen Umstände einen gewissen Einfluss auf das gesellschaftliche Denken haben, aber entscheidend sollen nur die Produktionsverhältnisse zu den materiellen Gütern sein.

Was sie sind, sagt Marx, *fällt also zusammen mit ihrer Produktion, sowohl damit, was sie produzieren, als auch damit, wie sie produzieren. Was die Individuen also sind, das hängt ab von den materiellen Bedingungen ihrer Produktion.*

Schon hierin ist ein gewisser, wenn auch nicht sehr gewichtiger Kurzschluss enthalten. Mit dem ersten Satz sagt er, was die Individuen sind, fällt zusammen mit ihrer Produktion, und mit dem zweiten Satz sagt er, was die Individuen sind, hängt ab von den materiellen Bedingungen.

Wenn zwei Dinge zusammenfallen, müssen sie aber nicht unbedingt einen kausalen Zusammenhang haben. Ein Beispiel soll das verdeutlichen.

Wo die Pygmäen wohnen, fällt sehr viel Regen. Also müssten der kleine Körperbau und die schwarze Hautfarbe der Pygmäen durch den vielen Regen bedingt sein (ein kausaler Zusammenhang?).

Sicherlich ist das gesellschaftliche Dasein sehr von den materiellen Produktionsmethoden abhängig. Aber jetzt kommt eine typisch marxistische Verwechslung sowie eine sehr einseitige Deutung.

Marx sagt: *Auf einer gewissen Stufe ihrer Entwicklung geraten die materiellen Produktivkräfte in Widerspruch mit den vorhandenen Produktionsverhältnissen oder, was nun ein juristischer Ausdruck dafür ist, mit den Eigentumsverhältnissen, innerhalb derer diese sich bisher bewegt hatten.*

In den marxistischen Schriften werden die beiden Begriffe *Produktionsverhältnisse* und *Eigentumsverhältnisse* immer als Synonyme gebraucht, was sie keineswegs sind. So können beispielsweise die technischen und technologischen Produktionsverhältnisse in unterschiedlichen Eigentumsverhältnissen gleich aussehen.

Ein Fließbandarbeiter z.B., der in einem halbautomatischen Produktionsverhältnis steht, der in einem Hochhaus wohnt, abends nach der Arbeit in die Kneipe geht und in der UdSSR arbeitet, kann in sehr vielen Aspekten seines Gesellschaftsbewusstseins einem Arbeiter der westlichen Welt ähneln.

Dennoch können die Arbeiter unter den gleichen Produktionsverhältnissen und Eigentumsverhältnissen ein unterschiedliches gesellschaftliches Bewusstsein besitzen – Beispiel: Das gesellschaftliche Bewusstsein eines Arbeiters im Iran und eines Arbeiters in Deutschland.

Vielleicht weiche ich zu stark vom Thema ab, wenn ich so ins Detail gehe. Lassen Sie uns festhalten, worin der Grundgedanke des historischen Materialismus besteht. Es ist nicht das Bewusstsein des Menschen, das sein Dasein formt. Das gesellschaftliche Sein wird bestimmt durch die materiellen Produktionsverhältnisse, sprich die Eigentumsverhältnisse?

Meine Kritik dazu: Sicherlich wird das menschliche Denken maßgeblich durch materielle Produktionsverhältnisse (nicht nur Eigentumsverhältnisse) bestimmt, aber nicht ausschließlich bzw. nicht in so hohem Ausmaß, wie Marx das behauptet. Die Rolle von richtungsweisenden Individuen wie z.B. Buddha, Jesus, Marx und Hitler in der Bewusstseinshaltung ganzer Epochen sollte man hier in diesem Sinne beleuchten.

3.4 Zur marxistischen Geschichtsphilosophie

Ein kurzer Ausflug in die marxistische Geschichtsphilosophie, einschließlich des Klassenkampfes, ist an dieser Stelle angezeigt. Die Geschichte wird im Marxismus oft mit einer Rolltreppe verglichen. Diese Rolltreppe rollt ständig und stets unbeeinflussbar vom menschlichen Willen nach oben zum Kommunismus. Deshalb sei der Kommunismus eines Tages unvermeidlich. Alle Versuche, ihn zu stoppen, seien sinnlos.

Diese Einstellung kann man mit historischem Determinismus und optimistischem Evolutionismus umschreiben. Wie wird diese Entwicklung nach oben gewährleistet? Dazu gibt es im Marxismus eine ausführliche *Analyse der Geschichte* mit Anspruch auf Wissenschaftlichkeit. Ich möchte nur einige wenige Punkte erwähnen.

Die treibenden Kräfte der Geschichte sind die Produktivkräfte; das sind Werkzeuge, Menschen, die Waren produzieren, und die Erfahrungen aus der Produktion. Auf einer gewissen Stufe ihrer Entwicklung geraten die Produktivkräfte in Konflikt mit den vorhandenen Produktionsverhältnissen.

Zwischen den sich schneller entwickelnden Produktivkräften und den alten, vorherrschenden Produktionsverhältnissen entsteht nun eine Spannung, ein sogenannter Widerspruch, z.B. die Spannung zwischen dem Bedürfnis nach *Freiheit* der Arbeiter in der kapitalistischen Manufaktur und/oder nach Freiheit der Arbeiter im feudalen Gesetz der Leibeigenschaft.

Die bisherigen Produktionsverhältnisse – also die Eigentumsverhältnisse, die für die alten Produktivkräfte förderlich gewesen sind – werden nun für die neuen zu Ketten. Die Spannung wird größer und größer, bis es zu einem notwendigen Bruch kommt. Dieser Bruch ist abrupt. Er ist immer plötzlich und gewaltsam und heißt *Soziale Revolution*. Durch diese Revolution werden die alten Produktionsverhältnisse verändert und an die veränderten Produktivkräfte angepasst. Die Träger der Revolution sind also die Produktivkräfte (Menschen), denn sie, die Menschen, sind revolutionärer als bloße Materie.

Selbstverständlich wird eine solche Revolution immer von einer bestimmten Klasse durchgeführt, nämlich von der, die für die neuen Produktionsverhältnisse verantwortlich ist.

Auch bei diesem Thema könnte man sich lange aufhalten und diskutieren, was richtig ist und was nicht. Die Ausführungen haben eher den Charakter von Postulaten, Annahmen, und können kaum Anspruch auf Wissenschaftlichkeit erheben.

Historiker werden bei dieser Art der Geschichtsbetrachtung sehr unterschiedlicher Meinung sein.

3.5   Zur marxistischen Anthropologie

Wir kommen jetzt zum Begriff der Klassen und des Klassenkampfes. *Im Kommunistischen Manifest schreiben Marx und Engels: Die Geschichte aller bisherigen Gesellschaften ist die Geschichte von Klassenkämpfen, Freier und Sklaven, Patrizier und Plebejer, Baronen und Leibeigener, Zunftbürger und Gesellen, kurz, Unterdrückte und Unterdrücker standen im steten Gegensatz zueinander, führten einen ununterbrochenen, bald versteckten, bald offenen Kampf, einen Kampf, der jedes Mal mit einer revolutionären Umgestaltung der ganzen Gesellschaft endete oder mit dem gemeinsamen Untergang der kämpfenden Klassen.*

Marx lehrt also, dass die Menschheit, mit Ausnahme in der Urperiode, immer in zwei große Gruppen geteilt war: die *Ausgebeuteten* und die *Ausbeuter*. Diese Parteien nennt er *Klassen*. Die Gruppen haben sich bekämpft und werden sich solange bekämpfen, bis es keine Klassen mehr gibt, also die Ausbeutung nicht mehr vorhanden ist.

Die Entwicklung der Menschheit wird praktisch ausschließlich durch diesen Klassenkampf bestimmt.

Weiterhin lehrt der Marxismus:

- Die Klassenzugehörigkeit bindet die Menschen untereinander unvergleichlich stärker als irgendetwas anderes, wie z.B. die Nationalität oder die Zugehörigkeit zu einer Religionsgemeinschaft.
- Eine Klassengesellschaft ist durch den Klassenkampf vollständig zerrissen und in zwei Gegenpole gespalten.

Alle diese Thesen halten einer kritischen Analyse nicht stand. Mit der retrospektiven Betrachtung, dass die Geschichte aller bisherigen Entwicklungen der Menschheit nur die Geschichte von Klassenkämpfen ist, wollen wir uns nicht lange aufhalten, da Ereignisse, die zu weit in der Vergangenheit liegen, zu viel Raum für Spekulationen und ungerechtfertigte Annahmen bieten.

Sicherlich hat der sogenannte Klassenkampf, also der Kampf zwischen den Ausbeutern und Ausgebeuteten, immer wieder im kleineren oder größeren Rahmen stattgefunden, aber es gibt noch viele andere Faktoren, die die Geschichte entscheidend beeinflusst haben. Die Rolle eines Individuums in der Geschichte beispielsweise sollte man nicht so verniedlichen, wie es im Marxismus getan wird.

Stimmt denn die darauffolgende Behauptung, dass die Klassenzugehörigkeit die Menschen untereinander unvergleichlich stärker bindet als irgendetwas anderes?

Haben sich nicht im Zweiten Weltkrieg Angehörige der gleichen Klasse, aber verschiedener Nationen, gegenseitig umgebracht? Haben sich nicht auch im Namen der Religion Menschen aller Klassen gegenseitig getötet? Tun sie es nicht immer noch?

Sind nicht *im Namen der Rassenzugehörigkeit* Menschen anderer Hautfarbe und Rasse bekämpft und getötet worden? Vielleicht hätte

Marx, anstatt zu sagen, die Klassenzugehörigkeit binde die Menschen untereinander zunehmend, eher feststellen sollen, dass die gemeinsame Zugehörigkeit zu einer Gruppe stärker bindet.

Aber damit wäre der Inhalt seiner Aussage verändert worden. Anstatt eines sogenannten Faktums hätte er dann nur ein Wunschdenken ausgedrückt – und sich zu diesem bekennen müssen.

Seine andere Behauptung, dass jede Gesellschaft durch den Klassenkampf vollständig zerrissen ist, trifft wenigstens für die heutige Gesellschaft nicht zu. Weder hat sich die zunehmende Verelendung des Proletariats bewahrheitet, noch sind die von Marx angenommenen Klassen als Gruppen heute eindeutig erkennbar. Und wenn es keine Klassen gibt, kann es auch keinen Klassenkampf und die darauf beruhende Zerrissenheit der Gesellschaft geben.

Auch die Eigentumsverhältnisse sind durch eine Beteiligung des Staates und im gewissen Grade auch durch Miteigentümerschaft der Arbeitnehmer am Produktionseigentum anders geworden. Trotz größter Anstrengung ist der ursprüngliche Klassenkampf – wie Marx ihn beschrieben hat – jetzt kaum noch festzustellen.

Und was ist mit der letzten Behauptung, die Ausbeutung einer Nation durch eine andere sei nichts anderes als ein Klassenkampf in anderer Form? Kann man im Imperialismus eine Analogie zum Klassenkampf sehen?

Sicher haben die Kolonialherren die Kolonialländer ausgebeutet. Und sicherlich diktieren die wirtschaftlich und militärisch stärkeren Nationen den unterprivilegierten Staaten ihre Konditionen, aber dass dies als Klassenkampf gedeutet werden soll, ist nicht erkennbar.

Es war doch in der Tat eher ein Verlegenheits-Ausweichmanöver der Ideologie, als die *vorhergesagte Verelendung* der Arbeiter in den kapitalistischen Ländern nicht eintrat. Im Gegenteil, es ging ihnen sogar besser.

Soweit die Bemerkungen zum Klassenkampf. Wenn man sich rückblickend die damaligen Verhältnisse der Arbeitnehmer vor Augen hält, ist es verständlich, dass Marx diese Lehre entwickelte. Dass die Verhältnisse anders werden würden, konnte Marx natürlich so genau nicht voraussehen. Somit kann man heute diese Lehre nicht mehr aufrechterhalten.

Wichtig für das Verständnis der marxistischen Ethik sind Marx' Ausführungen über das Begriffspaar Klasse an sich und Klasse für sich. Diese Unterscheidung ist ein eleganter Ausweg aus dem Dilemma, dass es in der Geschichte oft Klassen gegeben hat, aber keinen Klassenkampf.

Klasse an sich. An sich bilden sämtliche Individuen, die in einer bestimmten Gesellschaft unter annähernd gleichen sozioökonomischen Bedingungen leben, schon eine Klasse, also die Klasse an sich. Als bloße unverbundene und unbewusste Menge sind sie aber nicht in der Lage, ihr Klassenschicksal aktiv zu bestimmen, sondern sie erleiden es eher passiv. Sobald sie zu politischer Tätigkeit aufgerufen werden, reagieren sie in psychologisch verständlicher Weise auf ihr ähnlich individuelles Schicksal. Sie sind außerstande, ihre kollektive Lage zu ändern.

Offenbar gibt es für Marx Gesellschaftsklassen (z.B. Bauern, Kleinbürger und das Industrieproletariat), denen es besonders schwer fällt, aus diesem Zustand der Unbewusstheit über die Zusammengehörigkeit herauszutreten, und denen in ihrer konkreten Situation gleichsam die Anweisung zum Sich-bewusst-Werden vorgegeben ist.

Das *Zum-Klassen-Bewusstsein-Kommen* verwandelt die lose Menge der unter gleichen sozioökonomischen Bedingungen lebenden Individuen in eine selbstbewusste und handlungsfähige Einheit. Bewusstwerdung und Klassenorganisation sind daher für Marx eng zusammengehörende Akte.

Im *Kommunistischen Manifest* wird obendrein diese Organisation des Proletariats zur Klasse im Sinne der Klasse für sich – und damit zur Partei – mit Parteiwerdung und Erhebung zum Klassenbewusstsein identifiziert.

Dies ist ein wichtiger Punkt: Die *Klasse für sich* ist also das zum *Klassenbewusstsein* gelangte Proletariat. Sie wird repräsentiert durch die Partei – die kommunistische Partei. Und da das Proletariat die Kraft ist, die unweigerlich und unaufhörlich zum Kommunismus führt, bestimmt also die Partei, was richtig und was falsch ist. Damit kommen wir im Marxismus nahe an vorrangige ethische Begriffe heran.

Bevor wir uns aber mit der eigentlichen marxistischen Ethik befassen, müssen wir uns mit dem Begriff *Mensch* im Marxismus beschäftigen, denn dieser ist der Ausgangspunkt. Der Mensch ist nach der marxistischen Interpretation mehr als ein besseres Tier; es besteht ein klarer qualitativer Unterschied. Der Mensch besitzt nicht nur größere Intelligenz als das Tier – sei es ein Hund oder ein Schimpanse –, sondern er besitzt eine andere, eine höhere Art der Intelligenz.

Im Marxismus ist also der *Mensch* das höchste Lebewesen. In diesem Punkt weist der Marxismus eine fast ebenso stark anthropozentrische Denkweise auf wie viele Religionen. Weil es im Atheismus aber keinen Gott gibt, steht der *Mensch über allem*.

Ist diese Annahme, dass sich ein Mensch von einem Tier stärker unterscheidet als das eine Tier vom anderen, gerechtfertigt? Ist der Unterschied zwischen einem Menschen und einem Schimpansen größer als der zwischen einem Schimpansen und, sagen wir, einem Regenwurm oder vielleicht sogar einem mikroskopisch kleinen Pantoffeltierchen?

Man sollte bedenken, dass sich die Intelligenz der Schimpansen nicht darin erschöpft, außer Reichweite hängende Bananen mit Hilfe von aufeinander gestapelten Apfelsinenkisten herunterzuholen. Da sie keinen geeigneten Kehlkopf haben, haben sie keine Lautsprache entwickelt. Wenn man ihnen jedoch eine Art Zeichensprache beibringt, sind sie durchaus in der Lage, von sich aus eigene Gedanken zu formulieren. So forderte die Schimpansin Judy ihre Trainerin Lena zum Kitzeln auf, indem sie ihr mittels Zeichensprache das Folgende mitteilte: *Lena, komm, Judy kitzeln, Judy lachen!*

Biologisch, d.h. wissenschaftlich gesehen besteht kein großer Unterschied zwischen Mensch und Tier, Tier und Pflanze, ja sogar zwischen der lebendigen und der nicht lebendigen Materie. Die Einteilung in Tier und Pflanze haben wir Menschen vorgenommen, um in der Vielfalt der Erscheinungsformen des Lebens eine gewisse gedankliche Ordnung zu schaffen. So können manche Tiere Chlorophyll (Blattgrün) besitzen, manche Pflanzen hingegen nicht. Auch sind manche Pflanzen beweglich und manche Tiere nicht. Einige Lebewesen sind anfangs beweglich und später nicht mehr – und umgekehrt.

Im Vergleich zwischen der lebendigen und nicht lebendigen Materie stößt man auf ähnliche Situationen. Es gibt primitive Viren, die keinen eigenen Stoffwechsel haben, und andere, die ihr Wachstum und ihre Vermehrung nur durch Apposition (Beifügung) von weiteren Molekülen bewerkstelligen, so wie es auch Kristalle tun.

Vom Evolutionsstandpunkt aus gesehen gibt es keinen Punkt in der Entwicklung des Menschen, von dem man sagen kann: So, ab *heute ist dieses Wesen ein Mensch und kein Tier mehr.*

Zwischen dem heutigen Menschen und seinen Vorfahren besteht also keine abrupte Trennung. Es war vielmehr eine allmähliche Entwicklung. Wenn man zwischen vollem Haar und einer Glatze eine Grenze ziehen will, wird man nicht sagen können, bei einer so und so großen Anzahl der Haare ist es noch keine Glatze, aber sobald ein weiteres Haar ausfällt, ist es eine.

Man kann genauso wenig sagen, wir wären die Krone der Schöpfung. Alles, was wir behaupten können, ist, dass der Mensch die vorläufige Endstufe eines bestimmten Evolutionszweiges darstellt, ähnlich wie der Regenwurm oder irgendein anderes Wesen auch.

Vielleicht sind wir die Neandertaler der Zukunft, oder machen nach einer Katastrophe, wie z.B. einem globalen Atomkrieg oder einer magnetischen Umpolung der Erde, den strahlen resistenten Ratten als herrschender Rasse Platz, oder womöglich kommt eine Superrasse, die uns mit einer Eigenschaft so überlegen ist, wie wir hinsichtlich des Verstandes vielen Tieren überlegen sind.

Dies sind alles nur Spekulationen und Möglichkeiten. Wir sollten uns jedenfalls als eine relativ junge Rasse auf diesem Planeten nicht anmaßen, zu glauben, wir wären etwas ganz Besonderes. Uns könne man also nicht in einem Atemzug mit den Tieren nennen!

Es gibt im Marxismus noch eine andere Betrachtungsweise des Begriffes *Mensch*, die für unsere Ausführungen wichtig ist.

Wenn man im Marxismus vom *Menschen* spricht, ist nicht der heutige Mensch gemeint, sondern der Mensch, wie er in der Zukunft sein soll und sein wird. Der heutige Mensch sei zwar der Anlage nach in seinem Wesen ein *Mensch von Grund auf*, aber er führe, bedingt durch die Entfremdung, kein menschliches Leben. Um menschlich zu leben, muss der Mensch allein durch die Vernunft geleitet sein und vor allem frei handeln können.

Seine Arbeit wird dann zugleich in der Orientierung auf den Mitmenschen bestehen. Die Arbeit wird so auch vermenschlicht werden. Nach Marx hat das Proletariat den historischen Auftrag, dafür zu sorgen, dass alle Menschen ihre wahre Natur, die Menschlichkeit, von Grund auf verwirklichen können.

Die zukünftige vermenschlichte Arbeit steht dann im Gegensatz zu der im Kapitalismus herrschenden menschlichen Entfremdung.

Was ist nun im Marxismus mit dem Begriff der *Entfremdung* gemeint?

Wenn die Arbeit nicht mehr vollzogen wird aus dem Bedürfnis heraus, sich und den Mitmenschen die äußere Natur anzueignen; wenn das bewusste Motiv der Arbeit nicht mehr das Bedürfnis der Vergegenständlichung der eigenen Menschlichkeit im Rohstoff ist, bekommt die Arbeit einen Zwangscharakter. Das geschieht mit Notwendigkeit in der

Gesellschaft, in der die Mehrheit keine eigenen Produktionsmittel be-
sitzt. Schon die Arbeitsteilung, die mich zwingt, Zeit meines Lebens ein
und derselben spezialisierten Tätigkeit nachzugehen, schränkt die Ent-
faltungsmöglichkeiten der Menschlichkeit ein.

Der Schuster, der sein Leben lang Schuhe macht, würde vielleicht
ganz gerne auch einmal einen Schrank bauen oder ein Kleid nähen,
aber er hat weder die Erlaubnis noch die Zeit zu solcher Tätigkeit und
muss – mit oder ohne Lust – seine Arbeit tun. Vollends auf die Spitze
getrieben wird der Prozess der Entfremdung, wenn ein stets wachsen-
der Teil der Bevölkerung gezwungen ist, seine Arbeitskraft an die Pro-
duktionsmittelbesitzer zu beinahe beliebiger Verwendung zu verkau-
fen.

Jetzt kommt es für ihn schon gar nicht mehr darauf an, was produ-
ziert wird, sondern nur, dass ein Lohn gezahlt wird. Die Spitze der Ent-
fremdung ist erreicht, wenn die Verausgabung der menschlichen Kraft
und Fähigkeit nur mehr zum Zwecke der Fristung der tierischen Exis-
tenz erfolgt.

Das private Eigentum an Produktionsmitteln führt zwangsläufig zur
Unmenschlichkeit, zu Krieg und Elend, steht also der Natur des Men-
schen, seiner Menschlichkeit, diametral entgegen.

Durch die immer tieferen Erkenntnisse, welche die Menschen in ih-
rer Menschlichkeit gewinnen, kommt es schließlich zum Sturz der alten
Mächte mittels einer Revolution.

Wenn man das oben Gesagte sehr einfach ausdrücken wollte, dann
würde ich es so formulieren: Der Mensch ist in der menschlichen Gemeinschaft im Augenblick sehr unglücklich, weil er nicht frei ist, zu
tun oder zu lassen, was er will. Der ursprüngliche Naturmensch erlag
noch keiner Ausbeutung. Im Laufe der Geschichte trat dann allerdings
eine zunehmende Entfremdung ein, die in der heutigen Gemeinschaft
gipfelt, in der die privaten Eigentumsverhältnisse die Menschen zwingen, Arbeiten zu verrichten, die sie nicht tun möchten.

Diese Verhältnisse werden sich zwangsläufig und notwendigerweise ändern. Der Mensch wird dann frei sein und tun, wonach ihm der Sinn steht. Sein Tun wird aber dergestalt sein, dass seine Mitmenschen davon profitieren. Und die proletarische Klasse hat aus der historischen Notwendigkeit – also zwangsläufig – den Auftrag, diese Veränderung herbeizuführen.

Der Kern der marxistischen Anthropologie ist sicherlich ein humanistischer Standpunkt, denn Marx wollte, dass die Menschen in der Zukunft durch die Befriedigung ihrer Bedürfnisse glücklich werden. Dazu möchte ich einige kritische Fragen zur Entfremdung formulierten:

- War die Entfremdung der Arbeiter in den sozialistischen Ländern, in denen jahrzehntelang kein Privateigentum bestand, wesentlich geringer und waren die Arbeiter wesentlich glücklicher als in kapitalistischen Ländern?

- Kann man mit an Sicherheit grenzender Wahrscheinlichkeit annehmen, dass in einer zukünftigen kommunistischen Gesellschaft alle Leute frei sind, weil die Gesellschaftsordnung so ist, dass alle Leute tun und lassen können, was sie wollen?

- Kann die Arbeitsteilung innerhalb einer Gemeinschaft mit so zahlreichen Mitgliedern überhaupt aufgehoben werden?

- Ist es eigentlich erstrebenswert, dass kein Zwang besteht, irgendwelche unangenehmen Arbeiten zu verrichten, und dass man tun kann, was man will, oder sogar nichts tun kann? Tritt in einer solchen Gesellschaft nicht Stagnation und Verfall ein?

- Oder ist bis dahin der kommunistische Mensch so erzogen, dass er automatisch, ohne jedweden äußeren Zwang, tun wird, was der Gemeinschaft von Nutzen ist und ihr nicht schadet? Ist ein solcher Menschentyp nur möglich, oder ist er mit einer historischen Notwendigkeit anzunehmen?

- Wenn wir mal davon ausgehen, dass die marxistische Darstellung der bisherigen Geschichte wahr ist, folgt dann notwendigerweise daraus, dass eine kommunistische Gesellschaft, wie Marx sie anvisiert hat, zwangsläufig entstehen muss?
- Ist diese kommunistische Gesellschaft evtl. nur eine Wunschvorstellung, womöglich nur eine Utopie?
- Ist nur die Arbeiterklasse notwendigerweise dafür zuständig und geeignet, diese Veränderungen zu gewährleisten?

Zur weiteren Untersuchung dieser Fragen ziehe ich den kritischen Marxisten Adam Schaff hinzu, mit dessen Thesen ich weitgehend einverstanden bin. Er sagt:

Bei Marx bildete die Entfremdung der Arbeit ein Element der ökonomischen Entfremdung, was verständlich war, weil seine Analyse die kapitalistische Gesellschaft betraf. Zusammen mit dem Privateigentum liquidiert der Sozialismus die ökonomische Entfremdung in jeder Form, in der sie im Kapitalismus auftrat. Doch liquidiert er sie keineswegs gänzlich. In veränderter Form bleiben alle von Marx aufgezählten Elemente dieser Entfremdung bestehen, zumindest im Sozialismus (hier als erste Etappe der kommunistischen Gesellschaft zu verstehen).

Das Produkt der menschlichen Arbeit behält nach wie vor die Gestalt der Ware, das heißt, dass in irgendeiner Form auch die Marktgesetze bestehen bleiben. Im marxistischen Sinne ist hier die Entfremdung beibehalten, obwohl die Aufhebung des Privateigentums ihr Funktionieren geändert hat.

Schaff kommt zu dem Schluss, dass auch im Sozialismus die unangenehme Notwendigkeit, zu arbeiten, sich ergibt.

Das Übel besteht nicht darin, dass im Sozialismus Entfremdung existiert, es beginnt erst, wenn man sie nicht bewusst bekämpft. Die Überlegenheit der sozialistischen Ordnung über die kapitalistische aber be-

ruht in diesem Falle nicht darauf, dass sie eine von aller Entfremdung freie Ordnung ist, sondern es im Sozialismus bessere Bedingungen gibt, diese Entfremdungen bewusst zu bekämpfen.

Nun, wenn Adam Schaff dies sagt, hat er sicherlich zunächst den Sozialismus im Auge, der in osteuropäischen Ländern existierte. Man mag dagegenhalten, dass in östlichen Ländern kein wirklicher Sozialismus herrschte, sondern eine Art Staatskapitalismus. Ein Wahrheitskern ist da zwar enthalten, aber man kann die beiden Systeme nicht einfach in einen Topf werfen.

Während im kapitalistischen System einige Interessengruppen für den eigenen monetären Profit arbeiten, geht der vom Staat erwirtschaftete Profit an die Allgemeinheit zurück. Fehler in der Rückverteilung an die Allgemeinheit können auftreten. Aber das Grundprinzip ist doch unterschiedlich.

Wie die Eigentumsverhältnisse auch aussehen, wir sollten nicht vergessen, dass die sogenannte Entfremdung durch Arbeit nicht nur an Eigentumsverhältnisse, sondern auch an die technische Seite der Produktion gebunden ist. Und wir dürfen auch nicht vergessen, dass die Entfremdung nicht die einzige Unglücksursache für die arbeitende Masse ist.

Deshalb kann der durch die privaten Eigentumsverhältnisse bedingte Entfremdungsanteil erst recht nicht die einzige Unglücksursache sein. Bis ein totaler Überfluss an Waren herrscht, wird Arbeit, auch langweilige Arbeit, notwendig sein.

Natürlich kann man sich vorstellen, dass in der Zukunft die Automatisierung soweit fortgeschritten sein wird, dass die Roboter die grobe Arbeit tun. Wer wird aber die Roboter oder die höchst komplizierten Maschinen entwickeln und warten?

Um diese Roboter zu entwickeln, wird man jahrelang Physik, Mathematik, Maschinenbau und Informatik studieren müssen. Das fängt in der Kindheit an. Fragen Sie mal Kinder, ob sie mit Lust und Liebe Mathematik lernen! Es ist kaum anzunehmen, dass die Kinder in dieser zukünftigen Gesellschaft von Geburt an echte Kommunisten sein werden, die so hochmotiviert sind, dass ihnen das Erlernen von Physik und Mathematik Spaß machen wird, nur weil dies im Interesse der Gemeinschaft ist.

Sie müssen erst dazu erzogen werden, ihre eigenen Interessen von den gemeinschaftlichen nicht zu trennen. Ob dies überhaupt möglich ist, ist wieder eine andere Frage.

Wenn man also in der Zukunft gar keine unangenehme Arbeit tun will, dann müssten die Roboter sämtliche dieser Arbeiten übernehmen, also nicht nur die Produktion von Robotern, sondern auch die Entwicklung von Robotern.

Dies setzt aber eine gewisse Intelligenz des Roboters voraus. Die intelligenten Roboter mit Bewusstsein werden neuere und bessere Roboter entwickeln. Ob sie dann nicht die parasitäre menschliche Rasse loswerden wollen?

Wenn man dieses Thema weiterentwickelt, kann man einen weiteren schaurigen Roman im Stil von Orwells *1984* darüber schreiben.

Nun, dies ist natürlich *Science Fiction*, aber das utopische Bild der zukünftigen kommunistischen Gesellschaft zeigt bedenkliche parallele Elemente.

Mir kam es darauf an, zu zeigen, dass, sobald man das eigene Schicksal aus der Hand gibt, die Gefahr von Stagnation, Verfall und Ausrottung nicht als irreal betrachtet werden kann.

Es ist daher gar nicht wünschenswert, die sogenannte Entfremdung durch die technologische Seite der Produktion aufzuheben. Was hingegen erstrebenswert ist, ist eine Reduktion dieser Art von Entfremdung – wenn dieses Wort immer noch angebracht ist – auf das notwendige Minimum, z.B. durch die Verkürzung der Arbeitszeit und eine Beseitigung bzw. Ausbeutung.

Dies ist sicherlich eher möglich, wenn sich das *Eigentum der Produktion* in den Händen der Allgemeinheit befindet und nicht in denen einer winzig kleinen Minderheit. Dabei möchte ich zu bedenken geben, dass auch unter kapitalistischer Regie in den letzten Jahrzehnten eine effektivere Produktion und eine zunehmende Reduzierung der Arbeitszeit erfolgt ist.

Der Arbeitnehmer hat jetzt real mehr Zeit und materiell auch mehr Möglichkeiten, in der Freizeit seinen eigenen Interessen nachzugehen. Und eine weitere Verkürzung der Arbeitszeit steht im Augenblick zur Debatte. Es sieht also so aus, dass trotz privaten Eigentums der Produktion, trotz mangelhafter Wahrnehmung der allgemeinen Interessen durch die Machtapparatur der parlamentarischen Demokratie, eine reale Arbeitszeitverkürzung möglich ist. Dies würde ich unter anderem der gesteigerten Produktion an materiellen Gütern (Effektivität) zuschreiben. Anstelle einer Verelendung der Arbeiter ist genau das Gegenteil eingetreten.

Sicherlich spielen andere Faktoren, wie der Einsatz von Arbeitnehmern für die eigenen Interessen, eine Rolle. Fest steht jedoch, dass die Eigentumsverhältnisse dabei weniger relevant waren, schon eher der Überfluss an materiellen Gütern.

Das ist sicherlich ein wünschenswerter Zustand, weil die Arbeitnehmer dadurch glücklicher sind und somit das Gesamtglück der Gemeinschaft vermehren, ohne jemandem zu schaden.

Ich möchte an dieser Stelle kurz zusammenfassen, was ich über Entfremdung gesagt habe.

- Die Entfremdung ist bei Weitem nicht die einzige Unglücksursache. Also wird die Aufhebung der Entfremdung den Menschen nicht automatisch glücklich machen.
- Die Ursache der Entfremdung ist nicht ausschließlich, wie im Marxismus behauptet wird, im privaten Eigentum der Produktion selbst, sondern z.B. auch in der technischen Seite der Produktion zu suchen.

- Nicht alle Formen von privaten Eigentumsverhältnissen sind für alle Arten von Gemeinschaften schädlich.
- Ob eine Form des Privateigentums für die Gemeinschaft schädlich ist oder nicht, kann nur an ihrer Nützlichkeit oder Schädlichkeit für die jeweilige Gemeinschaft, die von einer anderen geographisch und auch zeitlich entfernt sein kann, gemessen werden. So kann die eine oder andere Form des Privateigentums im Augenblick der Gemeinschaft gute Dienste leisten, 30 oder 50 Jahre später aber überflüssig oder schädlich sein.
- Im Interesse der Gemeinschaft müsste man demnach die nützlichen Formen unterstützen und die schädlichen bekämpfen.
- Eine globale Verurteilung des privaten Eigentums als das Übel der Menschheit, wie es im Marxismus geschieht, ist also nicht gerechtfertigt.
- Eine vollkommene Abschaffung der Entfremdung, z.B. eine durch den technischen Produktionsprozess bedingte, ist nicht möglich, vielleicht im Interesse der Menschheit nicht einmal wünschenswert. Das Ziel sollte darin liegen, diese Art der Entfremdung nicht abzuschaffen, sondern zu minimieren. Dieses Ziel ist leichter zu erreichen, wenn letzten Endes ein Überfluss an materiellen Gütern vorhanden ist und sich deren Produktion in den Händen der Allgemeinheit befindet und nicht in den Händen einer kleinen, elitären Minderheit, die nicht das Gemeinwohl im Sinn hat.

3.6 Kritik der marxistischen Ethik

Bevor ich nun ausführlich auf meine Kritik an der marxistischen Ethik eingehe, möchte ich kurz ihre Inhalte umreißen. Viele werden jetzt erst einmal fragen: Gibt es denn überhaupt eine marxistische Ethik?

3.6.1 Gibt es eine marxistische Ethik?

Man kann behaupten, dass es eine ausgearbeitete marxistische Ethik zu Lebzeiten von Marx und auch in der Zeit unmittelbar danach, noch gar nicht gab. Selbst heute sind Leute wie Archangelski und Schischkin, die sich ausführlich mit der marxistisch-leninistischen Ethik befassten und darüber Bücher geschrieben haben, eher Apologeten der staatlichen Politik.

Wie kommt es, dass es eine explizit dargelegte marxistische Ethik gar nicht gibt? Die Ursache liegt sicherlich vor allem in der deterministischen Einstellung der historischen Unvermeidbarkeit des Kommunismus.

Die Menschen können seinen Eintritt lediglich beschleunigen oder verlangsamen. Kann man unter dieser Voraussetzung überhaupt eine Ethik einwickeln?

Aufgabe einer solchen Ethik wäre unter anderem auch, die Menschen auf entsprechende Weise moralisch anzutreiben und zum Kampf für den Sozialismus zu verpflichten. Dieses Bemühen der Ethiker hat jedoch nur einen Sinn, wenn die Menschen erheblich auf den Gang der Geschichte Einfluss nehmen können.

Marx betrachtet die gesellschaftliche Bewegung als einen naturgeschichtlichen Prozess, der von Gesetzen gelenkt wird, die nicht nur vom Willen, dem Bewusstsein und der Absicht der Menschen unabhängig sind, sondern vielmehr umgekehrt deren Wollen, Bewusstsein und Absichten bestimmen.

Gerade deshalb, weil Marx den Sozialismus als historische Notwendigkeit ansah, hatte er nicht das Bedürfnis, seine ausführliche und genaue ethische Rechtfertigung zu untersuchen.

Dennoch sind humanistisch-ethische Elemente in seinem Werk zu finden. Die Basis dieser Elemente bilden die Aufhebung der Entfremdung, die Freiheit, soziale Gleichheit und Gerechtigkeit, die Abschaffung der Ausbeutung sowie das Verschwinden der Klassengesellschaft.

Es ist also festzustellen, dass bei Marx eine ausgearbeitete ethische Lehre nicht vorliegt. Und es ist schwierig, eine solche zu entwickeln, weil die Marxisten von der historischen Notwendigkeit des Sozialismus und Kommunismus überzeugt sind, bei der ein Individuum und sein Handeln keine große Rolle spielen.

Trotzdem lassen sich, wenn man die Überzeugungen der Marxisten genauer unter die Lupe nimmt, Anleitungen für das Handeln des Einzelnen finden.

3.6.2 Die wahre Natur des Menschen?

Im Grunde genommen sagt der Marxismus das Folgende:

- Die wahre Natur der Menschen ist Menschlichkeit, in Form von Liebe, Güte, Geselligkeit, usw.
- Der Mensch ist aber derzeit seinem angeborenen Wesen entfremdet.
- Die Menschlichkeit wurde dem Menschen hauptsächlich durch die privaten Produktions- und Eigentumsverhältnisse genommen, die letzten Endes schuld sind an globalen Unglücksursachen, wie z.B. Krieg und Arbeitslosigkeit.
- Eines Tages wird die proletarische Klasse erfolgreich und siegreich diese Verhältnisse verändern und die privaten Eigentumsverhältnisse beseitigen.
- Endlich wird irgendwann einmal der wahre Kommunismus kommen, durch den es dem Menschen möglich sein wird, sich selbst zu verwirklichen und sein eigentliches Wesen zu entfalten.
- Ehe dieses letzte Stadium erreicht werden kann, müssen aber drei Hauptbedingungen erfüllt sein.

- Damit der ursprünglich gute Mensch wieder glücklich wird, muss die durch das Privateigentum an Produktion entstandene Entfremdung aufgehoben werden.

Folge: Man muss die Ausbeuterklasse beseitigen, die nötige materiell-technische, industrielle Basis schaffen, den kommunistischen Menschen erziehen.

Daraus lassen sich drei Grundmaximen der kommunistischen Moral ableiten.

3.6.3 Grundmaximen kommunistischer Moral

Handle so, dass der Kapitalismus abgeschafft wird! Dies kann gemäß dem Marxismus nur durch eine Revolution geschehen. Dazu ist fast immer Gewalt notwendig. Allerdings schränken Marx und Engels die Rolle der Gewalt in der Revolution etwas ein. Beide erkannten, dass die bedenkenlose Anwendung von Gewalt zu überhaupt nichts führt. Gewalt ist für Marx und Engels allenfalls sinnvoll, wenn eine echte revolutionäre Situation entsteht.

Handle so, dass eine starke industrielle Basis entsteht, damit so schnell wie möglich ein Überfluss an materiellen Gütern erreicht werden kann!

Handle so, dass der kommunistische Mensch frei von Egoismus erzogen wird, damit er seine subjektiven Interessen den gemeinschaftlichen Interessen, die ja objektiv sind, weil sie durch Naturgesetze bestimmt werden, völlig unterordnet!

Erziehe ihn so, dass er seine eigenen Interessen von den gemeinschaftlichen nicht mehr trennen kann!

Über die Notwendigkeit der Abschaffung des privaten Eigentums der Produktionsmittel, also der Ausbeuterklasse im Marxismus, haben wir genügend gesprochen. Die materiell-technische und industrielle Basis haben wir ansatzweise erwähnt, als wir die Frage stellten, wie weit man das Glück einer Generation auf Kosten der anderen vernachlässigen darf.

3.6.4 Darf man das Glück einer Generation auf Kosten der anderen vernachlässigen?

Bezogen auf den Kommunismus ist für dessen Aufbau ein Überfluss an Gütern notwendig, sodass jeder sich frei bedienen kann. Für diesen Überfluss ist aber eine breite industrielle Basis erforderlich. Also muss die Industrie den Vorrang z.B. gegenüber der Landwirtschaft haben.

Innerhalb der Industrie muss die Schwer- und Basisindustrie vor der Konsumgüterindustrie rangieren, denn nur dann kann die Industrie insgesamt schnell aufgebaut werden.

Treibt man diese Logik auf die Spitze, bedeutet das, dass die Schwerindustrie absolute Priorität hat. Konsumgüterindustrie und Landwirtschaft werden nur so weit gefördert, wie es nötig ist, um eine gute Arbeitsleistung zu sichern und damit die Entwicklung der Schwerindustrie so schnell wie möglich voranzutreiben.

Logischerweise ist das richtig gedacht, aber die Frage für uns ist doch, ob es auch ethisch richtig ist? Es können nämlich Jahre, ja Generationen vergehen, bis dieser Zustand erreicht ist. Die Individuen, die dafür gearbeitet und gelitten haben, eigene Wünsche zurückgestellt haben, sind dann schon längst von der Erdoberfläche verschwunden.

Was nützen mir also die Früchte meiner Arbeit, wenn ich tot bin? Für einen Kommunisten ist diese Einstellung aber ethisch vertretbar, und zwar aus folgendem Grund: In den marxistischen Ausführungen taucht ständig das Wort *Mensch* auf. Aber damit ist nicht der einzelne, heute lebende Mensch gemeint, vielmehr der Zukunftsmensch bzw. die Zukunftsmenschheit, wie sie im Kommunismus sein soll.

Der heutige Mensch ist bloß ein Mittel jenes Strebens für die Zukunftsmenschheit, die zuerst mal nur in Gedanken existiert.

Um diese Zukunft zu erreichen, sollen die momentan real existierenden Menschen benutzt werden. Ihr reales Interesse soll für das Wohl der Zukunftsmenschheit geopfert werden.

Mit welcher ethischen Berechtigung eigentlich? Ich habe in meiner These festgestellt, dass das Leitmotiv allen menschlichen Handelns der Wunsch ist, glücklich zu sein. Das gilt für alle Menschen, auch für heute real existierende.

Ausgehend von dieser These haben wir weitere Feststellungen getroffen, darunter auch die folgende: Das erstrebenswerte Ziel einer gerechten Politik sollte sein, das größtmögliche Glück für die größtmögliche Zahl der Mitglieder der jeweiligen Gemeinschaft zu erreichen.

Eine Gemeinschaft darf die Freiheit ihrer Mitglieder nur wie folgt einschränken:

- Es muss im Interesse der Allgemeinheit geschehen.
- Die positiven und negativen Auswirkungen dieser Einschränkungen auf die Mitglieder müssen sich möglichst die Waage halten,
- Die Bestimmungen des Verhaltens, also der Freiheit dürfen über den gesicherten Bereich hinaus, entsprechend den vorausgegangenen Punkten, eine Generation nicht auf Kosten einer anderen bevorzugen.

Vereinfacht ausgedrückt: Eine Generation darf im Interesse bzw. zugunsten einer anderen, einer folgenden Generation, nicht geopfert werden. Demokratisch ausgedrückt heißt das: *Gleiches Recht auf Glück für alle.*

3.6.5   Gleiches Recht auf Glück für alle?

Wenn ich das zweckorientiert wertende Nützlichkeitsprinzip vom größtmöglichen Glück für die größtmögliche Anzahl der Gemeinschaftsmitglieder als integralen Bestandteil meiner These vorstelle, höre ich oft folgenden Einwand: *Das Gesamtglück der menschlichen Gemeinschaft ist sicherlich größer, wenn einige wenige Generationen der menschlichen Gemeinschaft hart herangenommen werden, damit unzählige zukünftige glücklich werden.*

Rein logisch und mathematisch gesehen, ist dieser Einwand sicher richtig. Demnach wäre die marxistische Forderung, sich jetzt für die zukünftige Menschheit zu opfern, auch richtig.

Die Sache hat aber einen Haken. Die zukünftige Gemeinschaft ist zwar eine Gemeinschaft von Menschen, aber sie ist nicht dieselbe wie heute, genauso wenig wie die heutige Gemeinschaft dieselbe ist wie die Urgemeinschaft oder die der Neandertaler.

Das sind zeitlich getrennte Gemeinschaften. Der Übergang von einer Gemeinschaft in die andere geschieht nicht abrupt, sondern fließend. Man kann nicht sagen, dass von 1900 bis 1948 eine Gemeinschaft existierte und von 1948 bis zum Jahre 2000 die nächste Gemeinschaft.

Ebenso wenig kann man behaupten, dass von 1940 bis 1970 nur eine Generation lebte und von 1970 bis 2000 nur eine andere. Die Gemeinschaft verändert sich ständig. So ist die Gemeinschaft vom 27. Februar 1984 ein ganz klein wenig anders als die vom 28. Februar 1984. Dazwischen gibt es Übergänge, die für die Gemeinschaften oft recht schmerzlich sind.

Um das utilitaristische (Nützlichkeits-)Prinzip zu präzisieren, müsste man daher den Begriff der *jeweiligen* Gemeinschaft gebrauchen. Also wäre das erstrebenswerte Ziel einer gerechten Politik, das größtmögliche Glück für die größtmögliche Anzahl der Mitglieder einer *jeweiligen* Gemeinschaft zu erreichen.

3.6.6 Sich opfern für künftige Generationen?

Damit ist die kommunistische Forderung an die jetzige Generation, sich für den materiellen Überfluss zukünftiger Generationen zu opfern, ethisch nicht mehr gerechtfertigt.

Die extreme Forderung nach einer Forcierung der Schwerindustrie auf Kosten der Konsumgüterindustrie und Agrarwirtschaft, damit in der fernen Zukunft die größte Konsumgüterindustrie sowie ein unvorstellbarer Überschuss an landwirtschaftlichen Gütern vorhanden ist, ist nicht mehr aufrechtzuhalten.

Dann ist es auch nicht notwendig, jemanden, der jetzt gerne einen Kühlschrank haben möchte, in ein Arbeitslager in Sibirien zu stecken. Dann braucht Genosse Iwanow jetzt nicht auf passende Lederschuhe und Schnitzel zu verzichten, damit irgendein Mr. Happy Man in der fernen Zukunft jeden Tag eine andere Luxus-Limousine fahren und Morcheln sowie Kaviar essen kann, so viel und so oft er will.

3.6.7 Erziehung des neuen Menschen?

Die dritte Notwendigkeit für die Realisierung des Kommunismus ist die Erziehung des neuen, kommunistischen Menschen.

Wie soll der kommunistische Mensch aussehen? Karl Marx schreibt in *Die Heilige Familie oder Kritik der kritischen Kritik* das Folgende: *„Wenn das wohlverstandene Interesse das Prinzip aller Moral ist, so kommt es darauf an, dass das Privatinteresse des Menschen mit dem menschlichen Interesse zusammenfällt!“*

Also sollte nicht lediglich die größtmögliche Zahl von Privatinteressen mit den Allgemeininteressen zusammenfallen, sondern alle Privatinteressen.

Schischkin sagt in diesem Zusammenhang, der Mensch werde seine eigenen Interessen von den gesellschaftlichen nicht trennen können. Dieser neue Mensch werde von jeglichem Egoismus, jeglicher Gier frei sein. Auch das Verhältnis zur Arbeit werde anders sein. Der neue Mensch werde nämlich nicht arbeiten, um einen Lohn zu erhalten, sondern aus lauter Freude an der Arbeit.

Sicherlich kann in einem gewissen Ausmaß tatsächlich so eine ähnliche Gesellschaft entstehen. Aber es besteht kein Grund zu der Annahme, dass dies eine historische Notwendigkeit als Extrapolation der bisherigen Geschichte ist. Man könnte eher sagen, dass es eine vage Möglichkeit ist.

Wir haben uns nun ausreichend mit der impliziten Marx'schen Ethik befasst, wenngleich die Hinweise in seinem Werk eher dünn gesät sind. Nun wollen wir uns kurz mit anderen Denkern, wie Engels und Lenin, aber auch mit neuzeitlichen westlichen Marxisten wie z.B. Herbert Marcuse befassen.

Zuletzt werde ich ausführlich auf die marxistisch-leninistische Ethik eingehen. Vom praktischen Standpunkt aus ist diese Lehre sicherlich wichtig, denn sie ist die offizielle Lehre eines Herrschaftssystems, das in etlichen und – weltpolitisch gesehen – wichtigen Ländern immer noch die Macht besitzt.

3.6.8   Sind die Menschen wirklich von Natur aus gut?

Marx meinte, die Menschen seien von Natur aus gut. Alle negativen Regungen ihrer Herzen seien auf die Entfremdung von ihrem eigentlichen guten Wesen durch die schlechten sozialen Verhältnisse zurückzuführen. In einer vollständig vernünftig organisierten Gesellschaft werde die Entfremdung wegfallen und die eigentliche Natur des Menschen, die ja nur gut ist, wird sich voll entfalten können.

Also wird dann die moralische Normierung, sei es durch die Gesellschaft, sei es durch den Staat, automatisch ausbleiben. Engels geht an die Moral ganz anders heran. Er formuliert zwei Hauptaussagen über die Grundsätze der Moral:

- Jede Klasse, ja sogar jede Berufsgruppe, hat ihre eigene Moral.
- In der Geschichte ist ein Fortschritt zu immer höherer Moral zu verzeichnen. Und da die proletarische Klasse die höchste Klasse ist, ist ihre Moral die höchste.

Wie weit sind diese Behauptungen, die ja als wissenschaftliche Erkenntnisse ausgegeben werden, eigentlich haltbar?

Jede Klasse, ja sogar jede Berufsgruppe, hat ihre eigene Moral: Engels ist so vom Klassendenken durchdrungen, dass er für jede Klasse und jede Berufsgruppe eine spezifische Moral annimmt, die sich von der Moral der anderen Klassen oder Berufsgruppen so unterscheidet, dass sie eine eigenständige Moral bildet.

Nun, so einfach ist es mit der Moral auch wieder nicht. Die Verhaltensweise eines Individuums in der Gemeinschaft wird von mehreren Faktoren bestimmt und nicht nur durch seine Klassenzugehörigkeit.

Sicherlich haben die Mitglieder einer Klasse gemeinsame Interessen und darauf basierende Überzeugungen, die im Einklang damit stehen. So kann z.B. ein Schuster bei einem anderen Schuster ein offenes Ohr finden, wenn er sagt, die Gerber oder die Lederhändler seien Halsabschneider und die Käufer von Schuhen Dummköpfe, da sie einen schlechten Schuh nicht von einem guten unterscheiden können und außerdem noch so geizig sind, dass sie keinen angemessenen Preis zahlen wollen. Und da erscheint es ihnen als moralisch richtig, von diesen Geizkrägen einen möglichst hohen Preis herauszuschinden.

Aber es gibt viele andere, nicht berufsgebundene Faktoren, die moralische Auffassungen wesentlich stärker beeinflussen, so z.B. die Zugehörigkeit zu einer Religions- oder Nationalgemeinschaft.

Ich kann mir gut vorstellen, dass ein zutiefst katholischer Schuster in Italien mit einem zutiefst katholischen Schmied aus demselben Land mehr moralische Überzeugungen gemein hat als mit einem Berufsgenossen im Iran. Und was für die Berufsgenossen gilt, das gilt sicherlich ebenso für Klassengenossen.

So haben im Zweiten Weltkrieg Angehörige einer bestimmten Klasse ihre Klassengenossen des feindlichen Landes, ohne mit der Wimper zu zucken, beschimpft, gefoltert und umgebracht. Von der internationalen Klassensolidarität war da nicht viel zu verspüren.

Meiner Ansicht nach ist auch Engels' zweites Postulat als wissenschaftliche Erkenntnis nicht aufrechtzuerhalten. Er meint, in der Geschichte sei ein Fortschritt zu immer höherer Moral zu verzeichnen. Und da die proletarische Klasse die höchste ist, sei ihre Moral auch die höchste.

Diese Überzeugung lässt sich auf seinen festen Glauben an den Klassenkampf und daran, dass sich die Menschheit auf ein höheres Ziel, nämlich den Kommunismus, zubewegt, zurückführen.

Und da die proletarische Klasse den historischen Auftrag hat, die Menschheit von allen Übeln, die durch das private Eigentum an Produktionsverhältnissen entstanden sind, zu befreien, ist die Moral des Proletariats nicht nur für die proletarische Klasse richtig, sondern für die gesamte Menschheit.

Eine wichtige Frage ist, ob es in der heutigen Zeit überhaupt noch Klassen, wie sie im Marxismus definiert wurden, gibt.

Wenn es diese historischen Klassen nicht mehr gibt, dann kann man auch nicht vom Klassenkampf reden und wohl auch kaum von einer darauf basierenden, proletarischen Klassenmoral, die obendrein noch die beste sein soll.

Nichtsdestoweniger sind diese Aussagen wichtig, schon deshalb, weil später Lenin darauf seine proletarische und kommunistische Moral aufbaut.

Er definiert klipp und klar, was für ihn Moral ist: *Wir sagen, dass unsere Sittlichkeit völlig den Interessen des proletarischen Klassenkampfes untergeordnet ist. Sittlich ist, was der Zerstörung der alten Ausbeutergesellschaft dient und dem Zusammenschluss aller Werktätigen um das Proletariat, das die neue kommunistische Gesellschaft errichtet.*

Die kommunistische Moral dient der Vereinigung und dem Kampf der Werktätigen?

3.6.9 Die proletarische Klasse – Bannerträgerin des Guten und Moralischen?

So wie Engels hebt er die proletarische Klasse als die Bannerträgerin des Guten und Moralischen auf ein Podest. Und hier kann man die gleiche Kritik anbringen wie bei Engels. Auch Lenin meint, dass sich alle Werktätigen um das Proletariat scharen sollten, um einen siegreichen Kampf gegen den Kapitalismus zu führen.

Nach dem ersten Erfolg geht es darum, den Kommunismus zu vollenden. Lenin sagt: *Die Grundlage der kommunistischen Sittlichkeit ist der Kampf für die Festigung und Vollendung des Kommunismus. Darin besteht dann auch die Grundlage der kommunistischen Erziehung, Bildung und Schulung.*

Man könnte fast hinzufügen: Was diese Grundlagen sind, bestimmt die kommunistische Partei. Die Entwicklung seiner Gedankengänge ist logisch. Er ist von seinem Ziel überzeugt, und alles, was dazu dient, dieses Ziel zu erreichen, ist für ihn moralisch richtig.

Er ist so davon überzeugt, dass die Arbeiterklasse wie gewünscht siegen wird, und alles moralisch richtig ist, was dem Sieg der Arbeiterklasse dient. Er macht sich gar nicht die Mühe, zu erklären und zu begründen, warum und wodurch der Sieg der Arbeiterklasse überhaupt sittlich gerechtfertigt ist.

In einer zukünftigen kommunistischen Gesellschaft kommt es laut Marx zum Durchbruch der natürlichen Güte des Menschen. Der evolutionär denkende Engels spricht von der Verwirklichung einer höheren Moral, während der konservative Lenin die Verwirklichung einer orthodoxen Moral anvisiert; seine Auffassung ist für die heutige marxistisch-leninistische Moral besonders relevant. Lenin meint, die Menschen werden sich nach der Befreiung aus der kapitalistischen Sklaverei nach und nach daran gewöhnen, die elementaren, von alters her bekannten und seit Jahrtausenden in allen gängigen, mitteleuropäischen Vorschriften gepredigten Regeln des Zusammenlebens einzuhalten. Wichtig ist auch seine Überzeugung, die nicht nur seine, sondern die vieler Marxisten ist, dass die Menschen dann diese Regeln ohne Gewalt, Zwang und Unterordnung unter einen Staatsapparat einhalten werden.

Erst in der kommunistischen Gesellschaft, wenn der Widerstand der Kapitalisten schon endgültig gebrochen ist, wenn die Kapitalisten verschwunden sind, wenn es keine Klassen mehr gibt – erst dann hört der Staat auf zu bestehen und dann kann von Freiheit die Rede sein.

3.6.10 Vollkommene Demokratie?

Erst dann ist eine vollkommene Demokratie tatsächlich ohne jede Ausnahme möglich und wird verwirklicht werden. Und erst dann beginnt die Demokratie abzusterben, infolge des einfachen Umstandes, dass die von der kapitalistischen Sklaverei befreiten Menschen sich nach und nach daran gewöhnen werden, die elementaren, von alters her bekannten und seit Jahrtausenden, in allen Vorschriften, gepredigten Regeln des Zusammenlebens einzuhalten, sie ohne Gewalt, ohne Zwang, ohne Unterordnung, ohne den besonderen Zwangsapparat, der sich Staat nennt, einzuhalten.

Existieren in allen Vorschriften schon immer die gleichen elementaren Verhaltensregeln? Wenn es gleiche Richtlinien gibt, welche sind richtig, welche sollten sich und welche werden sich durchsetzen? Besteht Grund anzunehmen, dass die zukünftige Gesellschaft ohne ein *Staatsgebilde* und seine Exekutiven optimal funktionieren wird? Ist dies eine wissenschaftlich-historische Notwendigkeit, eine Möglichkeit oder gar ein bloßes Wunschdenken?

Nehmen wir uns zunächst den ersten Punkt vor. Gibt es in allen Vorschriften – wie auch immer sie aussehen mögen – von alters her gemeinsame elementare Verhaltensregeln? Lenins Ausführungen implizieren, dass alle wesentlichen Regeln des Zusammenlebens gleich waren und sind. Das ist aber nicht nur seine persönliche Überzeugung, sondern auch die vieler sonstwie Andersdenkender. Ist das aber wirklich der Fall?

Sicherlich sind gewisse elementare sittliche Regeln in *vielen* Weltanschauungen gleich, wie z.B. das Verbot, zu töten oder zu stehlen, aber gewiss nicht alle und nicht in *allen* Weltanschauungen. So steht beispielsweise die Rache am Feind im Judentum im krassen Gegensatz zur Feindesliebe im Christentum. Die Behandlung von Verbrechern im Islam und im Buddhismus hat einen völlig unterschiedlichen Charakter.

Diese Abweichungen liegen nicht im Detail, vielmehr handelt es sich um elementare Regeln der Moral. Von der Sexualmoral wollen wir gar nicht erst reden, denn auf diesem Gebiet bestehen bekanntlich die größten Unterschiede, nicht nur zwischen den Völkergruppen, sondern auch zwischen verschiedenen Zeitperioden innerhalb ein und derselben Völkergruppe.

Auch gibt es heute wieder ganz neue Moralbegriffe, z.B. hinsichtlich der Ökologie. Lenins Vorstellung von der Einhaltung aller alten Moralregeln ist nicht nur unzureichend, sondern schlicht falsch. Man könnte einschränkend einwenden, er habe dies für eine zukünftige Gesellschaft gedacht und so sei es jetzt vom praktischen Standpunkt aus nicht so wichtig. Leider ist es aber so, dass man in einigen Ländern, in denen der Marxismus noch die herrschende Ideologie ist, glaubt, bereits unterwegs zum Kommunismus zu sein und die erste wesentliche Hürde glaubt bereits genommen zu haben, indem man die Zwischenstufe des Sozialismus realisiert habe. Die marxistisch-leninistische Ethik hat sich die oben genannte Überzeugung zu eigen gemacht und entsprechende Sittlichkeitsregeln entworfen.

Wird in einer zukünftigen kommunistischen Gesellschaft der Zwangsapparat Staat notwendigerweise verschwinden? Ich glaube, man kann höchstens annehmen, dass der Staat in der jetzigen Form nicht existieren wird. Aber eine Organisation in irgendeiner Form ist für eine Ansammlung von Milliarden von Menschen unentbehrlich, wenn eine gewisse Grundordnung herrschen soll.

Jemand – sei es eine Einzelperson oder irgendeine kleine Gruppe – wird die Entscheidungen treffen müssen, wenn es z.B. um den Transport von Menschen und Gütern geht, oder falls eine große Naturkatastrophe, wie ein Erdbeben oder eine Sturmflut, über die Gemeinschaft hereinbricht.

Guter Wille und sittliches Verhalten alleine reichen da nicht aus. Und wer Entscheidungen trifft, der hat die Macht. Solche Positionen werden wiederum die Menschen anstreben, die Gefallen an der Macht finden. Damit sind manchen Gefahren weiterhin Tür und Tor geöffnet.

In einer gutgläubigen Gemeinschaft, die außerdem noch hochtechnisiert ist, ist eine kleine Gruppe, die machtbesessen ist und real die Macht besitzt, außerordentlich gefährlich. Aber unabhängig von dieser Gefahr wird man auf eine Organisation gleich welcher Art, ob man sie nun Staat nennt oder nicht, nicht verzichten können. Milder ausgedrückt, die Extrapolation der Geschichte deutet jedenfalls nicht darauf hin, dass das Gebilde Staat überflüssig werden wird, sondern eher, dass es auf Dauer bestehen bleibt.

2.6.11 Befriedigung *einiger* Bedürfnisse?

Der 1898 geborene Denker Herbert Marcuse schlägt einen ganz anderen Weg ein. Charakteristisch für Marcuse ist der Versuch, Gedanken Freuds und marxistische Geschichtstheorie in einer kritischen Analyse der modernen Gesellschaft zu kombinieren.

In seinen Betrachtungen berücksichtigt er das Individuum als ein Kriterium in der Ethik mehr als die klassischen und sowjetischen Marxisten, und er geht auf die Frage nach dem Glück ein: *Die jeweilige Bestimmung des Glücks als Zustand der allseitigen Befriedigung der Bedürfnisse des Individuums ist abstrakt und unrichtig, sofern sie Bedürfnisse in ihrer vorhandenen Gestalt als letzte Gegebenheit hinnimmt.*

Die Bedürfnisse stehen als solche weder jenseits von *Gut* und *Böse*, noch diesseits von *Wahr* und *Falsch*. Aber statt *„Bedürfnisse"*, was hier alle Bedürfnisse impliziert, sollte er *„einige Bedürfnisse"* sagen. Denn die Befriedigung einiger Bedürfnisse in der heutigen Gestalt, z.B. nach frischer Luft schnappen wollen, Musik hören wollen, kann durchaus für die Bestimmung des Glücks als Zustand hergenommen werden.

Als geschichtliche Sachverhalte sind sie der Frage nach ihrer *Rechtmäßigkeit* (also richtig oder nicht richtig) unterworfen.

Sind sie solcher Art, dass ihre Befriedigung die subjektiven und objektiven Möglichkeiten der Individuen erfüllen kann?

3.6.12 Lust an der Demütigung anderer?

Die Lust an der Demütigung anderer, wie an der Selbstdemütigung unter einen stärkeren Willen, die Lust an den mannigfachsten Surrogaten der Sexualität, am sinnlosen Opfer, an der Herozität des Krieges, ist deshalb eine falsche Lust, weil die in ihr sich erfüllenden Triebe und Bedürfnisse die Menschen unfreier, blind und armselig machen, unfreier als sie sein müssen.

Sie sind Triebe und Bedürfnisse der Individuen, wie sie in der antagonistischen Gesellschaft herausgebildet wurden. Sofern sie nicht mit einer neuen Form der Gesellschaft überhaupt verschwinden sollten, wären andere Wege zu ihrer Befriedigung denkbar, in denen sich wirklich die äußersten Möglichkeiten der Menschen glückhaft entfalten.

Diese Befreiung der Möglichkeiten ist Sache der gesellschaftlichen Praxis. Bei ihr liegt es, was die Menschen mit ihren ausgebildeten sinnlichen und seelischen Organen und mit dem durch ihre Arbeit geschaffenen Reichtum anfangen können, um das höchste Maß an Glück zu erreichen.

So gefasst kann das Glück überhaupt nicht mehr etwas bloß Subjektives sein: Es fällt in den Bereich des gemeinschaftlichen Denkens und Handelns der Menschen.

3.6.13 Führen egoistische Triebe und Bedürfnisse zum Unglück des Menschen?

Marcuse meint also, dass das Unglück des Menschen auf seine in der antagonistischen (widerstreitenden) Gesellschaft ausgebildeten, egoistischen Triebe und Bedürfnisse zurückzuführen sei.

Die negative Spitze dieser antagonistischen Gesellschaftsform wurde in der Gesellschaft des privaten Eigentums der Produktionsverhältnisse erreicht. Die Triebe und Bedürfnisse, die den heutigen Menschen versklaven, können also nicht durch Erziehung bekämpft werden, sondern nur durch die Beseitigung des Kapitalismus.

Erst dann wird der Mensch wirklich frei sein. Dies ist bei Marcuse keine Überzeugung, keine bloße Ansicht, sondern die Beschreibung einer Tatsache. In der kommenden Gesellschaft wird der Mensch endlich frei sein. Allerdings schränkt er diese Aussage etwas ein, indem er sagt, dass diese Freiheit durch manche Individuen gefährdet sein kann, wie z.B. Kranke, Verrückte und Verbrecher.

Ich persönlich würde einen weiteren Menschentypus hinzufügen, nämlich den des Machthungrigen. Aber auch dadurch würde das gesamte marxistische Bild einer zukünftigen kommunistischen Gesellschaft mit einer völlig freien Entwicklung des Menschen wieder erheblich ins Wanken geraten.

Marcuses diesbezügliches Postulat ist sicherlich nicht richtig. Denn die Triebe, im Grunde genommen alle negativen Triebe, die den Menschen letzten Endes nur Unglück bescheren, waren bereits vor der berühmten Entfremdung und vor der Entstehung einer antagonistischen Gesellschaft da.

Heldentum gab es auch schon vorher. Heldentum im Krieg kann natürlich nicht später entstanden sein als der Krieg selbst. Dieser existierte auch vor der Bildung einer antagonistischen Gesellschaft. Sicherlich gibt es einige Bedürfnisse, die im Laufe der Geschichte neu hinzugekommen sind und die in der kapitalistischen Gesellschaft künstlich geschürt werden, z.B. alle Konsumbedürfnisse. Aber diese Bedürfnisse sind zu einem sehr großen Teil stärker an die Mehrproduktion und das Angebot an materiellen Gütern gebunden als an das System.

Ich glaube, dass ein Verlangen nach Kühlschränken, Autos, Radios, usw., ohne die man notfalls auch weiterleben kann, selbst in den sozialistischen Ländern vorhanden ist. Es wird möglicherweise in einer zukünftigen Gesellschaft ebenfalls existieren.

Letzten Endes geht es hierbei um das Verlangen nach einem angenehmeren Leben – und dieses bestand in der Geschichte bereits lange vor dem Auftreten der Klassen. Es existiert aus biologischen Gründen schon seit Anbeginn der Menschheit.

Angesichts der Möglichkeit einer glücklicheren realen Verfassung der Menschheit ist das Interesse des Individuums keine letzte Gegebenheit mehr: Es gibt wahres und falsches Interesse auch im Hinblick auf das Individuum. Sein faktisches, unmittelbares Interesse ist nicht schon sein wahres Interesse. Nicht als ob das wahre Interesse dasjenige wäre, das aufgrund eines geringeren Risikos und der größeren Genusschance die Opferung eines unmittelbaren Interesses verlangte. Solche Berechnung des Glücks hält sich in dem allgemeinen Rahmen des falschen Interesses und kann bestenfalls die Erfüllung des besseren falschen Glücks erleichtern. (Jetzt kommt ein wichtiger Satz). Im wahren Interesse des Individuums kann es nicht sein, seine eigene Verkümmerung und die der anderen zu wollen. (Marcuse)

Wir dürfen uns jetzt fragen, was aber das wahre Interesse des Individuums ist? Marcuse behauptet, dass das wahre Interesse des Individuums die Freiheit sei, dass wirkliche individuelle Freiheit mit wirklicher allgemeiner Freiheit einhergehe – und dass das Glück schließlich in der Freiheit selbst bestehe.

Dies alles sind keine Aussagen der philosophischen Anthropologie über die Natur des Menschen, sondern Beschreibungen einer geschichtlichen Situation, welche sich die Menschheit in der Auseinandersetzung mit der Natur selbst erkämpft hat.

2.6.14 Steckt die Unfreiheit des Menschen in der Abhängigkeit von seinen Bedürfnissen?

Die Individuen, um deren Glück es bei der Ausnutzung dieser Situation geht, seien in der Schule des Kapitalismus zu Menschen geworden.

Sofern die Unfreiheit schon in den Bedürfnissen stecke und nicht erst in ihrer Befriedigung, seien sie zunächst zu befreien.

Das ist kein Akt der Erziehung, der moralischen Erneuerung des

Menschen, sondern ein ökonomischer und politischer Vorgang. Die Verfügung der Allgemeinheit über die Produktionsmittel, die Umstellung des Produktionsprozesses auf die Bedürfnisse der Gesamtheit, die Verkürzung des Arbeitstages, die aktive Teilnahme der Individuen an der Verwaltung des Ganzen, sie alle gehören zu seinen Inhalten.

Mit der Erschließung aller vorhandenen subjektiven und objektiven Möglichkeiten der Entfaltung würden die Bedürfnisse andere geworden sein: Jene, welche in dem gesellschaftlichen Zwang zur Verdrängung, in der Ungerechtigkeit, dem Schmutz und dem Elend gründen, müssten verschwinden.

Aber nichts schließt aus, dass es auch dann noch Kranke, Verrückte und Verbrecher geben könnte. Das Reich der Notwendigkeit bleibt bestehen, die Auseinandersetzung mit der Natur und die unter den Menschen selbst geht weiter.

Wenn das wahre Interesse durch ein Allgemeingesetz vertreten werden muss, das bestimmte Bedürfnisse und Befriedigungen verbietet, so wird hinter einem solchem Gesetz nicht mehr das partikulare Interesse von Gruppen stehen, die ihre Macht durch die Usurpation der Allgemeinheit gegen diese selbst aufrechterhalten, sondern die vernünftige Entscheidung freier Individuen.

Wenn man die wesentlichen Aussagen von Marcuse zusammenfassen will, könnte man das Folgende sagen: Die heute vorhandenen negativen Triebe sind nicht erst in der antagonistischen Gesellschaft entstanden, sondern waren schon immer in den Genen des *Homo sapiens* verankert.

Es kommen vor allem diejenigen Triebe und Bedürfnisse stärker zur Entfaltung, denen man entsprechenden Boden zum Gedeihen bereitet. Wenn in der Erde sämtliche Samen vorhanden sind, so werden in alkalischer Erde andere Pflanzen gedeihen als in saurer. Wenn also die Prämisse Marcuses, der anfänglich gute und glückliche Mensch sei erst durch die in der antagonistischen Gesellschaft hinzugekommenen falschen Triebe und Bedürfnisse unfreier, blinder, armseliger und unglücklicher geworden, nicht stimmt, dann kann die Schlussfolgerung, dass der Mensch durch die Beseitigung der mittlerweile höchst entwickelten antagonistischen Gesellschaft in Form des Kapitalismus automatisch frei und glücklich sein wird, auch nicht stimmen.

Hingegen teile ich seine Meinung, dass in einer zukünftigen Gesellschaft das Individuum glücklicher sein wird, in der die Allgemeinheit über die Produktionsmittel verfügt, der Produktionsprozess auf die positiven Bedürfnisse der Individuen eingestellt ist, und die Individuen an der Verwaltung des Ganzen aktiv teilnehmen.

Aber nicht etwa, weil die negativen Triebe verschwunden sein werden, sondern weil die negativen Triebe dann weniger Gelegenheit haben werden, sich zu entfalten. Deswegen wird die Menschheit auch dann stetig wachsam sein müssen, damit die negativen Triebe nicht auf eine andere Art und Weise zum Tragen kommen als durch privates Produktionseigentum.

Eine weitere Einschränkung ist meines Erachtens, dass der Mensch nicht automatisch glücklicher sein wird, sondern lediglich mehr Chancen haben wird, glücklicher zu sein als jetzt.

Somit habe ich die Ansichten einiger prominenter Marxisten, einschließlich Marx selbst, hinsichtlich der Ethik kurz dargestellt. Wie weit könnte diese marxistische Ethik einer kritischen Analyse standhalten? Bei unserer Analyse dürfen wir die bereits vorgestellten Ausführungen über den dialektischen, historischen Materialismus und natürlich die marxistische Anthropologie nicht außer Acht lassen.

Die marxistische Ethik fängt implizit bei Marx an; allem voran bei seiner *unumstößlichen Überzeugung*, die Menschen seien von Natur aus gut. Alle feindseligen Regungen ihrer Herzen resultieren aus den schlechten sozialen Beziehungen, deren Gipfel im privaten Eigentum der Produktionsverhältnisse zu suchen ist. Also lautet meine erste kritische Frage: Ist der Mensch von Natur aus gut?

2.6.15   Ist der Mensch von Natur aus gut?

Am Anfang dieses Buches stellte ich den ersten Grundgedanken meiner These als empirische Erkenntnis vor. Dieser ist: Das Leitmotiv allen menschlichen Tuns ist der Wunsch, glücklich zu sein.

Für ein Individuum ist dies nichts anderes als eine auf ihn selbst bezogene Motivation – eine rein egoistische Motivation.

Der Mensch ist also ein egoistisches Wesen. Aber ist Egoismus immer schlecht? Wir hatten weiter festgestellt, dass Egoismus an sich weder schlecht noch gut ist, sondern zunächst einmal ein Überlebensmechanismus.

Wenn es Ihnen Spaß macht, jemandem zu helfen, dann ist dies ein altruistischer Egoismus, also der Gesellschaft dienlich. Wenn es Ihnen Spaß macht, sich auf Kosten anderer zu amüsieren, dann ist dies natürlich ein rücksichtsloser Egoismus. Die Wertigkeit einer Eigenschaft, ob sie schlecht oder gut ist, ergibt sich erst durch ihre gesellschaftliche Relevanz.

Deswegen kann man sagen, dass der Mensch von Natur aus weder gut noch schlecht ist, nur egoistisch orientiert. Er besitzt das Potenzial für beide Eigenschaften, das Gute wie das Böse.

Je nach seiner Entwicklung durch Erziehung in der Familie und der Gemeinschaft sowie durch die Möglichkeiten, die eine Gemeinschaft ihm bietet, wird er primär gut oder schlecht werden.

Dabei können Qualität und Quantität der guten und schlechten Eigenschaften in unterschiedlichem Mischungsverhältnis vorhanden sein.

So konnte ein und derselbe Mensch, z.B. ein 1928 unter privaten Produktions- und Eigentumsverhältnissen lebender, braver, liebevoller Familienvater ein paar Jahre später unter entsprechend veränderten Bedingungen zu einem abscheulichen Judenquäler und Judenmörder werden, wofür er dann sogar noch befördert wurde.

Auch vor dem Auftreten der Klassen, vor dem Auftreten des privaten Eigentums der Produktionsmittel, dürfte der Mensch kaum *von Natur aus gut* im marxistischen Sinne gewesen sein. Sicherlich hat der stärkere Jäger in einer kleinen Urgemeinschaft den größten Brocken der Beute für sich beansprucht, ohne sich über Nächstenliebe Gedanken zu machen.

Sicherlich hatte er, ohne mit der Wimper zu zucken, die Mitglieder eines rivalisierenden Stammes umgebracht, wenn es um die Verteidigung des eigenen Jagdreviers oder um die Eroberung eines neuen ging.

Und stets glücklich war der Urmensch sicherlich nicht. Wenn man bedenkt, wogegen er Tag für Tag anzukämpfen hatte! Nässe, Kälte, wilde Tiere, Hunger, Krankheiten, Mitglieder eines rivalisierenden Stammes, mythische Ängste, usw.

Natürlich kann es sein, dass einige Urmenschen angesichts der vielen Widrigkeiten eine fatalistische Einstellung entwickelten.

Aller Wahrscheinlichkeit nach war die Grundnatur des Menschen, vor und nach der Änderung der Eigentumsverhältnisse, gleich – nämlich egoistisch ausgerichtet. Und als Extrapolation aus der Geschichte könnte man eher annehmen, dass sie so bleiben wird, als dass sie sich aufgrund der Änderung eines einzigen Faktors ins Gegenteil verkehrt.

3.6.16 Ist der Kommunismus wünschenswert, wenn die Menschen glücklich werden wollen?

Die zweite Prämisse der marxistischen Ethik lautet: Handle so, dass das Grundübel, das private Eigentum der Produktion, abgeschafft wird. Es muss eine Gesellschaft geschaffen werden, in der ein Überfluss an materiellen Gütern besteht. Wenn die Menschen glücklich werden wollen, ist der Kommunismus wünschenswert.

Die wissenschaftliche Analyse der Geschichte beweist, dass der

Kommunismus notwendigerweise kommen wird. Es ist also die moralische Pflicht eines jeden, diesen Prozess zu beschleunigen. Das Zustandekommen des Kommunismus' wird durch objektive, vom menschlichen Willen unabhängige Gesetze bestimmt, also soll das Individuum sein subjektives Interesse dem objektiven unterordnen. (Engels)

Wenn man sich die inhumanen Verhältnisse der Zeit, in der Marx lebte und die Industrialisierung in ihrer Frühphase genau vorstellt, kann man gut verstehen, dass er im Kapitalismus die Ursache des menschlichen Elends sah. Als wahrer Humanist nahm er den Kampf dagegen auf. Außer seiner scharfsinnigen Theorie über die ökonomische Soziologie entwickelte er auch die Wissenschaftliche Geschichtsbetrachtung, die darauf basiert, dass der ursprünglich gute Mensch erst durch das private Eigentum der Produktion unglücklich geworden sei. Nun, psychologisch gesehen ist es verständlich, dass er aufgrund der damaligen Verhältnisse die oben erwähnte Theorie entwickelte. Aber was verständlich ist, muss nicht gleichzeitig wahr und richtig sein.

Das zeigt das Beispiel unseres Urmenschen: Seine materiellen Bedürfnisse wurden sicherlich leichter befriedigt, als der Mensch sesshaft wurde und die Produktion aufnahm, auch wenn das private Eigentum in den Produktionsverhältnissen eine zunehmend größere Rolle spielte.

3.6.17 Der Bösewicht *privates Eigentum?*

Ich halte die globale Verdammung des privaten Eigentums zum *Bösewicht* in der historischen Entwicklung der Menschheit nicht für gerechtfertigt.

Vielleicht stellen wir uns auch nur die falschen Fragen. Ist Privateigentum schlecht? Ist Privateigentum immer schlecht für die Gemeinschaft? Hat das private Eigentum vielleicht auch etwas Positives für die Gemeinschaft geleistet? Wenn ja, woran kann gemessen werden, wann Privateigentum etwas Positives darstellt und wann etwas Negatives?

Ist es etwas Negatives, wenn in der früheren Sowjetunion die private Agrarproduktion den Engpass in der Versorgung der Gemeinschaft beseitigen half und nebenbei pro Kopf wesentlich höhere Erträge erzielte?

Sind die privaten Kleinbetriebe in Ungarn nicht etwas Positives, wenn sie durch den Einsatz von persönlichen Initiativen eine bessere Versorgung der Gemeinschaft gewährleisten?

Um diese Fragen zu beantworten, muss ich auf einige Ausführungen meiner Grundthese über Ethik zurückgreifen.

Noch sind wir keine Gemeinschaft des allgemeinen materiellen Überflusses. Wir sind höchstens auf dem Weg dahin. Im Augenblick spielen in der Produktion der materiellen Güter die privaten Eigentumsverhältnisse eine große Rolle.

Nun handeln bekanntlich fast alle Firmen in unserem kapitalistischen System nach dem gleichen Prinzip, der Erzielung des maximal möglichen Profits. Natürlich gibt es Ausnahmen wie Bill Gates und manche Firmen, die für das Gemeinwohl viel tun. Diese sind aber Ausnahmen. Ein paar Individuen oder kleine Interessengruppen können durch die Ansammlung von Kapital in der Gesellschaft erhebliche Macht für sich beanspruchen, die sie wiederum primär für ihr Eigeninteresse einsetzen und nicht für das Gemeinwohl. Dies liegt dann nicht im Interesse der Gemeinschaft und stellt auch kein Positivum dar.

Deswegen hatte ich meine Ansicht dargelegt, dass alle Industriezweige, die gesellschaftspolitisch wichtig sind, wie z.B. die Rüstungs-, Energie- und Schwerindustrie sowie die mächtigen Wirtschaftsimperien, in die öffentliche Hand gehören.

Kleinere Privatunternehmen, die durch die Entfaltung von Privatinitiative und eine reibungslose Zusammenarbeit zwischen Angestellten und Arbeitern der Gemeinschaft nützlich sind, indem sie eine bessere Versorgung der Gemeinschaft gewährleisten, stellen zumindest für die Gegenwart ein Positivum dar.

Theoretisch ist es möglich, dass in einer großen Überflussgesellschaft diese durch den Konkurrenzdruck angeregte Entfaltung der Privatinitiative nicht mehr privaten Eigentums bedarf. Dann sollte es abgeschafft werden.

Man kann also ein Urteil darüber, ob gewisse Formen von privatem Produktionseigentum gut oder schlecht sind, nur in ihrer Relevanz zur Gemeinschaft fällen. Eine a priori Verdammung von privatem Eigentum ist somit logisch gesehen nicht haltbar.

4.   Schlussbemerkungen zum Marxismus

Der Marxismus ist im Kern humanistisch, auch wenn dieser Humanismus sich erst in der fernen Zukunft realisieren sollte. Er ist im Kern auch ein grandioser Versuch, die Menschheit von Ausbeutung und Ungerechtigkeit zu befreien. Er hat deshalb mit dem ursprünglichen Christentum gemeinsam, dass er sich auf die Seite der Unterprivilegierten gestellt hat.

Marxismus ist eudaimonisch, da er die Erlangung der Glückseligkeit für die Menschheit anstrebt. Im Gegensatz zu den Absichten der Religionen soll dies allerdings hier auf Erden geschehen.

Daher versucht der Marxismus, Ungerechtigkeit und Elend der Menschheit zu bekämpfen, anders als einige Religionen, die diese mit dem Fingerzeig auf die ewige Glückseligkeit in die Ewigkeit verlagern. Ich gehe mit dem Marxismus auch darin konform, dass, wenn menschliche Handlungen vernünftig sein sollen, sie auf einer wissenschaftlichen Ethik basieren müssen.

Ebenso bin ich mit der Argumentation einverstanden, dass es für die Gemeinschaft gut ist, wenn die Handlungen der Individuen auf das Gemeinwohl ausgerichtet sind.

Aber ich stimme nicht damit überein, dass die gegenwärtige Gemeinschaft irgendeiner Zukunftsgesellschaft dienen soll, für deren Wohl die heutigen und jetzigen Individuen geopfert werden.

Mein größter Einwand gegen den Marxismus ist jedoch, dass er keine echte wissenschaftliche Lehre ist, wie er sich gern darstellt. Schon die Prämisse, dass das Wesen des Menschen an sich gut ist und nur durch das Privateigentum an der Produktion sich selbst entfremdet, ist nicht haltbar.

Damit ist auch die Schlussfolgerung, dass der versklavte, unfreie und unglückliche Mensch nach der Beseitigung des Kapitalismus eines Tages automatisch wieder glücklich sein wird, hinfällig. Zumindest kann der Marxismus auf eine wissenschaftlich bewiesene Grund-Erkenntnis keinen Anspruch erheben.

Der Marxismus hat mit exakter Wissenschaft nicht viel gemein, er ist eher ein Glaube. Denn was sind die Kennzeichen eines wissenschaftlichen Urteils? Zuerst muss die Prämisse stimmen. Dann muss man durch die Anwendung logischer Regeln zu einer klar nachvollziehbaren Schlussfolgerung kommen. Und die wissenschaftliche Schlussfolgerung muss jederzeit revidierbar sein.

Der Marxismus ist auf eine nicht haltbare Prämisse, ohne Berücksichtigung der Regeln der Soziologie, aufgebaut. Und die Marxisten betrachten nicht nur die Prämisse, sondern auch die Schlussfolgerung dogmatisch als gegeben. Sie steht also nicht frei zur Debatte, ist nicht revidierbar.

Eine Weiterentwicklung des Marxismus-Leninismus ist kaum möglich, weil dieser nicht auf durch Erfahrung und Forschung gewonnenen Erkenntnissen basiert, sondern auf Texten von Marx, Engels und Lenin beruht.

Bei jeder Gelegenheit wird einer der erwähnten Herren zitiert, so wie die Christen die Bibel zitieren. Ein Zitat ist jedoch kein Beweis für den Wahrheitsgehalt eines Argumentes. Zitate kann man höchstens zur Illustration eines Standpunktes einsetzen.

Auch das Bild von einer zukünftigen kommunistischen Gesellschaft ist keine wissenschaftlich festgestellte Notwendigkeit, sondern eher eine Utopie, nicht mehr als eine vage Möglichkeit.

IX. Der Sinn des Lebens

Lassen Sie uns in diesem Kapitel zunächst eine kurze Zwischenbilanz ziehen.

Ich habe versucht, eine wissenschaftliche Ethik zu entwickeln, und habe diese zunächst in den Grundzügen vorgestellt, um anschließend Schlussfolgerungen und Konsequenzen darzustellen, die aus meiner These abgeleitet werden können.

Nahezu sämtliche Aspekte unseres Lebens können aus einem kurzgefassten Grundsatz entnommen werden. Der Grundgedanke des Buddhismus, die Erleuchtung Buddhas, war noch kürzer, aber schon daraus konnte man die verschiedensten Verhaltensformen ableiten.

So sagte er beispielsweise: *„Die Grundweisheit ist: Vom Guten muss kommen das Gute und vom Schlechten muss kommen das Schlechte."*

Die Zuhörer meinten: *„Das ist aber nichts Neues!"* Woraufhin Buddha entgegnete: *„Ja, wenn dieses Gesetz wahr ist, dann müssen Gebete und Opfergaben sinn- und zwecklos sein."*

„Wieso?", fragten die Zuhörer. Buddha antwortete: *„Das Wasser fließt immer bergab. Das Feuer ist immer heiß, Eis ist immer kalt. Das Gebet an alle Götter Indiens wird das Wasser nicht bergauf fließen lassen und das Feuer nicht kalt machen. Dies ist so, weil es Naturgesetze gibt, die die Dinge so schaffen, wie sie sind. Was geschehen ist, kann also nicht ungeschehen gemacht werden. Gebete und Opfer an die Götter sind daher sinnlos."*

So kam Buddha von einem Grundgedanken zu einer weiteren Schlussfolgerung. Er stellte die Existenz der Götter und die von ihnen abgeleiteten Verhaltensnormen generell infrage. Er entwickelte dann seinen *Achtfachen Pfad* und die *Fünf Gebote des Verhaltens*.

1. Glück ist diesseitig

Wie dieses Beispiel zeigt, ist es möglich, ausgehend von einem einzelnen Grundgedanken durch konsequentes Weiterdenken ein in sich schlüssiges Konzept zu entwickeln. Analog dazu habe ich in diesem Buch meine Grundthese zu einer wissenschaftlichen Ethik entwickelt.

1.1 Leitmotiv allen menschlichen Tuns?

Nach der Vorstellung der These habe ich Ihnen einige der weiterführenden Gedanken vorgestellt, die in den Ausführungen oft versteckt bleiben und die, wenn man sie zusammenfasst, als Gebote aufgefasst werden können. Aus diesen Gedanken habe ich einige exemplarisch ausgewählt und möchte sie an dieser Stelle nochmals in Erinnerung bringen. Auf dieser Basis können wir dann Themen wie z.B. Nationalismus, Leistungsprinzip, Stolz, Entwicklungshilfe oder Angst vor dem Tod behandeln. Der erste Grundgedanke der These ist:

Das Leitmotiv allen menschlichen Tuns ist der Wunsch, glücklich zu sein.

Ich möchte dabei betonen, dass es sich bei meiner These nicht um einen Imperativ handelt, wie er z.B. bei Epikur oder bei den Hedonisten vorkommt, sondern um eine empirische Erkenntnis, d.h. ich sage nicht: *Du sollst Glück erstreben!*, sondern: *Es ist eine belegte Tatsache, dass der Mensch Glück erstrebt.*

Keine ethische Theorie kann Gültigkeit haben, die diese Tatsache ignoriert oder ihr weniger Bedeutung beimisst, als ihr zusteht. Aus diesem Prinzip kann man nachfolgend eine normative Ethik ableiten, indem man feststellt: *Solange ich niemandem wehtue, niemandem scha-*

de und dabei mein Gesamtglück vermehre, kann ich tun und lassen,
was ich will. Zur Unterstützung des ersten Punktes hatte ich eine abge-
wandelte Evolutionstheorie vorgestellt, die besagt, dass es sich bei der
Evolution nicht um einen Kampf ums Überleben, sondern um den
Kampf für ein angenehmeres Leben handelt. Das Überleben ist nur das
Ergebnis. Demzufolge sind alle Lebewesen, die ein angenehmeres Leben nicht angestrebt haben, ausgestorben.

1.2   Sich so verhalten, wie es im Interesse der Gemeinschaft liegt?

Das zweite Postulat meiner These: *Um glücklich zu sein, muss man gut*
sein!, hat einen direkten Bezug zum ersten Punkt. Während der erste
Punkt eine empirische Erkenntnis darstellt, betrifft der zweite Punkt
die Ethik, denn *gut* zu sein, habe ich im ethischen Zusammenhang folgendermaßen definiert: Gut sein heißt, sich so zu verhalten, wie es im
Interesse der Gemeinschaft liegt.

Insbesondere kam ich bezüglich der Frage, ob soziale Ungleichheit
immer ungerecht ist, zu den folgenden Schlussfolgerungen:

* Die soziale Ungleichheit ist nicht immer gleichbedeutend mit Ungerechtigkeit.
* Bei der Bewertung der Ungleichheit als Ungerechtigkeit (oder aber
  nicht als Ungerechtigkeit) muss der Nutzen der jeweiligen Personen für die Gemeinschaft in Betracht gezogen werden.

Diese Erkenntnisse haben enorme praktische Konsequenzen.
Bekanntlich gibt es mächtige Ideologien, die völlige Gleichheit der
Menschen anstreben. Wie weit haben diese Ideologien recht im Lichte
dieser Erkenntnis?

Die Diskussion *Kommunismus* oder *Kapitalismus* gewinnt eine völlig andere Perspektive, wenn man noch ein weiteres Postulat berücksichtigt:

Ziel des politischen Handelns sollte sein, das größtmögliche Glück für die größtmögliche Zahl von Mitgliedern einer Gesellschaft anzustreben.

Es lohnt sich, in diesem Zusammenhang einen kurzen Blick auf die philosophische Schule des Utilitarismus (Nützlichkeitslehre) von Jeremy Bentham, John Stuart Mill, David Hume, Herbert Spencer, Henry Sidgwick und einiger anderer zu werfen. Es gab in dieser Lehre verschiedene Denkrichtungen wie z.B. Nützlichkeitswert für die betreffende Person mit einer hedonistischen Komponente, nämlich Lustgewinn und Vermeidung von Schmerz („pleasure and pain"). Im Allgemeine hat sich aber folgendes moralische Prinzip durchgesetzt: Das Handeln sollte das größtmögliche Glück für die größtmögliche Zahl anstreben. Das gilt aber auch für das politische Handeln.

Diese Einstellung hat jedoch einige ethisch-moralische Schwachstellen. Hier sei nur ein Punkt benannt: Vom utilitaristischen Standpunkt aus könnte man für das Allgemeinwohl, Alte, Behinderte etc. diskriminieren oder sogar eliminieren, in der Zeit der großen Arbeitslosigkeit kann man verheirateten und schwangeren Frauen eine Beschäftigung verbieten, weil es im Interesse der größtmöglichen Zahl der Mitglieder der Gemeinschaft wäre.

Deswegen kann man nur fordern, dass allenfalls das maximal mögliche Glück für eine größtmögliche Anzahl von Menschen angestrebt werden soll (auf einer Skala, an deren oberem Ende das hundertprozentige Glück für alle Mitglieder der Gemeinschaft steht).

Ob dieses Ziel durch sozialistische oder kapitalistische Methoden oder aber durch eine Kombination der beiden Methoden in unter-

schiedlichem Verhältnis zu erreichen ist, hängt von der jeweiligen Zu-
sammensetzung der Gesellschaft ab.

So ist es hypothetisch vorstellbar, dass in Brasilien z.b. eine Kombination von 90 % sozialistischer und 10 % kapitalistischer Methoden, in
Italien hingegen von 70 % sozialistischer und 30 % kapitalistischer
Methoden zum gewünschten Ziel, dem maximal möglichen Glück für
die größtmögliche Zahl, führen könnte. Dies sind völlig willkürliche
Zahlen und schon nach 20 Jahren könnten die Verhältnisse in ein und
demselben Land wieder völlig anders sein.

1.3 Maximal mögliches Glück für die größtmögliche Anzahl der Mitglieder einer Gemeinschaft?

Meine Ausführungen sollten einen Anstoß liefern, darüber nachzudenken, ob „Kapitalismus oder Kommunismus?" vielleicht nicht die
richtige Fragestellung ist.

Es ist besser zu fragen, wie man das maximal mögliche Glück für die
größtmögliche Zahl von Mitgliedern einer Gemeinschaft erreichen
kann. Das freie Zusammenspiel von Privatinitiativen und Verstaatli-
chungen kann dann in geographisch und zeitlich voneinander getrennten Gemeinschaftsformen in unterschiedlichem Ausmaß eingesetzt
werden, je nachdem, was für die Gemeinschaft gut ist.

1.4. Jedes Individuum kann tun, was es will, wenn durch diese Handlung das eigene Glück vermehrt und niemandem Schaden zugefügt wird?

Nun zu weiteren Richtlinien der Begrifflichkeiten aus den vorangegangenen Kapiteln.

Zum Egoismus: Egoismus an sich ist eine wertneutrale Eigenschaft, denn jede Handlung eines Individuums ist ichbezogen.

Ein Werturteil über *gut* oder *schlecht* kann nur in der gesellschaftlichen Relevanz getroffen werden. Aus dieser Erkenntnis lässt sich eine praxisnahe Schlussfolgerung ziehen.

- Jedes Individuum kann tun, was es will, wenn durch diese Handlung das eigene Glück vermehrt und niemandem Schaden zugefügt wird.
- (Zur Erziehung). Die Rolle der Erziehung sollte zum einen sein, die größtmögliche Zahl der persönlichen Interessen in Einklang mit dem gemeinschaftlichen Interesse zu bringen.
- (Zur Erziehung). Zum anderen muss im Rahmen der Erziehung dem Individuum bewusst gemacht werden, dass die Wahrnehmung der gemeinschaftlichen Interessen letzten Endes seinem eigenen Interesse dient. Das letzte Ziel sollte es sein, gleichzeitig ein glücksfähiges Individuum zu erzeugen.
- (Zu den Sozialwissenschaften). Die Aufgaben der Sozialwissenschaften sind es, die Regelkreisläufe des gemeinschaftlichen Zusammenlebens wissenschaftlich zu analysieren. Aufgrund der so ermittelten Daten können die Entscheidungen für das Gemeinwohl leichter gefällt werden.
- (Zur richtigen Fragestellung). Um eine wirklich richtige und nicht nur rhetorische Antwort zu bekommen, muss man die richtige Frage stellen. In vielen Fällen sollte man besser *Wie kommt es?* anstelle *Warum?* fragen.

1. Ist Glücksstreben, das sich gegen das Interesse der Gemeinschaft richtet, ethisch vertretbar?

Bei der Behandlung des Themenkomplexes *Das Individuum und die Gemeinschaft* traf ich folgende Feststellungen:

- Die Art von Glücksstreben, die sich gegen das Interesse der Gemeinschaft richtet, ist ethisch nicht vertretbar.
- Das Glücksstreben des Einzelnen, das im Interesse der Gemeinschaft liegt, muss gefördert werden. Daraus ist auch zu folgern, dass das Glücksstreben des Einzelnen, das mehr im Interesse der Gemeinschaft ist, stärker gefördert werden muss.
- Gegen das Glücksstreben des Einzelnen, das gemeinschaftspolitisch wertneutral ist, ist nichts einzuwenden, denn diese Art von glücklichen Individuen vermehren letzten Endes das Gesamtglück der Gesellschaft, ohne ihr zu schaden.
- Das erstrebenswerte Ziel in einer Gemeinschaftspolitik ist, das größtmögliche Glück für die größtmögliche Zahl von Gemeinschaftsmitgliedern zu erreichen.
- Ein gewisses Maß an individueller Freiheit ist im Interesse des unmittelbar persönlichen Glücks nicht nur wünschenswert, sondern auch im Interesse der Gemeinschaft erstrebenswert.
- Das Glück einer ganzen Generation soll nicht zugunsten einer zukünftigen Generation eingeschränkt werden.
- Die Gemeinschaft (oder deren führende Organe) darf das individuelle Verlangen nach Glück soweit einschränken, dass die negativen sowie die positiven Auswirkungen aller Einschränkungen auf die Mitglieder der Gemeinschaft möglichst gleichmäßig verteilt sind.
- Solange ich niemandem wehtue, niemandem schade und dabei mein Gesamtglück vermehre, kann ich tun und lassen, was ich will.

1.6 Darf Profitstreben eine gegen die Interessen der Gemeinschaft gerichtete Handlung sein?

Alle diese Feststellungen können zur Lösung praktischer Probleme eingesetzt werden. So hatte ich bereits erwähnt, dass es mehr im Interesse der Gemeinschaft wäre, die für die Nation lebensnotwendigen und mächtigen Industrien unter gemeinschaftliche Kontrolle zu stellen, als dies ein paar Individuen zu überlassen, auch wenn dadurch weniger Profit zu erzielen sein sollte.

Denn weniger Profit ist besser als eine gegen das Interesse der Gemeinschaft gerichtete Handlung. Um die Frage noch weiter zu konkretisieren, meinte ich, Schlüsselindustrien wie die Rüstungs-, Energie- und Schwerindustrie sowie wirtschaftlich sehr mächtige Imperien gehören in die öffentliche Hand, denn sonst können kleine Personengruppen, die diese Industrien beherrschen, ihre Macht gegenüber der Gemeinschaft für eigene Interessen ausnutzen. Sicherlich muss diese Meinung in der Detailfrage korrigiert werden, wenn die Gesellschaftswissenschaften neue Erkenntnisse hervorbringen.

Dadurch wird aber das Prinzip, dass man bei der Entscheidung die Interessen der Gemeinschaft berücksichtigen soll, nicht ignoriert.

Meine These liefert nur die Richtlinien, die Marschrichtung, die zusammen mit den Erkenntnissen zur Entscheidung führen sollen. Wenn beispielsweise eine Bundeswehrtruppe die Order hat, in Richtung Russland zu marschieren, so muss die festgelegte Marschroute beim Auftreten neuer Erkenntnisse oder Umstände, z.B. einen durch Regenfälle angeschwollenen Fluss, geändert werden. Die Marschrichtung aber bleibt.

Solche Beispiele, die kriegerische Handlungen betreffen, sind nicht mein Geschmack. Da ich aber das Phänomen Krieg im Lichte der These gleichbehandeln möchte, fand ich es opportun, ein Beispiel aus diesem Bereich zu wählen.

Damit komme ich zu weiteren Beispielen für die praktische Wichtigkeit der These. Ich nehme mir dazu sechs der unterschiedlichsten Themen der Reihe nach vor, und zwar den Krieg, die Wissenschaft und den Wissenschaftsglauben, die Einstellung gegenüber Protestbewegungen, die Tierliebe und zum Schluss die Angst vor dem Tod und die Tabu-Moral.

1.7 Krieg ist eines der größten Übel und abträglich für das Glück

Ich glaube, der Großteil der Menschen wird mit mir übereinstimmen, wenn ich behaupte, dass der Krieg eines der größten Übel ist. Es ist erstaunlich, dass es Leute gibt, die den Krieg positiv sehen und ihn rationalisieren, indem sie sagen, dass er der beste Weg sei, die Bevölkerung zu reduzieren, oder der Krieg sei der *Vater aller Dinge*.

Ich bin dennoch sicher, dass die meisten Menschen keinen Krieg möchten und froh wären, wenn es nie wieder zu einem Krieg käme.

Doch wie kann man ihn verhindern? Wenn man eine Sache verhindern will, muss man deren Wesen und deren Ursache begreifen. Dazu müssen systematische Studien betrieben werden, was ja die Institute für Friedensforschung (in bescheidener Weise) auch tun.

Hier ein Beispiel aus der Vergangenheit: Im Mittelalter dezimierten Seuchen in grausamer Weise die Bevölkerung. Sobald man die Erreger einer Seuche erkannte, konnte man sie auch bekämpfen. Wenn man an die Seuchen nicht mit Verstand herangegangen wäre und sie weiterhin für eine Geißel Gottes, die von Gott zur Bestrafung der sündigen Menschen auf die Welt geschickt wurden, gehalten hätte, dann hätte die Menschheit weiter unnötig leiden müssen.

Noch 1829 verbot Papst Leo XII. die Pockenschutzimpfung, da die Pocken ein Strafgericht des Himmels seien. Eine derartige Haltung, die durch das Ausschalten des Verstandes zustande kommt, kann nur zu einer passiven *Vogel-Strauß-Politik* führen und nicht zur Lösung der Probleme.

Krieg ist ebenso wie eine Seuche ein Übel für die Gesellschaft. Und die theologische Einstellung, dass der Mensch sündig ist, dass der Mensch ein von Grund auf böses Wesen ist und immer wieder von Gott bestraft werden muss, ist geblieben.

Daher werden die gleichen Argumente in jeweils anderen intellektuellen Verkleidungen angeführt, um den menschlichen Verstand einzulullen.

Redensarten wie z.B. *Krieg hat es immer gegeben und wird es immer geben!* oder *Der Mensch ist ein aggressives Wesen, und deswegen sind kriegerische Auseinandersetzungen unvermeidlich!,* sind bequeme Ausreden, die ein konsequentes und deswegen auch unbequemes und anstrengendes Weiterdenken verhindern sollen.

Auch wenn der Mensch aggressiv sein sollte, könnte man doch diese Aggressivität in kreative Bahnen lenken!

Wenn es die sozio-ökonomischen Voraussetzungen für einen Krieg nicht geben würde, dann würde die Aggressivität nicht ihren Ausdruck im Krieg finden können. Ein Samenkorn keimt nicht, um eine Pflanze zu werden, wenn kein geeigneter Nährboden vorhanden ist.

Gesellschaftliche Übel sind nicht übernatürlichen Ursprungs und müssen dementsprechend mit dem Verstand angegangen werden, wenn man sie beseitigen will. Der Krieg bringt Unglück mit sich, und da die Leute glücklich sein wollen, ausgenommen die unverbesserlichen Sado-Masochisten und die Ignoranten, wollen sie sicherlich keinen Krieg.

Das Argument, Krieg habe es immer gegeben und werde es immer geben, erscheint mir auch sehr oberflächlich. Was es immer gegeben hat, muss es nicht auch zwangsläufig in Zukunft geben. Es gab Zeiten, wo die Menschen an Blinddarmentzündung starben, da die Diagnose und die chirurgische Behandlung des Blinddarms nicht möglich war. Das ist heutzutage bei uns nicht mehr der Fall. Sicher war es früher so, dass viele Auseinandersetzungen mit kriegerischen Mitteln ausgetragen wurden und für den Sieger oft beträchtliche Vorteile brachten. Im Atomzeitalter jedoch gibt es im Falle eines globalen Krieges keinen Sieger.

Heutzutage gibt es in der ganzen Welt Konflikte, die mit Waffen ausgetragen werden. Auch im Jahre 2016 sind Konflikte zwischen religiösen und ethnischen Gruppierungen wie z.b. Islam und christlich geprägtem Westen, Hutus und Tutsis, festzustellen. Aber die Frage ist: Weil im Augenblick in gewissen Teilen der Welt gewalttätige Auseinandersetzungen zugenommen haben, muss es in der Zukunft auch so sein? Wie ist es mit Analphabetismus? Die überwiegende Mehrheit der Bevölkerung in ferner Vergangenheit bestanden aus Analphabeten. Ist es so geblieben wie es damals war?

Das Zeitalter der Konfrontation wird vom Zeitalter der Kooperation abgelöst. Nur eine Kooperation bringt für alle Beteiligten mehr Vorteile. Da hat ein Krieg keinen Platz mehr, er ist anachronistisch geworden. Es gibt keinen guten Grund, warum die Menschen ihre erstaunliche Gabe, den Verstand, nicht einsetzen sollten, um einen Krieg zu verhindern, statt ihn als gegeben hinzunehmen.

1.8   Verteufelung der Wissenschaften ist in keiner Weise gerechtfertigt, denn Wissenschaft an sich ist wertneutral

Die Wissenschaft und der Wissenschaftsglaube: Es wird manchmal behauptet, die Wissenschaft sei gefährlich. Sie richte sehr viel Schaden an. Sie zerbreche die Menschen. Ist diese Aussage richtig? Ich meine das nicht.

Zunächst wollen wir festhalten, dass in diesem Zusammenhang die Naturwissenschaft gemeint ist. Global gesehen kann man behaupten, dass wir ohne die Errungenschaften der Naturwissenschaften noch heute Höhlenbewohner wären, noch an den Feuergott glauben, ohne Feuer weiterhin frieren und an Blinddarmdurchbruch, an Tuberkulose, oder durch Steinschlag oder Raubtiere im zarten Alter sterben würden.

Der damalige Forscher zeigte seinen Mitmenschen, wie man Feuer macht, und sprach dem Feuer somit die Göttlichkeit ab. Es folgte eine wissenschaftliche Erkenntnis nach der anderen und bescherte dem Menschen eine Vielzahl von Bequemlichkeiten, auf die selbst der radikalste Gegner der Naturwissenschaften nicht verzichten möchte.

Wenn ein Mensch heute mit dem Auto zur Arbeit fährt, eine Schmerztablette einnimmt, zu Hause das elektrische Licht anknipst oder eine Brille trägt, dann nimmt er für sich die Errungenschaften der Wissenschaft in Anspruch. Wenn er aber die Wissenschaft verteufelt, müsste er logischerweise in der Konsequenz auf all die modernen Bequemlichkeiten verzichten und sich in eine kalte Eishöhle verkriechen oder dem logischen und konsequenten Denken abschwören.

Die Verteufelung der Wissenschaften ist in keiner Weise gerechtfertigt, denn Wissenschaft an sich ist wertneutral. Das Prädikat *gut* oder *schlecht* bekommt sie erst in ihrer gesellschaftlichen Relevanz. Wenn die wissenschaftlichen Erkenntnisse für das Gemeinwohl eingesetzt werden, ist dies eine gute Anwendung.

Werden sie aber zum Schaden der Gemeinschaft eingesetzt, ist dies eine schlechte Anwendung. Ein Schwert ist weder gut noch schlecht. Wenn man mit ihm ein angreifendes Raubtier tötet, ist dies eine gute Anwendung, doch wenn Sie mit ihm Ihren Mitmenschen die Köpfe einschlagen, ist dies gewiss eine schlechte.

Auch die Genforschung hat zwei Gesichter. Es stecken ungeahnte Möglichkeiten in ihrer praktischen Anwendung. Ohne eine genetische Manipulation von Bakterien wäre die heutige Produktion von Insulin in Hülle und Fülle nicht möglich. Man hätte weiterhin Millionen Bauchspeicheldrüsen von Rindern verarbeiten müssen, um ein bisschen Insulin zu ergattern. Ein armer Diabetiker in der Dritten Welt, der sich eine Insulinbehandlung wegen des hohen Preises nicht leisten kann, wird einem Wohlstandsmenschen aus einem Industriestaat wahrscheinlich was erzählen, wenn dieser die Genforschung prinzipiell ablehnt.

Durch die Genforschung ist endlich die Möglichkeit näher gerückt, jedem Verhungernden der Dritten Welt eine Schale Reis in die Hand zu geben, indem man ertrag- und eiweißreiche Pflanzen züchtet und so die globale Ertragsrate drastisch erhöht. Ein moralisch fühlender Mensch kann gegen solche Projekte keine Einwände haben.

Sicherlich sind die Gefahren, wie z.B. eine Manipulation der Menschheit, nicht als gering einzuschätzen, noch dürfen sie ignoriert werden. In den falschen Händen kann die Genforschung verheerenden Schaden anrichten. Das gilt allerdings für jede wissenschaftliche Erkenntnis. Je größer die entfesselte Kraft einer neuen wissenschaftlichen Errungenschaft ist, desto größer kann der mögliche Schaden sein, wenn sie falsch angewendet wird.

Deswegen sollte all unser Streben dahin gehen, die Genforschung nicht zu verdammen und zu verhindern, sondern gesellschaftliche Verhältnisse zu schaffen, die eine negative Anwendung der Ergebnisse der Genforschung unmöglich machen. Dies ist folglich ein politisches oder sozialwissenschaftliches Problem und nicht ein naturwissenschaftliches.

Ich glaube, bei der Ablehnung der Genforschung kommt noch ein anderes Problem hinzu – ein psychologisches Problem. Die Gegner haben nämlich Angst, dass man Gott ins Handwerk pfuscht. Sie sagen: *Man muss Ehrfurcht vor dem Leben haben; das Leben ist Gottes Werk, davor muss man Halt machen.*

Man vergisst gerne die Vergangenheit, um nicht in die Verlegenheit zu geraten, eigene Ansichten, die als Vorurteile in der Kindheit einge-pflanzt wurden und von der betreffenden Person jahrelang gehegt, ge-pflegt und verteidigt worden sind, revidieren zu müssen.

Es ist schmerzlich, sich von solchen Überzeugungen zu trennen. Wir können es zwar nicht mit Bestimmtheit sagen, aber sicherlich ist der erste Forscher, der dem Feuer das Göttliche nahm, von seinen Mitbür-gern als Heide verurteilt worden, so wie eine Reihe von Wissenschaft-lern in der christlichen Ära, als sie Gott immer mehr *Zuständigkeitsbe-reiche* absprachen, von den Dogmatikern verfolgt wurden.

Als die Pockenimpfstoffe erfunden und hergestellt wurden, wurden die Wissenschaftler von der christlich geprägten Menschheit ver-dammt, denn Pocken und Seuchen seien Gottes Strafen für die Menschheit im Allgemeinen. Heute ist die Pockenbekämpfung eine Selbstverständlichkeit.

So war es mit einer Reihe von wissenschaftlichen Errungenschaften, die heute zwar selbstverständlich sind, es aber im Mittelalter *nicht* wa-ren.

Hinsichtlich der ablehnenden Haltung gegenüber der Genforschung sind wir vielleicht die Neandertaler der Zukunft. Wenn wir uns Realis-ten nennen, müssten wir die Tatsachen, so wie sie sind, zuerst einmal erkennen. Wenn man das Max-Planck-Institut für Genforschung aus falsch verstandenen, ethischen Prinzipien ablehnt, so ist dies nicht nur unrichtig, sondern auch unrealistisch, ja sogar gefährlich.

Denn einige Forscher, die aus dem Max-Planck-Institut ausgeschie-den sind, sind zwangsläufig auf private Finanzierungsmöglichkeiten angewiesen. Dies gilt für viele andere Forscher auch. Diese Institute konnten dadurch die Weiterforschung auf dem jeweiligen Gebiet nicht verhindern; dies gilt auch für die Genforschung. Die von den Men-schen oft verteufelte Wissenschaft der Genforschung wird daher von diesen Menschen auch als Genmanipulation bezeichnet.

Die weltweite Genforschung wird dadurch auch nicht verhindert, denn in den USA wird auf diesem Sektor wesentlich stärker gearbeitet als in Deutschland. Diese Forschung wird von privaten Investoren finanziert und wird zumindest jetzt noch nicht für negative Zwecke eingesetzt.

Ähnliche Proteste wie gegen die Genforschung gab es, als man erstmalig die Bausteine des Lebens, die Aminosäuren, künstlich synthetisierte.

Dies ist anscheinend schon vergessen. Die Schlussfolgerung aus dem oben Gesagten wäre, nicht gegen neue wissenschaftliche Erkenntnisse zu kämpfen, sondern durch Veränderung der politischen Verhältnisse ihren Missbrauch zu verhindern.

Dieser Weg ist komplizierter als der einfache Protest gegen jegliche Forschung, deswegen auch wesentlich schwerer zu beschreiten. Die Kompliziertheit spricht aber nicht gegen die Notwendigkeit, den richtigen Weg zur Lösung des Problems zu suchen.

Nun zum Wissenschaftsglauben. Zunächst sollte man zwischen den Begriffen *Wissenschaftsglaube* und *Wissenschaftlicher Glaube* unterscheiden.

Beim Großteil dessen, was als *Wissen* gilt, handelt es sich nicht um bewiesenes Wissen, sondern um unbewiesenen Glauben. Denn was wir unmittelbar wissen können, ist sehr wenig. Ich weiß z.B. aus unmittelbarer Erfahrung, die ich selbst gemacht habe, dass ich mir eine Verbrennung zuziehe, wenn ich meine Finger auf die heiße Kochplatte lege, oder dass ich mich verletze, wenn ich mit bloßen Füßen an einen Stein stoße.

Dies alles habe ich durch eigene Erfahrungen gelernt. Wenn ich aber behaupte zu wissen, dass die Entfernung zwischen der Erde und dem Mond so und so viele Kilometer beträgt, dass die Sonne nur ein kleiner Stern in einer mittelgroßen Galaxie ist, dass in sechs Kilometern Meerestiefe sonderbare Lebewesen existieren, dass durch die Synthese von Titan und Sauerstoff Titaniumoxyd entsteht, dann handelt es

sich nicht um Wissen, sondern um einen Satz von Glaubensbekennt-
nissen.

Wir glauben daran, weil Wissenschaftler es uns sagen. Wir wissen
aber immerhin, dass es sich dabei um beweisbare und bewiesene,
nachprüfbare Tatsachen handelt.

Wir glauben also in diesem Fall an bewiesene und beweisbare Tatsachen, weil wir die Berechnung und Beweise nachvollziehen können.

Als die Jungfrau von Orleans sagte, sie wüsste, dass es ihr Auftrag
sei, Frankreich von den Engländern zu befreien, handelte es sich nicht
um Wissen, sondern um einen Glauben, wie bei allem Wissen, das aus
einer Offenbarung herrührt. Es ist bloß ein Glaube, wenn man sagt: *Ich
weiß, dass es einen Gott gibt, dass es mehrere Götter gibt (wie z.B. im
Hinduismus), dass Jesus Gottes Sohn ist, dass im Jahre 2010 das Ende
der Welt naht, dass Lourdes-Wasser die Syphilis heilt.* Hier handelt es
sich nicht um beweisbare Überzeugungen, um Wissen.

Es gibt also zwei Arten von Glauben und nicht zwei Arten von Wissen, die sich grundsätzlich voneinander unterscheiden. Der erste Glaube beruht auf bewiesenen, beweisbaren und nachvollziehbaren Prämissen, und der zweite auf nicht beweisbaren Vermutungen – also Annahmen oder Hypothesen.

Sie, meine verehrten Leserinnen und Leser, bekunden jeden Tag Ihren Wissenschaftsglauben, wenn Sie einen Schalter betätigen und erwarten, dass daraufhin das Licht angeht, oder auch wenn Sie nur die
Haustür mit dem Schlüssel aufsperren.

Hinter allen möglichen Kleinigkeiten, die Sie jeden Tag für sich in
Anspruch nehmen, steckt die Arbeit von Abertausenden von Wissen-
schaftlerinnen und Wissenschaftlern. Der springende Punkt dabei ist,
dass Sie glauben, dieses oder jenes wissenschaftlich-technische Gerät
werde funktionieren, wenn Sie einen Schalter betätigen.

Es ist jedoch etwas ganz anderes, wenn Sie in einer negativen Auslegung des Wissenschaftsglaubens meinen, dass die Naturwissenschaf-

ten alle Probleme lösen werden, und zwar auch die gesellschaftlichen. Dann schieben Sie den Naturwissenschaften etwas in die Schuhe, was diese nicht für sich in Anspruch nehmen können. Die sozialen Probleme sind Angelegenheit der Sozial- und nicht der Naturwissenschaften. Dass dabei die Sozialwissenschaften die Erkenntnisse und Errungenschaften der Naturwissenschaften und deren Einfluss auf Sozialstrukturen nicht ignorieren können, ist wohl einleuchtend.

Wissenschaftlicher Glaube: Ich glaube nicht an irgendwelche unwissenschaftlichen Annahmen, von denen es jede Menge, z.B. in Form von Religionen und Weltanschauungen, gibt. Ich glaube vielmehr an die These, die ich ihnen als *Wissenschaftliche Ethik* vorgestellt habe.

Einen Punkt möchte ich in diesem Zusammenhang noch erwähnen. Wenn ich von einer wissenschaftlichen Ethik spreche, meine ich nicht Naturwissenschaft in der Ethik, sondern die Anwendung wissenschaftlicher Methodik in der Ethik.

Wissenschaftliches Denken ist nichts anderes als logisches Denken. Die Ethik behandelt die Verhaltensregeln eines Individuums während seines gesellschaftlichen Daseins in einer Gemeinschaft.

Warum sollen diese Beziehungen nicht auf sozialwissenschaftlicher Basis geregelt werden? Wenn wir in einem Bereich der Naturwissenschaften ein Ergebnis erzielen wollen, z.B. in der Herstellung eines chemischen Stoffes, dann warten wir nicht auf eine Offenbarung, sondern gehen wissenschaftlich an die Sache heran. Natürlich ist der Mensch kein chemischer Stoff, wie er in einer Chemiefabrik zu finden ist. Das weiß auch der Sozialwissenschaftler.

Der Einwand, die Wissenschaft ignoriere die Emotionen, ist absolut unrichtig. Kein Wissenschaftler ist ein wahrer Wissenschaftler, wenn er die gegebenen Prämissen ignoriert. Dass der Mensch Emotionen besitzt, ist eine der vielen Prämissen.

Es wäre unlogisch, dies zu ignorieren. Und es ist unlogisch, wenn nicht sogar verleumderisch, den Sozialwissenschaften zu unterstellen, sie ignorierten die Prämisse, dass der Mensch Emotionen besitzt.

Sie verweisen die Emotionen und Gefühle nur insofern in ihre Schranken, weil sie sagen: Emotionen und Gefühle bekommen ihre Daseinsberechtigung hauptsächlich durch ihre Zielsetzung. Zur Verwirklichung dieses Zieles müssen Logik, Verstand und Vernunft eingesetzt werden.

Ich habe das Gefühl, dass bei vielen Philosophen eine undefinierbare, irrationale Angst gegenüber den Naturwissenschaften bestand und besteht. Ich will auf die psychologischen Hintergründe an dieser Stelle nicht näher eingehen, sondern diese nur mit einer Frage andeuten.

Kann es sein, dass durch die Anwendung wissenschaftlicher Denkmethoden vielen Philosophen der Boden unter ihren Füßen weggezogen wird, indem Mystik, Metaphysik, transzendentales Denken, usw. infrage gestellt werden?

Das ist sicherlich sehr unangenehm für sie, denn dann können sie nicht länger hochgestochene, gelehrt klingende, fantasievolle, aber nicht nachprüfbare Ausführungen von sich geben.

1.9 Können Außenseiter für die Gesellschaft und das Glück etwas Positives leisten?

Eine gesunde Gesellschaft braucht Stabilität, aber auch Denkanstöße. Wenn alle Mitglieder der Gemeinschaft nur Konformisten wären, dann würde dies für die Gesellschaft Stagnation bedeuten. Zuviel Freiheit (von den gegebenen gemeinschaftlichen Normen) für die Mitglieder einer Gemeinschaft würde Chaos bedeuten, zu wenig aber Stillstand. Solange also solche alternativen, nonkonformistischen Bewegungen nicht in Chaos oder in eine untragbare Belastung auszuarten drohen, ist gegen diese Bewegungen nichts einzuwenden. Vielleicht sind gerade diese Bürger, wenn sie eines Tages in den Schoß der Gemeinschaft zurückkehren wollen, durch ihre Weltoffenheit und Grenzerfahrungen für die Gemeinschaft wertvollere Mitglieder als diejenigen, die lebenslang nach dem begrenzten Motto *Schaffe, spare, Häusle baue!* handeln.

Diese Protestbewegungen haben noch einen weiteren positiven Aspekt, indem sie Denkanstöße für die *braven* Bürger liefern. Sicherlich sind auch noch andere positive Auswirkungen denkbar, die man nur nicht sofort erkennen kann. Bei der Beurteilung muss man also sowohl die Pluspunkte als auch die Minuspunkte abwägen, und dann entscheiden, ob sich summa summarum mehr Pluspunkte für die Gemeinschaft ergeben.

Wenn sich aber 20 % der Gemeinschaft dieser oder einer ähnlichen alternativen Bewegungen anschließen würden, oder solche Gruppierungen zum Schaden der Gemeinschaft zu Gewalt greifen (z.B. Chaostage, Skinheads), dann würden die Minuspunkte zwangsläufig überwiegen. In diesem Fall wäre die Gemeinschaft gezwungen, etwas dagegen zu unternehmen, denn wir hatten ja festgestellt, dass alles, was gegen das Interesse der Gemeinschaft verstößt, unterbunden werden muss. Aber bei der momentan äußerst niedrigen Prozentzahl der Protestler überwiegen meiner Ansicht nach die Pluspunkte oder es halten sich die Plus- und Minuspunkte zumindest die Waage. Also braucht nichts dagegen unternommen zu werden, es sei denn, diese Minderheit, wie z.B. Pegida und die AfD-Gruppierungen verhalten sich militant.

Ohne Querdenker, die oft die herrschende Meinung des „normalen" Menschen in Frage stellen können, haben neue Impulse für die menschliche Zivilisation gebraucht. So sind manche Vorurteile, die in einer statischen Gesellschaftsform herrschten, mit und ohne Berufung auf eine übernatürliche Kraft die in vielen Religionen und Weltanschauungen „Gott" heißt, ausgeräumt worden. Viele Denker wie z.B. Sokrates, der vom materiellen Standpunkt aus nicht viel geleistet hat, hat aber durch seine Gedankenwelt für die Gesellschaft viel gebracht.

1.10 Kann man gutheißen, wenn ein Tier, aus welchen Gründen auch immer, gequält wird?

Tierliebe und Tierquälerei: Dieser vierte Punkt unterscheidet sich völlig von den bisher abgehandelten. Tierliebe ist ein weit gestecktes Thema, weil hier unter dem Wort *Tier* Unterschiedliches verstanden wird und auch über die Grenzen der Tierquälerei verschiedene Auffassungen herrschen.

Meistens werden unter Tieren in erster Linie Hunde, Katzen und andere Haustiere verstanden. Danach kommen die restlichen Nutztiere, zum Schluss dann alle übrigen Tierarten, wie ich anhand der folgenden Beispiele verdeutlichen möchte. Im Allgemeinen stelle ich Mitgliedern eines Tierschutzvereins folgende Fragen:

- Würden Sie es für gut heißen, wenn Sie wüssten, dass jemand einen Hund quält, oder würden Sie es verurteilen?
- Würden Sie im Zirkus einer Pudelgruppe applaudieren, wenn Ihnen bekannt wäre, dass diese Hunde beim Erlernen ihrer Tricks Quälereien erdulden müssen?
- Würden Sie sich gleichermaßen aufregen, wenn ein Hund, ein Schmetterling, ein Regenwurm, eine Mücke gequält wird?
- Heute wissen fast alle, dass Schweine intelligente und empfindsame Tiere sind. Siehe dazu auch den Bericht von Jan Berndorff, Bild der Wissenschaft, 3/2016. Trotzdem, auch die Menschen, die sich tierlieb nennen, Hunde und Katzen lieben, essen Schweinefleisch, ohne mit der Wimper zu zucken.
- Würden Sie eine Schmerztablette einnehmen, wenn Sie wüssten, dass bei der Erprobung dieses Medikamentes vielen Versuchstieren zuerst Schmerz zugefügt werden muss? Würden Sie überhaupt ein Medikament einnehmen, nachdem ja die meisten von ihnen in Tierversuchen auf ihre Wirksamkeit und Verträglichkeit geprüft werden?

- Würden Sie sich operieren lassen, obwohl viele Operationsverfahren zuerst an Tieren erprobt wurden?
- Würden Sie den Gebrauch von Insektiziden verbieten wollen, wenn Sie wüssten, dass diese chemischen Stoffe den Insekten einen qualvollen Erstickungstod bereiten?

Die Antworten können unterschiedlich ausfallen, je nachdem, ob man im Tierschutzverein organisiert ist oder nur für sich in Anspruch nimmt, tierlieb zu sein. Aber auch innerhalb eines Tierschutzvereins können verschiedene Auffassungen vorhanden sein.

Die meisten Menschen, die sich tierlieb nennen, verurteilen es zwar, wenn jemand seinen Hund quält, aber sie nehmen durchaus eine Schmerztablette oder lassen sich operieren. Sie veranlassen sogar den Tod von Tieren, wenn sie selbst Amöbenruhr haben, denn Amöben sind ja bekanntlich einzellige Tiere.

Daraus ist zu folgern, dass die Motivation der Tierliebe nicht so altruistisch ist, wie vielfach angenommen wird, sondern dass sie, wie alle anderen Motivationen auch, ichbezogen, egoistisch ist.

Wenn man die Einstellung hat, dass unnötige Tierquälerei vermieden werden soll, die pharmakologischen Tierexperimente jedoch befürwortet, mit der Begründung, dass sie notwendig sind, dann erhebt sich die Frage, für wen?

Die Hunde sind da bestimmt anderer Meinung. Manche Tierversuche im Rahmen der medizinischen Forschung sind für das Wohl der menschlichen Gemeinschaft notwendig. Und was für die menschliche Gesellschaft gut ist, ist für das Individuum als Mitglied der menschlichen Gemeinschaft auch gut.

Wie kommt es, dass ein und derselbe Mensch eine Blattlaus mit einem Insektizid bedenkenlos eines qualvollen Todes sterben lässt, aber eine Hundequälerei nicht mit ansehen kann?

Die Erklärung ist in erster Linie im psychologischen Bereich zu suchen. Wir projizieren die menschliche Persönlichkeit in dieses Tier, da die Reaktion des Hundes auf Schmerz unserer eigenen sehr ähnelt. Bewusst oder unbewusst denkt man, es würde einem selber genauso weh tun, wenn einem ähnlich Schmerzhaftes zugefügt würde. Dies ist wiederum eine ich-bezogene Reaktion. Die Tierliebhaber regen sich aber auch auf und verurteilen z.B. die japanischen Fischer, die Delphine töten, um den eigenen Fischbestand zu retten. Wie würden sie wohl reagieren, wenn sie selbst ein Mitglied der Fischergemeinschaft wären und Frau und Kinder von ihrem Fischfang ernähren müssten?

Sicher bin auch ich dafür, dass die bedrohten Spezies gerettet werden sollen. Aber man wird die Fischer nicht so leichtfertig verurteilen können, die aus egoistischen Motiven Delphine töten, wenn einem bewusst wird, dass die eigene Tierliebe auch nur ein egoistisches Motiv ist und nicht etwa so altruistisch, wie man es sich vorgestellt hat.

Man wird dadurch toleranter. Die Rettung der bedrohten Tierarten würde sich letzten Endes auch als ein auf die Menschheit bezogenes, egoistisches Motiv erweisen, wenn ich diese Problematik genau so analysieren würde, wie die der Tierliebe und Tierquälerei. Aber dies will ich nicht tun, weil die Gedankengänge die gleichen sind. Stattdessen möchte ich jetzt ein anderes Thema angehen, das ich aber nur kurz erörtern werde.

1.11 Angst vor dem Tod?

Woher kommt diese tief im Menschen verwurzelte Angst? Eine Ursache ist sicherlich in der Entwicklungsgeschichte des Menschen zu suchen, die zweite liegt in unserer Erziehung.

In der langen Geschichte seiner Entwicklung hat der Mensch den gewaltsamen und schmerzhaften Tod früh kennengelernt. Die durchschnittliche Lebensdauer in den Anfangsstadien der menschlichen Entwicklung war im Vergleich zu heute sehr kurz. Der Mensch war noch nicht Herr der Natur, vielmehr war er ihr ausgeliefert. Der Tod erfolgte in der Regel im frühen Lebensalter, entweder durch entfesselte Naturkräfte, Raubtiere oder Krankheiten.

Alle diese Todesarten waren mit Schmerz und Pein verbunden. Die Begriffe Pein und Tod waren kaum zu trennen. Es war eben diese Angst vor dem schmerzhaften Tod, die dem Menschen geblieben ist, wenn auch die schmerzhaften Begleiterscheinungen des Todes später in den Hintergrund getreten sind.

Viel wichtiger erscheint mir aber der zweite Auslöser der Angst vor dem Tod, da er nach entsprechender Erkenntnis bekämpft werden kann. Die meisten Menschen glauben, dass sie nach dem Tod in irgendeiner Art und Weise weiterleben. Die Hinduisten glauben an die Wiedergeburt, die Christen an das Jüngste Gericht und die Unsterblichkeit der Seele. An der Schwelle des Todes stehend weiß der Mensch, dass es weiter geht, aber er weiß nicht, wie es weitergeht. Wie wird er beurteilt? Kommt er als Mensch wieder auf die Erde oder als Schlange? Kommt er in die Hölle oder wird er ewige Freude genießen? Ist sein Leben wirklich so fleckenlos gewesen, dass er in den Himmel kommen wird?

Es ist diese mit dem Tod verbundene Angst vor der ungewissen Zukunft, die in Angst vor dem Tod umgemünzt wird.

Bis jetzt gibt es keinen Grund zu der Annahme, dass der Mensch eine Seele hat und dass diese Seele nach dem Absterben in irgendeiner Form weiterlebt. Was wir Seele oder Geist nennen, ist nichts anderes als eine Eigenschaft der lebendigen menschlichen Materie.

Es gibt genügend Anhaltspunkte, die beweisen, dass diese Eigenschaft an die Gehirnstruktur gebunden ist. Wir alle wissen, dass durch eine Gehirnverletzung das Gedächtnis ausgelöscht werden kann.

Durch gewisse entzündliche Erkrankungen des Gehirns kann eine tugendhafte Person lasterhaft und durch Jodmangel ein kluges Kind zu einem Idioten werden. Im Tierexperiment konnte durch elektrische Reizung bestimmter Zentren im Gehirn Mutterliebe, aber auch Tobsucht erzeugt, abgeschwächt oder ausgeschaltet werden.

Angesichts solcher bekannter Tatsachen erscheint es kaum wahrscheinlich, dass der menschliche Geist die völlige Vernichtung der Gehirnstruktur, die beim Tod eintritt, überdauern kann. Wenn man dies erkennt, dann steht man, wenn man stirbt, nicht vor einer ungewissen Zukunft. Beruhigt und aufgeklärt stirbt man mit der Gewissheit, dass man den Endpunkt seines Daseins erreicht hat.

1.12   Strafen, die einen ereilen, wenn man ein Tabu gebrochen hat

Tabu-Moral: Ethische Richtlinien existieren in allen bekannten Gesellschaftsformen, natürlich auch in sehr primitiven. Einige Taten werden gelobt, andere verurteilt. Man glaubt allgemein, dass einige Tätigkeiten für die Gemeinschaft gut sind, andere wiederum genau das Gegenteil bedeuten. Einige dieser Gebote und Verbote könnten zum Teil rational erklärt werden, aber in Primitivgesellschaften überwiegen oft die auf Aberglauben basierenden Richtlinien.

Eine der Hauptquellen der primitiven Moral ist das Tabu. Einige Sachen sind mit *Mana* – einer besonderen, übernatürlichen Kraft bei einigen Völkern Ozeaniens, Afrikas,Südostasiens und Australiens – belegt, besonders die, die dem Häuptling der Gruppe oder dem Zauberer gehören. Man darf sie nicht anfassen, sonst wird man krank, vom bösen Geist besessen oder man fällt gar auf der Stelle tot um. Deswegen darf man einige Obst- und Fleischsorten essen, andere wiederum nicht. Aber auch in abrahamitischen Religionen ist Tabu-Moral in Form von „Sünde" festzustellen, z.B. im Islam Schweinefleisch zu essen, während im Christentum Fleischessen u.a. am Karfreitag mit einem Tabu belegt ist. Auch einige Individuen sind unrein, bis sie rituell gereinigt sind, wie z.B. die Frau während der Menstruation oder der Geburt. Es gibt ausgeklügelte Gesetze der Endogamie (Heirat innerhalb der eigenen Verwandtschaft), wodurch ein Großteil der männlichen Gruppenmitglieder die weiblichen Mitglieder der eigenen Gruppe nicht heiraten darf.

Alle diese Tabus würden, wenn sie gebrochen werden, Katastrophen für das Individuum, ja für die ganze Gemeinschaft bedeuten, die man nur vermeiden könnte, wenn man rasch gewisse reinigende Zeremonien durchführt oder Opfergaben darbringt.

Die Strafe, die einen ereilt, wenn man ein Tabu gebrochen hat, hat mit Gerechtigkeit nichts zu tun. Sie ist eher mit dem zu vergleichen, was einem passiert, wenn man ein Hochspannungskabel berührt.

Als David die Lade Gottes auf einem Karren transportierte, wollte Usa sie halten, damit sie nicht hinunterfällt. Obwohl er es gut gemeint hatte, wurde er dennoch getötet, als Strafe für seinen Mangel an Ehrfurcht vor der Lade Gottes.

Die Moral, die aus einem Tabu abgeleitet wird, ist in der zivilisierten Welt häufiger anzutreffen, als man glaubt.

Pythagoras verbot Bohnen, Hindus sind schon bei dem Gedanken an den Verzehr von Rindfleisch erschüttert, orthodoxe Juden und Moslems glauben, Schweinefleisch sei unrein. St. Augustin, der päpstliche Missionar für Britannien, schrieb an Papst Gregor, um sich zu erkundigen, ob die Leute die Kirche besuchen dürften, wenn sie die Nacht zuvor Geschlechtsverkehr gehabt hätten. Der Papst schrieb zurück, sie dürften die Kirche nur dann betreten, wenn sie vorher eine zeremonielle Waschung durchführten. In Connecticut gab es ein Gesetz, das erklärte, am Sonntag dürfe man die eigene Frau nicht küssen. Im Jahre 1916 schrieb ein schottischer Theologe einen Brief an die Zeitung, in dem er meinte, die Engländer hätten keinen Erfolg gegen die Deutschen, weil die Regierung es erlaube, sonntags Kartoffeln zu pflanzen.

Das beste Beispiel für heute noch existierende Tabus sind die verschiedenen Gesetze und Regeln, die Endogamie verbieten. In der griechischen Kirche dürfen die Paten eines Kindes nicht heiraten. Die meisten Formen von Inzucht werden mit einem Horror betrachtet, der in keinem Verhältnis zu dem Schaden steht, der durch Inzucht entstehen könnte.

Einen Vorteil hat die auf Tabus basierende Moral sicherlich. Psychologisch ist sie leichter durchzusetzen als eine rationale Ethik, da die Furcht vor sofortigen Sanktionen aufgrund von *sich selbst erfüllenden Prophezeiungen* oft genug schreckliche Bilder heraufbeschwört.

Es können zwar zusammen mit dem Verbot des Genusses von Rindfleisch auch echte ethische Gesetze wie z.B. das Verbot von Mord durchgesetzt werden, aber die Nachteile einer traditionellen Tabu-Moralität sind gewichtiger.

Der erste Nachteil: In der jetzigen Gesellschaft, in der wissenschaftliches Denken und Erziehung zu Selbstbewusstsein eine große Rolle spielen, ist es schwer, Respekt vor etwas zu erzeugen, nur weil es Tradition ist, ohne dabei in Kauf zu nehmen, die Fähigkeit zum unbeeinflussten und unabhängigen Denken zu zerstören. Eine Gesellschaft, in der das unabhängige Denken unterdrückt wird, lebt ungesund. Deshalb wird eine blinde Einhaltung von Traditionen heute auch weitgehend abgelehnt.

Der zweite Nachteil: Wenn die moralische Erziehung nur darauf ausgelegt war, Tabus durchzusetzen, dann ist die Wahrscheinlichkeit sehr groß, dass jemand, sobald er ein Tabu gebrochen hat, auch die anderen Verbote über Bord werfen wird. Wenn man gelernt hat, dass alle zehn Gebote gleich bindend sind und bricht dann eines davon, würde man eher dazu neigen, die anderen auch als nicht bindend zu betrachten.

Der dritte Nachteil: Aus der Tabu-Moralität, die im Mittelalter bekanntlich stark ausgeprägt war, resultierte oft eine rigorose Verfolgung Andersdenkender, z. B. in der Inquisition.

In Exodus XXII lesen wir: *Die Zauberinnen sollst du nicht am Leben lassen.* Als Ergebnis dessen wurden alleine in Deutschland zwischen 1450 und 1550 über hunderttausend *Hexen* umgebracht, in Mitteleuropa insgesamt 9 Millionen.

Die Tabu-Elemente in der konventionellen Moral sind heute, nach der Aufklärung, nicht mehr so stark wie noch vor 300 Jahren, da der Mensch seit der Anwendung der wissenschaftlichen Denkweise – etwa seit Newton – zivilisierter geworden ist. Aber es sind immer noch Tabus zu finden, die nach wie vor relevant sind, wie der Widerstand der Kirche gegen Geburtenkontrolle, um nur eines zu nennen.

Als der Mensch in seiner Entwicklungsgeschichte weiter fortschritt, war er mit der Tabu-Moral nicht mehr zufrieden. Ins Spiel kam eine Autoritätsmoral. Man sollte etwas tun, weil es die höchste Autorität, nämlich Gott, so will. Das spezifische Charakteristikum dieser Moral ist die Unterwerfung unter den Willen Gottes.

1.12   Das Gewissen – eine unzuverlässige Quelle?

Viele, die seitdem erkannt haben, dass eine Autoritätsethik heute nicht mehr zeitgemäß ist, haben mittlerweile eine neue Quelle der Moral entdeckt. Das Gewissen bzw. die innere Stimme. Ich handle so, wie es mir mein Gewissen vorschreibt.

Bei näherer Analyse entpuppt sich das Gewissen allerdings als unzuverlässige Quelle, wenn wir daraus allgemeine Richtlinien für das ethische Handeln ableiten wollen. Das Gewissen des Einzelnen wird von seiner Erziehung geprägt.

Es hat daher in verschiedenen Gesellschaftsformen unterschiedliche, zum Teil auch gegensätzliche Inhalte. So würde ein orthodoxer Christ Gewissensbisse bekommen, wenn er Menschenfleisch essen würde. Ein Kannibale würde sich darüber sicherlich keine Gedanken machen.

Aber selbst in ein und derselben Gemeinschaft kann das Gewissen der einzelnen Mitglieder verschieden sein. Sogar in einem kleinen Dorf werden nicht alle Gewissensbisse bekommen, wenn sie sonntags nicht die Kirche besuchen.

1.13   Drei Arten von Ethik – und die Sünde?

Wir haben bisher drei Arten der Ethik behandelt, die in der Geschichte und in der Gegenwart hinsichtlich ihrer Bedeutung und Ausbreitung einen unterschiedlichen Stellenwert einnehmen: die heteronome (religiöse), die marxistische und die autonome Ethik.

In jeder einzelnen geschichtlichen Phase herrschten unterschiedliche Auffassungen, und alle behaupteten, das Recht auf ihrer Seite zu haben.

Ich habe im Kapitel *Kritik der religiösen Ethik* die Grundgebote des Judentums, des Buddhismus, des Islam und der Papua erwähnt, um zu beweisen, wie unterschiedlich die Auffassungen sind, und das nicht nur in unwesentlichen Details, sondern auch bei den wichtigen Fragen.

Und trotzdem behaupten alle von sich, recht zu haben. Bei der auf Tabus und Aberglauben basierenden Ethik ist es auch nicht anders. Ich habe einige Sätze herausgepickt, um das zu beweisen.

- Schweinefleisch zu essen – ist Sünde.
- Rindfleisch zu essen – ist Sünde.
- Menschenfleisch zu essen – ist Sünde.
- Überhaupt Fleisch zu essen – ist Sünde.
- Am Sonntag zu arbeiten – ist Sünde.
- Am Samstag zu arbeiten – ist Sünde.
- Am Freitag zu arbeiten – ist Sünde.
- Wenn zwei Paten eines Kindes heiraten – ist es Sünde.

- Es ist Sünde, wenn einer die Schwester seiner verstorbenen Frau heiratet.
- Es ist Pflicht, die Schwester seiner verstorbenen Frau zu heiraten.
- Homosexualität – ist Sünde.
- Die Homosexualität ist die Verfeinerung der Sexualität.

Alle diese unterschiedlichen Überzeugungen sind krampfhaft von einer oder mehreren der großen zivilisierten Gemeinschaften hochgehalten und verteidigt worden. Und alle behaupten, recht zu haben. Bei den Religionen, die vieles aus der Tabu-Ethik in ihre Lehre inkorporiert haben, und bei der Gewissensethik ist es auch nicht anders.

Wenn mehrere Morallehren, die sehr unterschiedlich sind, behaupten, recht zu haben, dann kann aus Gründen der Logik höchstens eine richtig sein.

Man kann nur dann zu einer Analyse und einem Ergebnis kommen, wenn man seinen Verstand voll einsetzt.

Die erwähnten Ethiken widersetzen sich einer auf Verstand basierenden Analyse, da sie selbst aus Überzeugungen entstanden sind. Richtiger wäre es, wenn man unter vollem Einsatz des Verstandes eine wissenschaftliche Ethik entwickelte. Nur sie kann eine gewisse Allgemeingültigkeit haben, da sie dem Verstand zugänglich ist.

Naturgemäß wird eine wissenschaftliche Ethik bei anderen, besonders bei Lehren der Autoritätsethik, die nicht auf Verstand beruhen, auf Widerstand stoßen. Hier ist ihr häufigstes Gegenargument: *Mir ist der bloße Verstand zu wenig. Ich bin beim Verstand nicht stehengeblieben. Mir ist der Verstand zu kalt, zum Menschsein gehört etwas mehr.*

Damit soll impliziert werden, dass diejenigen, die ihren Verstand gebrauchen, gefühlskalte Menschen sind und keine Emotionen haben. Darin sind viele Kurzschlüsse enthalten, die eine emotional argumentierende Person gar nicht wahrnehmen möchte.

1.14 Mit Emotionen werden Ziele gesetzt – Mit dem Verstand sollen sie erreicht werden?

Emotion und Verstand sind keine Gegensätze, sondern komplementäre Faktoren. Mit Emotionen werden Ziele gesetzt, mit dem Verstand können sie erreicht werden.

Sie mögen vielleicht Sonne und Strand im Urlaub. Diese Einstellung liegt im emotionalen Bereich. Um dieses Ziel zu erreichen, nimmt man seinen Verstand zu Hilfe.

Sie fragen sich: Wo gibt es mehr Sonnenschein und wie komme ich da hin? Wann muss ich starten, um da morgen früh anzukommen?

Man geht planmäßig und mit Verstand an die Sache heran, um das gewünschte Ziel zu erreichen. Man kann aber auch eine rein emotionale Haltung einnehmen; sich auf dem Sofa zurücklehnen oder im Zimmer herumtoben und sich voller Emotionen sagen: *Hm, ich mag Sonnenschein, herrlichen Sonnenschein und liege gern im Badeanzug am Strand, herrlich!*

Das wäre zwar eine schöne Vorstellung, führt aber nicht zum Ziel. In meiner wissenschaftlichen Ethik gehört das Streben nach Glück dem emotionalen Bereich an.

Um dieses Ziel zu erreichen, müssen wir mit Vernunft, logisch und wissenschaftlich vorgehen. Darauf habe ich meine Ethik aufgebaut. Den Verstand verneinende, vernebelnde Einstellungen haben hier nichts zu suchen, wenn wir ein Ziel erreichen wollen.

Stellen Sie sich eine Gesellschaft vor, in der alle Menschen eine Krücke zu Hilfe nehmen, um zu gehen, weil ihnen von Kindheit an beigebracht worden ist, zwei Beine seien zu wenig zum Gehen.

Nehmen sie nun so einem Mann die Krücke weg. Er wird dann schon merken, dass man mit zwei Beinen (und unter Einsatz des Verstandes) das Problem des Gehens noch besser lösen kann.

Der zweite Einwand: *Ich bin beim Verstand nicht stehengeblieben.*

Das ist nicht nur eine hochmütige Behauptung gegenüber jedem, der Ethik mit Verstand behandelt, sondern auch eine unrichtige.

Die Grundlage der Autoritätsethik ist die Existenz Gottes. Wenn Sie jedoch die Frage stellen, ob es Anhaltspunkte dafür gibt, dass eine solche übernatürliche Kraft aktiv ins zwischenmenschliche Leben eingreift, werden Sie nie eine klare Antwort bekommen. Im Zuge des Rückzugsgefechts wird es dann heißen, Gott sei mit dem bloßen Verstand nicht erfassbar.

Das heißt nichts anderes, als dass zur Klärung dieser Frage der Verstand erst gar nicht notwendig ist. Wenn man den Verstand gar nicht erst einsetzt, kann man auch nicht bei ihm stehenbleiben!

Richtige Fragen? Richtige Antworten? Die Frage nach dem Sinn des Lebens hat die Menschheit und vor allem die Religionen und die Philosophie seit Jahrtausenden beschäftigt. Man mag einwenden, Überlegungen in dieser Richtung seien sinnlos, weil tausend andere sich dieselbe Frage gestellt haben, ohne jemals eine eindeutige Antwort gefunden zu haben.

1.15 Muss es etwas auf Dauer geben, nur weil es das bisher immer gegeben hat?

Diese Frage weist einen Fehler in der Logik auf. Es ist der gleiche Fehler wie in der Behauptung, Krieg habe es immer gegeben und werde es immer geben. Muss es etwas immer geben, nur weil es das bisher immer gegeben hat?

Man braucht sich doch nur die Geschichte der Menschheit kurz anzuschauen. Sie strotzt geradezu von Gegenbeweisen. Unsere Vorfahren, die Urmenschen, haben Jahrtausende lang rohes Fleisch gegessen, bis sie schließlich das Feuer zähmten.

In Europa haben die Pocken die Bevölkerung dezimiert, bis man einen wirksamen Impfstoff herstellte. Überhaupt sind wir heute nicht mehr die Urmenschen, gerade weil sich resignative Gedankengänge nicht durchsetzen konnten, wie *Es war immer so und es wird immer so sein!*

Und so ist kein Grund vorhanden, nicht nach dem Sinn des Lebens zu fragen, bloß weil man der Meinung ist, dass bisher keine befriedigende Antwort darauf gegeben worden ist. Eine Antwort wird man nur dann finden, wenn man beständig weiterfragt und nicht aufgibt.

2. Gibt es einen wirklichen Grund, nach dem Sinn des Lebens zu forschen?

Die Philosophen haben Schwierigkeiten gehabt, eine Antwort auf diese Frage zu finden, weil sie meiner Ansicht nach die Frage nicht richtig gestellt haben. Um eine richtige Antwort zu bekommen, muss man die richtige Frage stellen. Mit einer richtigen Frage hat man die halbe Antwort schon bekommen. Das Eigenartige, das ich in dieser Situation feststellte, war, dass ich erst, als ich mir weitere Fragen stellte und Antworten darauf bekam, die erste Frage überhaupt beantworten konnte.

2.1 Zwei Hauptfragen zum Sinn des Lebens

Ich stellte mir u.a. zwei Hauptfragen zum Sinn des Lebens. Die erste Frage lautete: Was ist das Leitmotiv allen menschlichen Tuns? Und die zweite Frage: Was ist der ethische Imperativ, und vor allem worauf soll er basieren? Anders ausgedrückt: Weshalb muss man sich ethisch verhalten? Oder noch einfacher: Weshalb muss man gut sein?

Die Antworten auf diese Fragen und ihre praktischen Konsequenzen habe ich relativ ausführlich behandelt. Aufgrund dieses Materials wollen wir nun versuchen, die Antwort auf die Frage nach dem Sinn des Lebens zu konstruieren.

Worin liegen die Schwierigkeiten in der Beantwortung dieser Frage? Bevor man die Frage beantworten kann, sind einige Überlegungen notwendig. Was kann man darunter verstehen, wenn man vom *Sinn des Lebens* spricht? Es sind drei verschiedene Deutungen möglich.

2.2. Drei Deutungen, wenn man vom Sinn des Lebens spricht

* Man sieht den Sinn des Lebens als einen übergeordneten Zweck der Eigenschaft *Leben* überhaupt (im Gegensatz zur toten Materie).
* Man sieht ihn als einen übergeordneten Zweck hinter dem Dasein der Gattung *Homo sapiens* oder der Menschheit.
* Man betrachtet ihn als den Sinn oder Zweck des Lebens eines Individuums vom Standpunkt desselben Individuums aus gesehen.

Behandeln wir zunächst die ersten beiden Deutungen zusammen, da sie etwas gemeinsam haben, und zwar die Annahme, dass hinter unserem Dasein irgendein kosmischer Zweck steckt, ein Zweck, den zu erkennen wir kaum fähig sind.

Wo kommt der Mensch her? Wo geht er hin? Was für ein Zweck steckt dahinter? Da hat die Fantasie freien Lauf. Die Philosophen haben ganze Bibliotheken damit gefüllt, zu ergründen, welcher übergeordnete Wille hinter unserem Dasein stehen könnte.

Aber eine wichtige Frage, die vorher gestellt werden sollte, haben die meisten unterlassen, und zwar:

Muss überhaupt ein kosmischer Wille hinter unserem Dasein stecken? Liegen irgendwelche Beweise dafür vor?

Es gibt natürlich auch keine Gegenbeweise dafür. Eine Behauptung bleibt aber eine Hypothese, solange keine Beweise dafür vorhanden sind.

Ist es aber vernünftig, sein Leben, sein Handeln nach einer Hypothese zu richten, die nicht einmal beweisbar ist? Wenn ja, nach welcher Hypothese? Denn es gibt so viele von ihnen auf dieser Welt und man kann sich hundert verschiedene dazu ausdenken. Lassen Sie mich zur besseren Veranschaulichung einige davon anführen.

2.2.1 Fünf Hypothesen

Erste Hypothese: Wir wollen uns vorstellen, dass diese Welt, das Leben und die Menschen von einer kosmischen Kraft für ihre eigenen Zwecke geschaffen wurde, Zwecke, die wir nicht kennen.

Diese kosmische Kraft kann Gottvater, Brahma oder Kirinkuru genannt werden, je nachdem, wo wir leben, in Europa, Indien oder Australien. Diese Kraft regelt unser Dasein für ihre eigenen Zwecke, wie ein Marionettenspieler.

Zweite Hypothese: Der Kosmos ist von zwei Kräften durchtränkt. Die eine ist die gute, die andere die böse Kraft. Diese beiden Kräfte regeln das Zusammenleben der Menschen. Abwechselnd überwiegt die eine oder die andere.

Dritte Hypothese: Ein Planet im Pferdekopfnebel, der viel, viel älter als unsere Erde ist, hat eine Rasse hervorgebracht, die sehr viel älter ist als die des *Homo sapiens*. Diese Rasse ist uns durch eine Eigenschaft überlegen, die mit unserem Verstand nicht zu erfassen ist. Sie ist uns überlegen, genauso wie wir den Tieren durch die Eigenschaft des Verstandes überlegen sind, die diese wiederum mit ihren begrenzten nervlichen Möglichkeiten wie z.b. dem Instinkt oder den Reflexen, nicht erfassen können.

Vielleicht sind sie uns sogar in der Art und Weise überlegen, wie wir der toten Materie durch die Eigenschaft *Leben* überlegen sind. Jedenfalls kennen wir den Zweck unseres Daseins nicht.

Genauso wenig wie die Mäuse oder Bakterienkolonien in einem pharmazeutischen Labor wissen, warum der Forscher sie am Leben erhält. *Was weiß die Maus schon davon, ob sie oder ihre Nachkommen eines Tages seziert werden. Was wissen die Bakterienkolonien davon, ob sie eines Tages als biologische Bombe eingesetzt werden.*

Und so wissen wir also auch nicht, was diese überlegene Rasse aus dem Pferdekopfhebel, vom Sirius, oder woher auch immer, mit uns vorhat.

Wegen irgendeines Zweckes züchtet sie uns. Sie braucht uns. Deswegen schickt sie jedes Mal, wenn diese Kolonie durcheinander gerät, einen Agenten, der je nach der gerade herrschenden Gesellschaftsform die Gestalt eines Gottes, eines Propheten oder eines Urahnen einnimmt.

Er droht dann denen, die der Gesellschaft schaden, mit Höllenqualen und verspricht den Guten die Freuden des Lebens im Himmel des Pferdekopfnebels. Er verlässt uns, sobald die Ordnung wieder hergestellt ist, und er verspricht uns, wiederzukommen, wenn die Gesellschaft wieder auseinanderzufallen droht. Dann wird eines Tages die menschliche Rasse von dieser uns derart überlegenen Rasse für ihren Zweck eingesetzt und wir könnten dann sogar glauben, dies sei überhaupt der Zweck unserer Existenz.

Vierte Hypothese: Es existiert eine hochentwickelte technologische Kultur mit unvorstellbarer elektronischer Computertechnik. Eine Firma bekam einen Auftrag, den möglichen Einfluss verschiedener Genussmittel auf eine Gesellschaft zu bestimmen. Der Wissenschaftler konstruierte in der riesigen Computeranlage Millionen elektronischer Einheiten und fütterte alle diese Einheiten mit einem Satz falscher Gedächtnisse, Erinnerungen, Programme, etc.

So entstanden Millionen von unterschiedlichen, auf Spezialmaterial gespeicherten, elektromagnetischen Persönlichkeiten.

Mittels Spezialapparatur konnte der Wissenschaftler dann diese Persönlichkeiten auch optisch darstellen, da die äußeren Charakteristika der Personen ebenfalls eingegeben waren. In dieser Scheinwelt setzte er dann verschiedene Drogen, psychologische Impulse etc. ein, um deren Wirkung zu beobachten.

Unbequeme Einheiten wurden ausgelöscht und die kranken geheilt – was von den restlichen Einheiten als Wunder aufgenommen wurde – damit keine Störungen auftraten.

Der Wissenschaftler aber gewann seine Maschinenwelt lieb und konnte sie nicht wieder auslöschen. Diese Scheinwelt der elektromagnetischen Einheiten sind wir.

Unsere Existenz ist nur von der Gnade dieses Wissenschaftlers abhängig, nicht von unseren Taten – ob sie gut oder schlecht sind, spielt keine Rolle. Huldigt ihm und zeigt ihm eure Liebe, damit er uns nicht auslöscht.

Fünfte Hypothese: Die Erde ist das Ei eines mächtigen Weltraumvogels, der seine Eier in der gemäßigten Wärmezone um die Sonne herum zum Ausbrüten legt. Zur Tarnung und zum Schutz des Eis legte er auf der Oberfläche eine Pilz- und Ungezieferkultur in Form von Vegetation und Tieren, einschließlich des Homo sapiens, an.

Dabei blieben so viele Fragen offen. Warum ist das Innere des Eis so heiß? Kann ein Embryo darin überhaupt existieren? Diese Fragen vermögen wir nicht zu beantworten. Die Wege des großen Weltraumvogels sind sonderbar. Uns armen Kreaturen ist es nicht gegeben, sie zu ergründen.

So könnte man unendlich viele Hypothesen über den Zweck unseres

Daseins formulieren. Es gibt weder Beweise noch Gegenbeweise für all diese Hypothesen. Nach welcher Hypothese wollen Sie Ihr Handeln richten, wenn alle unbeweisbar sind? Ist es überhaupt vernünftig, sein Handeln nach Hypothesen zu richten, die nicht beweisbar sind?

2.3 Ist es vernünftig, unser Handeln nach beweisbaren Tatsachen auszurichten?

Aus dem Urmenschen ist deshalb der moderne Mensch geworden, weil er sein Handeln auf wissenschaftliche Errungenschaften gegründet hat. Der moderne Mensch richtet sein Handeln nach wissenschaftlich beweisbaren Tatsachen, praktisch bei jedem Handgriff, den er tut, auch wenn er sich dessen nicht bewusst sein sollte.

Wenn er einen Fernsehapparat einschaltet und Bild und Ton erwartet, so hat er seine positive Haltung gegenüber einem Heer von Wissenschaftlern, die aufgrund beweisbarer Tatsachen das Fernsehgerät konstruiert haben, kundgetan.

Es ist vernünftig, unser Handeln nach beweisbaren Tatsachen zu richten. Es ist jedoch unvernünftig, unser Handeln nach Hypothesen zu richten, für die es keine Beweise gibt und die auch nicht beweisbar sind.

Für die Hypothese, dass hinter dem Leben ein übergeordneter kosmischer Zweck – in welcher Form auch immer – zu vermuten ist, gibt es keine Beweise, infolgedessen bleibt sie weiterhin nur eine der vielen Hypothesen, und man kann sein Handeln nicht danach richten.

Für eine ethische Theorie sind damit die ersten beiden Fragen nicht relevant. Wenn einer daran glaubt, darüber meditiert und damit glücklich ist, schön und gut. Aber er ist falsch beraten, wenn er sein Handeln danach richtet, und vor allem wenn er verlangt, dass auch alle anderen ihr Handeln danach richten sollen.

2.4. Das Beste aus dem Leben machen! Aber wie?

Damit verlassen wir den ersten, mystischen Fragenkomplex und überlassen ihn den spekulierenden Philosophen, Esoterik- und Religionsanhängern, die ihr Dasein mit der Interpretation der Welt verbringen, und wenden unser Augenmerk der konkreten und praxisnahen Frage zu, die ein Individuum sich in diesem Zusammenhang stellen muss.

Es geht um den Sinn oder Zweck des Lebens eines Individuums, vom Standpunkt des Individuums aus betrachtet.

Diese Frage kann im täglichen Leben verschiedene Formen annehmen. Haben Sie sich z.b. manchmal gefragt: *Wozu lebe ich eigentlich? Wozu das Geld verdienen? Wozu die Kinder aufziehen? Wozu das Fernsehen? Wozu Bücher lesen?*

Dies sind die Fragen nach dem Sinn Ihres Lebens überhaupt. Und die Antwort? Nachdem wir den überirdischen und spekulativen Komponenten die Grundlage entzogen haben, ist die Antwort ganz simpel. Sie lautet: *Wir sind nun einmal auf dieser Welt; das ist eine Tatsache. Gestalten wir unser Leben so angenehm wie möglich. Machen wir das Beste daraus! Wir haben nur ein Leben für das Glück. Wir sind nicht mehr und nicht weniger, als das derzeitige Endprodukt unserer Gattung in der Geschichte der Evolution, genauso wie es auch die anderen Lebewesen, die Schimpansen, Regenwürmer und Kastanienbäume sind.*

Die Evolution ist aber noch nicht abgeschlossen. In ein paar Millionen Jahren gibt es die Gattung des Homo sapiens vielleicht nicht mehr. Ein neues Wesen ist uns möglicherweise in einem oder mehreren Aspekten so überlegen wie wir dem Peking-Menschen oder dem Neandertaler.

Vielleicht machen wir einem anderen Wesen Platz, das uns geistig ähnlich überlegen ist wie wir den Tieren.

In der Geschichte der Evolution sind wir nur ein vorübergehender

Schwerpunkt, wie es die großen Reptilien und Saurier einst waren, die die Welt Millionen Jahre lang beherrschten. Da gibt es keinen Grund anzunehmen, dass gerade der Homo sapiens etwas Besonderes oder für einen besonderen Zweck erschaffen worden sei.

2.5 Was sind wir überhaupt, gemessen an der Geschichte der Erde und der Geschichte des Lebens auf der Erde?

Um uns selbst unserer bescheidenen Rolle bewusst zu werden, ist es ratsam, uns den kosmischen Standpunkt, sowohl in geschichtlicher als auch in topographischer Hinsicht, zu vergegenwärtigen. Was sind wir denn überhaupt, gemessen an der Geschichte der Erde, der Geschichte des Lebens auf der Erde?

Wenn wir die Dauer der Menschheitsgeschichte mit einem Tag vergleichen, erscheint der Mensch eine Minute vor der letzten Stunde auf der Weltbühne.

Was ist der Mensch überhaupt angesichts der unfassbaren Herrlichkeit des Kosmos? Man kommt sich als Mensch winzig klein vor, wenn man vor einem großen Bergmassiv steht.

Dieses große Bergmassiv ist aber seinerseits nicht mehr als eine winzig kleine Erhebung der Erdkruste. Diese Erde selbst ist nur ein Punkt vor dem Hintergrund der Sonne. Die Sonne wiederum ist ein unbedeutender Stern am Rande eines Spiralarms einer jungen, kleinen Galaxie. Und es schwirren Milliarden von solchen Galaxien in schier unvorstellbarer Entfernung voneinander umher, wo möglicherweise die Gesetze von Raum und Zeit, Ursache und Wirkung aufgehoben sind.

Es gibt Phänomene in diesem Kosmos, die unser bescheidener Verstand kaum zu verdauen vermag. So handelt es sich beispielsweise bei den schwarzen Löchern im All um eine unvorstellbar schwere Materie.

Sie wiegt 100.000 bis 17 Milliarden Tonnen pro Kubikzentimeter! Sie ist so schwer, dass nicht einmal Licht, das bekanntlich auch eine Form von Materie ist, der Gravitationskraft dieser Materie entfliehen kann.

Da gibt es nach der Wahrscheinlichkeitsrechnung Milliarden der Erde ähnliche Planeten, die viel älter sind als die Erde. Diese dürften organische und anorganische Wesen beherbergen, die älter und reifer als unsere junge menschliche Rasse sind. Verglichen mit ihnen befinden wir uns vielleicht noch im Mutterleib der Entwicklungsgeschichte. Angesichts dieses Kosmos' sind wir völlig unbedeutend.

Und da maßt sich der Mensch, der im kosmischen Geschehen nur eine vorübergehende Erscheinung ist, an, eine besondere Bedeutung zu haben!

Anstatt bescheiden zu sein, stellt er sich vor, Mittelpunkt dieses Kosmos' zu sein. Als Ausdruck der Eitelkeit erfindet er einen Schöpfer, dessen Lieblingswesen er sei. Weil er so wichtig und bedeutend ist, kann er sich nicht vorstellen, dass seine wichtige Rolle mit seinem Tod beendet sein soll. Also erfindet er das Leben nach dem Tod. Es gibt Hunderte solcher Fantasieprodukte. Das muss man dem *Homo sapiens* lassen, auf dem Gebiet der Fantasie hat er sich mächtig hervorgetan!

Für all diese Fantasieprodukte gibt es weder Beweise noch sind sie irgendwie beweisbar. Bleiben wir also lieber auf dem Boden der Realität und seien wir ohne all das glücklich!

2.6 Solange ich lebe, bin ich, und wenn ich tot bin, bin ich nicht mehr

Die Realität ist: Solange ich lebe, bin ich, und wenn ich tot bin, bin ich nicht mehr. Das gilt nicht nur für den Homo sapiens, sondern für alle Lebewesen einschließlich der Schimpansen, Regenwürmer und Kastanienbäume.

Diese Bescheidenheit wird uns zu einem ausgeglichenen und glücklichen Lebensstil befähigen. Sie wird uns von den Ängsten und Hoffnungen bezüglich eines imaginären Lebens nach dem Tod, von den Ängsten vor Strafen und von der Hoffnung auf ein Glück nach dem Tode befreien.

Das Glück liegt aber nicht in der imaginären Welt jenseits des Todes. Nein, das Glück liegt diesseits des Todes, hier auf der Erde, in unserer reellen Existenz auf der Erde. Ergreifen Sie es und genießen Sie es! Das ist der Sinn des Lebens. Man muss sich nicht durch die Vorstellung unnötig unglücklich machen, der Mensch sei ein elender Sünder, böse und er werde immer wieder durch irgendwelche übernatürlichen Kräfte bestraft, hier und nach dem Tod. Es ist menschenunwürdig, sich als elender Sünder zu bezeichnen und kniend um ewige Gnade zu bitten.

Nein! Erhobenen Hauptes wollen wir das wahrnehmen, was uns von unserer Entwicklungsgeschichte und der Evolution mitgegeben worden ist: Verlangen nach Glück.

Den Weg, dies zu erreichen, habe ich versucht, in den vorangegangenen Kapiteln zu zeigen. Der eine Weg liegt im individual-psychologischen Bereich und der zweite in der wissenschaftlich-ethischen Verhaltenstheorie, die in dem einfachen Satz gipfelt: *Um glücklich zu sein, muss man gut sein.*

2.7 Welches ist das höchste Gut? Die Pflicht oder das Glück?

Gestatten Sie mir noch ein paar abschließende Bemerkungen. Die Menschen leben seit Jahrtausenden in Gemeinschaften zusammen; dementsprechend hat man sich immer wieder Gedanken über das richtige Verhalten in einer Gemeinschaft gemacht.

Generell liegt ihnen die Überzeugung zugrunde, dass die Interessen anderer Personen in unseren Handlungen in irgendeiner Weise zu berücksichtigen sind. Diese Gedanken sind in der Regel begleitet von weiteren Überlegungen über den Wert und die Wichtigkeit der menschlichen Interessen, wobei vom einen dieses und von einem anderen jenes Interesse in den Vordergrund gestellt und als das erstrebenswerte, das höchste Gut bezeichnet wird.

Dabei teilen sich die Philosophen in zwei große Lager. Für die einen ist die Pflicht das höchste Gut, für die anderen das Glück. So sind z.B. Kant und Hegel Verfechter der ersten Denkrichtung, während die Hedonisten und die Epikureer das Glück in den Vordergrund stellen.

Man sieht also, viele der Gedanken, die in der These vorgestellt wurden, sind in der einen oder der anderen Form bereits gedacht worden, aber mit zwei entscheidenden Unterschieden. Das individuelle Streben nach Glück und die gesellschaftliche Pflicht wurden von den unterschiedlichen Schulen als Gegensätze behandelt.

So waren Kant und Hegel sich einig in ihrer frostigen Haltung zum Individuum und dessen Glück, während die Hedonisten und die Epikureer persönliches Glück so weit in den Vordergrund stellten, dass ihnen später eine asoziale Philosophie nachgesagt wurde. Dabei sei bemerkt, dass in der reinen epikureischen Lehre kaum wirklich *asoziale* Elemente zu finden sind.

Der zweite Unterschied liegt darin, dass von den Anhängern der Glückstheorie das Streben nach Glück als eine Überzeugung, als ein Imperativ geäußert wird. Eine wissenschaftliche Beweisführung wird erst gar nicht angestrebt.

In ähnlicher Weise verfahren auch die Vertreter der Pflichtschule. Auch Kant konnte, nachdem er Moral und Glück rigoros auseinandergerissen hatte, beide völlig unwissenschaftlich mit Hilfe des Gottesbegriffes zusammenbringen.

So schreibt er: *Der Glückseligkeit bedürftig, ihrer auch würdig, den-*

noch aber derselben nicht teilhaftig zu sein, kann mit dem vollkomme-
nen Wollen eines vernünftigen Wesens, welches zugleich alle Gewalt
hätte, wenn wir uns auch ein solches zum Versuche denken, gar nicht
bestehen.

Kurz und bündig und unphilosophisch gesagt: Gott belohnt irgendwann einmal den Pflichtgetreuen, indem er ihn obendrein noch glücklich macht.

Kants kategorischer Imperativ lautet: *Handle so, als ob die Maxime*
deiner Handlung durch deinen Willen zum allgemeinen Naturgesetz
werden sollte. Warum, das wird von Kant leider nicht beantwortet.

Ich habe versucht, in meiner These den ersten Punkt durch empirische Beweisführung als wissenschaftliches Substrat zu etablieren. Darauf habe ich dann eine These aufgebaut, die besagt, dass das Streben
nach persönlichem Glück und moralisches Verhalten in einer Gemeinschaft keine Gegensätze sind, sondern integrale Bestandteile einer einzigen ethischen These und sich deshalb ergänzen.

Der negative Nachgeschmack, der dem Wort Egoismus – denn das
Streben nach persönlichem Glück ist ein egoistisches Motiv – angehef-
tet worden ist, muss abgestreift werden. Man muss beim Egoismus
zwei Richtungen unterscheiden: *rücksichtslosen Egoismus* und *altruis-*
tischen Egoismus.

Rücksichtsloser Egoismus heißt, aus persönlichen Interessen ohne
Rücksicht auf die Gesellschaft zu handeln, und *altruistischer Ego-*
ismus bedeutet egoistisches Handeln, das sich im Einklang mit dem
gesellschaftlichen Interesse befindet.

Die Feststellung, dass jeder Mensch egoistisch ist und *egoistisch*
nicht gleichbedeutend mit *schlecht* ist, könnte manchen Menschen von
etlichen Gewissensbissen befreien, die ihm in seiner bisherigen Erziehung eingepflanzt worden sind.

So schreibt Bertrand Russell in seinem Brief an Professor Aiken,
als er sein Buch über Ethik verfasste: (...) *an einem heftigen Konflikt*

zwischen dem, was ich fühlte und dem, was ich mich zu glauben zwang.

Anscheinend hatte er das Gefühl, dass das Bedürfnis nach egoistischem Handeln ein Widerspruch zum ethischen Verhalten sei. Wenn er erkannt hätte, dass hierin kein Widerspruch liegt, dann hätte er diese Gewissensbisse sicherlich nicht gehabt.

Moralische Lehren sind von verschiedenen Weltanschauungen und Religionen in die Welt gesetzt worden. Diese haben ihre positive Wirkung in der jeweiligen gesellschaftlichen Situation gehabt und müssen entsprechend positiv gewürdigt werden.

Aber diese Morallehren hatten kein wissenschaftliches Fundament. Begründet wurden sie immer mit dem Fingerzeig auf eine höchste Autorität wie z.B. Gott. Deswegen konnten den eigentlichen Morallehren so viele gesellschaftlich unsinnige Verordnungen beigemengt werden, ohne dass sie begründet zu werden brauchten.

Die Funktion meiner auf einer wissenschaftlichen Basis fußenden These ist nun, die Spreu vom Weizen zu trennen, damit wir klarere, eindeutigere Entscheidungen treffen können, um nicht in einen unnötigen Zwiespalt zu geraten. Ich hoffe, dass ich mit meiner hier vorgestellten These einen Beitrag in diese Richtung geleistet habe.

(Rolf Kaufmann)

Ein Leben für die Aufklärung: Prof. Dr. med. Vallabhbhai Patel, Arzt, Urologe, Philosoph und Kunstschaffender

Vallabh Patel ist am 6. Februar 1934 in einem Dorf mit etwa 150 Einwohnern in Indien geboren. Im vierten Lebensjahr wurde er eingeschult und übersprang danach zweimal eine Klasse. Deswegen machte er bereits mit vierzehn Jahren Abitur. Bereits im Alter von acht Jahren hatte er Mathematik, Algebra und Trigonometrie in der Schule unterrichtet. Er war neunzehn Jahre jung, als er das Diplom für Zoologie erwarb. Danach arbeitete er ein Jahr als Dozent für Zoologie an der Baroda-Universität.

Von 1954 bis 1959 studierte er Medizin in Bonn. Das Studium schloss er mit einem Staatsexamen ab. 1960 promovierte er. Gleichzeitig erwarb er das Diplom für Tropische Medizin und Medizinische Parasitologie.

Anschließend (1966) spezialisierte er sich zum Facharzt für Chirurgie in Edinburgh (Fellow of the Royal College of Surgeons, F.R.C.S.Ed.) und zum Facharzt für Urologie in Aachen. Danach wirkte er als Senior Professor, Consultant and Advisor am Kidney Research Institute in Rajkot, in Indien.

In seiner Wanderschaft als Arzt erwarb er sich umfassende Klinikerfahrungen in Wien, Berlin, Aachen, Oldenburg, Saarbrücken, Bremerhaven, Offenbach, Ingolstadt, Saudi Arabien sowie in verschiedenen

Krankenhäusern in England, Schottland, Afrika und Indien.

Mit weitreichenden medizinischen Kenntnissen ausgestattet arbeitete er bis 1999 als leitender Oberarzt und Stellvertreter des Chefarztes im Klinikum Ingolstadt/Deutschland. In inländischen und ausländischen Fachbüchern sind von ihm entwickelte Operationstechniken erwähnt, ebenso über hundertfünfzig Fachvorträge zu Urologie und Chirurgie bei nationalen und internationalen Kongressen.

Er hielt 108 Vorträge auf nationalen und internationalen Fachkongressen für Urologie und Chirurgie.

Auf dem größten Urologen-Kongress in den USA mit ca. 4000 Delegierten wurde er als der berühmteste Urologe bezeichnet. Er hat elf neue operative Techniken erfunden, die in vielen Lehrbüchern stehen.

Von aufklärerischen Bestrebungen geleitet, wandte er sich neben seiner Tätigkeit als Arzt mit Vorträgen über Wissenschaftliche Ethik der Philosophie zu. So wurde er ein gern gesehener Gast an Hochschulen. Unter anderem hielt er Seminare für Ethik-Lehrer.

Er war aktives Mitglied des Exekutivkomitees des College of Bhavnagar (1951), des Exekutivkomitees of Hostel Student's Organisation in Bhavnagar, des Exekutivkomitees der World University Service Bonn (1955 bis 1959), der Medizinischen Fakultät, der Indischen Gesellschaft in Bonn (Generalsekretär, 1957 bis 1958) und zuletzt Präsident der Indischen Gesellschaft (1958 bis 1959). Zwei Jahre war er Gastprofessor an der Universität Regensburg, Fakultät für Religionswissenschaften. 18 Jahre war er Stadtrat und Referent für Soziales und Integration, einige Jahre auch Kreisrat. Von der „Augsburger Zeitung" bekam er die Auszeichnung „Silberdistel".

40 Jahre operierte er in seinem Jahresurlaub kostenlos (über einen Zeitraum von mehreren Wochen jährlich) bedürftige Patienten in Indien und Afrika. Daneben gründete er ab 1986 – ebenfalls in Indien – zusammen mit seiner Gattin Ute Patel-Mißfeldt Kindergärten und Schulen für über 5000 Kinder sowie in den Slums eine Frauenorgani-

sation (von der UNESCO als beste Non-Profit-Organisation in Indien ausgezeichnet) in Bhavnagar. Diese Einrichtungen unterstützt er auch heute noch (kontinuierlich) materiell.

Seine kämpferische Natur hat Wurzeln in der Generationenfamilie. Patels Vater war Mitkämpfer von Mahatma Gandhi und Vallabhbhai Patel, Patenonkel des Autors war Erster Innenminister der indischen Republik. Vallabh Patel wurde nach seinem Onkel benannt. Lange Jahre bestand ein reger Kontakt zwischen der Familie des Autors und Mahatma Gandhi sowie Vallabhbhai Patel.

Vallabh Patel und Gattin Ute Patel-Mißfeldt verbindet eine große persönliche und künstlerische Vertrautheit. Künstlerisch sind sie sich bei gegenseitiger Ermunterung und Förderung eng verbunden. Seit den Neunzigerjahren widmet Patel sich der experimentellen, computergenerierten Fotomalerei. Seine künstlerischen Entwürfe landeten auf Schallplattenhüllen und Fotokalendern. Viele seiner Bilder wurden in Europa, Indien und Amerika ausgestellt.

Ute Patel-Mißfeldt ist eine weltbekannte Künstlerin, malt Aquarell, Pastell und auf Seide; hat neueste Techniken und Geräte für das Malen auf Seide entwickelt. Sie hat 40 Bücher über diese Kunsttechniken geschrieben. Sie hat weltweite Ausstellungen unter anderen mit Picasso und Dali. Sie war Gastprofessorin in Indien und Taiwan. In Österreich war sie 10 Jahre Intendantin der Donaufestspiele.

Anton Grabner-Haider / Franz M. Wuketits

Atheismus oder Kulturchristentum?

Zwischen Dialog und Kooperation

Lange Zeit haben sich die Kirchenleitungen dagegen gewehrt, die Menschenrechte und die Naturwissenschaften anzuerkennen. Das hat zu Kirchenaustritten geführt, zumindest aber zur inneren Abkehr von der christlichen Lehre oder Teilen davon. Modernere Ansichten haben mittlerweile auch in den Kirchen Einzug gehalten, wenn auch sicher nicht überall und bei jedem im gleichen Maße. Es stellt sich für viele die Frage, ob denn alles am herkömmlichen Christentum schlecht ist, oder ob es nicht doch manches zu bewahren und zu verbessern gilt. Oder ist es schlichtweg an der Zeit, ganz einfach zum Atheisten zu werden und den christlichen Glauben nun ad acta zu legen? Zwei Plädoyers jeweils für die eine und die andere Sichtweise.

258 S., kart., ISBN: 978-3-943624-05-2   € 19,90

Jan Bretschneider

Abschied und Ankunft

Der Tod eines geliebten Menschen wirft viele Fragen auf, hinterlässt Schmerz und Leid. Jeder nimmt auf seine Weise Abschied, und so gibt es viele Arten, den Verlust zu verarbeiten. Jan Bretschneider weiß das aus seiner langjährigen Arbeit als Trauerredner heraus und aufgrund persönlichen Erlebens. Seine Botschaft: Trauern bedeutet auch Hoffnung gewinnen und neuen Lebensmut schöpfen. Beides kann der Leser aufnehmen, gekleidet in Gedichte, Geschichten, Essays und ein wenig Wissenschaftliches. Mit Beiträgen von Steffi Lehmann, illustriert von Maria Brommont, Steffi Lehmann und Jan Bretschneider.

169 S., kart., ISBN 978-3-943624-04-5   € 14,90

Robert Kaufmann

Götter-Menschen, Menschen-Götter

Der (überfällige) Abschied von Götzenbildern

Gott/Götter sind nur die Spitze eines Eisberges an „Heiligkeiten", die es zu hinterfragen gilt. Das Gebot, Inhalte zu glauben, ist zu ersetzen durch ein Gebot, nach den uns zur Verfügung stehenden Möglichkeiten zu denken, letztlich Inhalte zu erkennen. Gelingt es durch Glauben, die Auffassungsunterschiede über „Gott" zu überwinden? Kaum. Wenn jeder in seinem Glauben verhaftet bleibt, so gibt es keine Annäherung. Die jedoch wäre in der heutigen Zeit nötiger denn je. Der Autor ruft daher zum Gebrauch der Vernunft auf.

323 S., kart., ISBN 978-3-943624-21-2   € 19,90

Hubertus Mynarek

Die Kunst zu sein

Philosophie, Ethik und Ästhethik sinnerfüllten Lebens

Dieses Buch bietet eine systematische, logisch aufbauende, zugleich praktisch und konkret bleibende Philosophie des Lebens, eine echte, das Einzelmaterial geglückter Lebenserfahrungen nicht überspringende Philosophie der Lebenskunst. Die Erkenntnis-, Erlebnis und Gestaltungsstufen des unendlichen Abenteuers, das Leben heißt, werden anschaulich dargestellt. Zur theoretischen und praktischen Realisierung der Tiefendimensionen und Qualitätsstufen unseres Daseins werden die Grundlagen erarbeitet. Die Kunst zu sein ist die Fähigkeit, die „Leichtigkeit des Seins" hinter den schweren, dunklen Wolken unserer Begrenztheit zu entdecken und zu praktizieren. Auch Krankheit, Schmerz, Leiden, Sterben und die Perspektive über den Tod hinaus werden neu bewertet. Das Buch beweist: Ohne philosophischen Tiefgang bietet das Leben keine substanzielle Kost. Hubertus Mynarek studierte Philosophie, Psychologie und Theologie; lehrte als Professor an den Universitäten Bamberg und Wien; schuf das Konzept einer ökologischen Religionsphilosophie und eines ökologischen Humanismus.

360 S., kart., ISBN 978-3-943624-06-9   € 22,00

Jochen Freede

Problem oder Chance?

Praktisch-philosphische Wege zu positivem Denken und konstruktivem Handeln

Glück und Unglück, Erfolg oder Versagen sind kein Zufall, sondern konsequente Folge der Überzeugungen und Vorstellungen in unserem Unterbewusstsein. Ob eine Situation eine Chance bietet oder ein Problem darstellt, liegt an unserem Denken. Neben philosophischen Randnotizen aus verschiedenen Epochen und Kulturen enthält dieser Ratgeber Vorschläge für ein zielgerichtetes, aktives und an Wertmaßstäben orientiertes Handeln. Problem oder Chance?

141 S., kart., ISBN 978-3-933037-04-6   € 10,00

Rainer Schepper

Denn es steht geschrieben – Predigten eines Ungläubigen
Kritische Gedanken zum Neuen Testament

„Auch dieses Buch von Rainer Schepper ist getragen und durchdrungen vom unbestechlichen Geist eines ethisch geprägten Humanismus, der die Evangelien engagiert, aber vorurteilsfrei unter einem einzigen Gesichtspunkt würdigt: dem der integren Menschlichkeit und der für alle ohne Ausnahme geltenden Menschenrechte. Auch dort, wo der Autor die Waffe der Satire, der Ironie, des Spotts einsetzt, geschieht dies ausschließlich aus humanen Beweggründen, um die Fassaden und Illusionen falscher Christlichkeit, die sich in zwei Jahrtausenden Christentumsgeschichte gebildet haben, abzubauen. Die Fragestellung und Zielsetzung des Autors war es, die uns vorliegenden Evangelien, wie sie die Kirche als Offenbarung und als Wort Gottes ihren Gläubigen darreicht, auf ihren humanen und sittlichen Wert hin zu untersuchen. Mit dieser besonderen Zielsetzung hat das Buch seinen eigenen unverwechselbaren Platz in der neutestamentlichen Bibel-Literatur ...“
(Prof. Dr. Hubertus Mynarek)

185 S., kart., ISBN 978-3-933037-83-1   € 14,90

Peter Reuther

Das Experiment – Roman

In einem Teil Europas hat sich am Ende des 21. Jahrhunderts ein perverses System etabliert. Ein zum Politiker mutierter Genetiker erschafft eine Gesellschaft, deren Hauptbestandteil geklonte Menschen sind. Sein Hightech-Volk wird von ihm kontrolliert und gesteuert. Da aber diese Klone weder ein eigenes, freies Denken besitzen, noch irgendeiner intellektuellen Regung fähig sind, muss der Genetiker für Industrie und Forschung normal geborene und ausgebildete Menschen beschäftigen. Henri Lasar, ein fähiger Wissenschaftler, der im Haus der Klone wohnt, findet plötzlich heraus, dass er ein Leben vor der Fremdbestimmung durch das „Amt für Lebenshaltung und Orientierung" hatte. Im Institut für Quantenmechanik, in dem er arbeitet, entsteht langsam, aber unaufhaltsam die Opposition gegen das unmenschliche Regime.

306 S., kart., ISBN 978-3-933037-79-4   € 19,90

Finngeir Hiorth
Ethik für Atheisten

Dieses Buch unterscheidet sich von anderen Ethikbüchern dadurch, dass es von einem explizit atheistischen Standpunkt aus geschrieben wurde. Die Betonung der Moralregeln, die in darin gefunden wird, ist eng mit einer langen Tradition ethischer Theorie verbunden, die auf den berühmten deutschen Philosophen Kant zurückgeführt werden kann. Wegen der Schlüsselrolle, die Kant in dieser Tradition spielt, wird sie oft einfach „Kantianismus" genannt. Da aber Kant sehr stark die Bedeutung der Pflicht im moralischen Leben betont, wird die Tradition auch Deontologie (vom griechischen deon, Pflicht) genannt. Das erste Kapitel ist dem ethischen Atheismus und seiner Entwicklung gewidmet. Ethischer Atheismus kann als Atheismus, verbunden mit einem Moralstandpunkt, definiert werden. Der ethische Atheist verneint den Nihilismus, die Ansicht, dass es keine Werte gibt. Der ethische Atheist akzeptiert im Allgemeinen die moralischen Werte seiner Gesellschaft, aber er mag einige dieser Werte verwerfen, wenn sie einer kritischen Untersuchung nicht standhalten. Der ethische Atheist wird niemals alle Werte seiner Gesellschaft verwerfen. Insgesamt gesehen zielt das Buch darauf ab, elementare, aber auch grundlegende moralische Orientierung durch Betonung alterprobter Moralgesetze zu geben. Zusätzlich gibt es eine Einführung in die ethische Theorie.
271 S., kart., ISBN 978-3-933037-21-3   € 14,00

Paul Kurtz
Leben ohne Religion – Eupraxophie

Paul Kurtz ist Amerikas führender Aufklärer in Sachen humanistische Philosophie. Er hat mit "Eupraxophie" ein neues Wort eingeführt, um den Humanismus zu beschreiben. Es ist eine Wortschöpfung, die sich aus den griechischen Wurzeln eu- (gut), praxis (Handlung, Führung) und sophie (Weisheit) zusammensetzt und wörtlich bedeutet: "gute Führung und Weisheit im Leben". Eupraxophie stützt sich auf die Fachgebiete der Wissenschaft, Philosophie und Ethik. Trotzdem ist sie mehr, als die Einzelbestandteile vermuten lassen. Sie drückt mehr als eine intellektuelle Haltung zur Natur des Universums aus und zeigt, wie der Mensch sein Leben in Verantwortung und mit Hingabe leben kann. Eine kosmische Weltsicht wird mit einem Konzept fürs Leben verbunden. Kurtz weist nach, dass der Eupraxoph ein sinnvolles Leben führen und mithelfen kann, eine gerechte Gesellschaft zu schaffen.
162 S., kart., ISBN 978-3-9802799-4-9   € 11,30